राजसिंह

बंकिमचंद्र चट्टोपाध्याय

प्रभाकर प्रकाशन

HB ISBN: 978-93-67935-71-2
ISBN: 978-93-67938-12-6
eISBN: 978-93-67939-62-8

प्रकाशक: प्रभाकर प्रकाशन
प्लॉट नं.-63, प्रथम तल, मेन मदर डेयरी रोड
पांडव नगर, ईस्ट दिल्ली-110092
फोन: 011-40395855
व्हाट्स ऐप: +91 9319228272
ई-मेल: booksprabhakar@gmail.com
वेबसाइट: www.prabhakarprakashan.com

प्रथम संस्करण: 2025

मुद्रक: मणिपाल टेक्नोलॉजीज लिमिटेड, मणिपाल

राजसिंह
बंकिमचंद्र चट्टोपाध्याय

अनुक्रम

प्रथम खंड
(चित्र पर चरण)

पहला परिच्छेद

तस्वीर वाली

पहाड़ी प्रदेशों में रूपनगर नाम का एक छोटा-सा राज्य राजस्थान में था। राज्य बड़ा हो या छोटा, उसका राजा एक ही होता है। रूपनगर का राजा भी एक ही था। किन्तु छोटे राज्य होने पर भी राजा का नाम बड़ा होने में कोई आपत्ति नहीं है, रूपनगर के राजा का नाम विक्रमसिंह था। विक्रमसिंह का परिचय बाद में दिया जाएगा।

फिलहाल हमारी इच्छा उनके अंत:पुर में प्रवेश करने की है। छोटा राज्य, छोटी राजधानी, जिसमें एक छोटा महल बहुत ही सुन्दर सजा हुआ था। गलीचे की जगह सफेद और काले पत्थरों का फर्श नगर में था; सफेद पत्थर से बने रंग-बिरंगे रत्नों से जटित कक्ष की दीवारें थीं। उस समय ताजमहल और मयूर सिंहासन के अनुकरण की प्रथा थी। उसी के अनुकरण पर कोठरी की दीवारों में सफेद पत्थर के असाधारण पक्षी कुंज-लताओं पर बैठे, अनुपम सुन्दर फूलों पर पूँछ पसारकर मानो फल खा रहे हों। खूब मोटा गलीचा बिछा था उस पर स्त्रियूँ का एक दल बैठा था, जिसमें दस या पन्द्रह स्त्रियाँ होंगी। रंग-बिरंगे कपड़ों की बहार थी; वे सब भाँति-भाँति के रत्नजटित आभूषणों से सुसज्जित थीं। उनके उज्ज्वल-कोमल वर्ण के कमनीय शरीर थे, कोई चमेली के रंग की, कोई लाल कमल जैसी, कोई चम्पे-सी अंग वाली, कोई कोमल दूब जैसी साँवली जैसे खान के रत्नों का उपहास कर रही हों। कोई पान खा रही थी, कोई सटक लगाये तम्बाकू पी रही थी। कोई-कोई तो नाक की बड़ी मोतीदार नथ को हिलाकर भीमसिंह की पद्मिनी रानी की कहानी बता रही थी। कोई-कोई अपने कान के हीरकजटित कर्णफूल को हिलाकर निन्दा की मजलिस जमाये बैठी थी। इनमें अधिकांश युवतीयाँ ही थी। हँसी-किलकारी की छटा से खूब रंग जमा हुआ था।

युवतियूँ के हँसने का कारण था एक बुढ़िया कुछ चित्र बेचने आकर इनके पल्ले पड़ गई थी। हाथी-दाँत की तख्तियूँ पर अंकित छोटे-छोटे अपूर्व चित्र थे। बुढ़िया एक-एक

चित्र कपड़ों की तह से निकाल रही थी; युवतियाँ चित्रित व्यक्तियूँ का परिचय पूछ रही थीं।

बुढ़िया के प्रथम चित्र निकालते ही एक कामिनी ने पूछा—"यह किसकी तस्वीर आया है?"

बुढ़िया ने कहा—"यह बादशाह शाहजहाँ की तस्वीर है।"

युवती ने कहा—"धत्, मैं इस दाढ़ी को पहचानती हूँ, यह तो मेरे नाना जी की दाढ़ी है!" दूसरी ने कहा—"यह कैसी बात? नाना के नाम पर पर्दा डालती हो? यह तो तेरे दूल्हे की दाढ़ी है!" सबकी ओर घूमकर बाद में रसवती ने कहा—"इस दाढ़ी में एक दिन एक बिच्छू छिपा था—मेरी सखी ने झाड़ू से उस बिच्छू को मारा।"

इस पर हँसी का कहकहा लग गया। तस्वीर वाली ने एक और तस्वीर दिखाई और कहा—"यह बादशाह जहाँगीर की तस्वीर है।"

देखकर रसिक युवतियूँ ने पूछा—"दाम कितना है इसका?"

बुढ़िया ने बहुत दाम बताया।

रसिका ने फिर पूछा—"यह तो तुमने तस्वीर का दाम बताया असली आदमी की बेगम नूरजहाँ ने कितने में खरीदा था?"

बुढ़िया ने तब कुछ रसिकता के साथ जवाब दिया—"बिना मूल्य!"

रसिका ने कहा—"जब असल की यह दशा है, तब नकल को इस कमरे की किसी कुंडी पर ही लटका जाओ।"

फिर हँसी होने लगी। बुढ़िया ने चिढ़कर चित्रों को लपेट लिय। उसने कहा—"दिल्लगी में तस्वीर नहीं खरीदी जाती। अब राजकुमारी के आने पर ही मैं तस्वीरें दिखाऊँगी, उन्ही के लिए मैं यह सब लाई हूँ।"

इस पर सातों ने सात ओर से आवाज लगाई—"अजी मैं राजकुमारी हूँ। ऐ मेरी बूढ़ी! मैं राजकुमारी हूँ।" बुढ़िया दुबिधा में पड़कर चारों ओर देखने लगी। फिर हँसी का फव्वारा छूट पड़ा।

एकाएक हँसी के दौरे में कमी आयी, शोर-गुल रुक गई, केवल देखा-देखी, खींचा-तानी और वृष्टि के बाद हलकी बिजली की तरह होठों पर मुस्कुराहट रह गई। तस्वीर वाली ने इसका कारण जानने के लिए पीछे पलटकर देखा और उसको लगा जैसे पीछे किसी ने एक देवी की मूर्ति खड़ी कर दी हो।

बुढ़िया टकटकी लगाकर उस सर्व-शोभामयी संगमरमर जैसी कांतिमयी प्रतिमा की ओर देखती रह गई कैसी सुन्दरी है! उम्र के लिहाज से बुढ़िया को उतना साफ दिखाई नहीं दिया नहीं

तो देखती कि पत्थर का रंग ऐसा नहीं होता, निर्जीव मूर्ति का ऐसा सुन्दर-वर्ण नहीं होता। पत्थर तो दूर रहा, फूलों में भी यह सुन्दर रंग-रूप नहीं होता। बुढ़िया ने देखा कि प्रतिमा मुस्कुरा रही है। क्या प्रतिमा कभी हँसती है? बुढ़िया मन में ही सोचने लगी यह तो प्रतिमा नहीं, धनुषाकार काले भौंहो वाली, चंचल-सजल बड़ी-बड़ी आँखें उसकी ओर देखकर मुस्कुरा रही हैं।

हैरान होकर बुढ़िया औरों का मुँह देखने लगी और कुछ भी समझ नहीं पाई। घबराहट के साथ रसिका-रमणी-मण्डली के मुँह की ओर देखकर हाँफती हुई बुढ़िया ने कहा—"हाँ जी, तुम लोग बैठो न!"

एक सुन्दरी हँसी को रोक न सकी, उसकी स्वर लहरा उठी, मुँह से हँसी का फव्वारा आप से आप फूट पड़ा। युवती हँसते-हँसते लोट-पोट हो गई। इसी हँसी को देख विस्मय से खीझकर बुढ़िया रो पड़ी।

तब प्रतिमा ने बहुत ही मीठे स्वर में पूछा—"अरी, रोती क्या है।"

अब बुढ़िया समझी कि यह पत्थर की मूर्ति नहीं, जीवित कामिनी है राजमहिषी या राजकुमारी होगी। बुढ़िया ने साष्टांग प्रणाम किया। यह प्रणाम रात्र-कूल के लिए नहीं बल्कि सुन्दरता के लिए था। बुढ़िया ने जो सौन्दर्य देखा, उसे देखकर बरबस झुक जाना ही समझा।

दूसरा परिच्छेद

पदाघात चित्र पर

यह भुवनमोहिनी सुन्दरी, जिसे देखकर तस्वीर वाली फुक पड़ी, रूपनगर की राजकन्या चंचल-कुमारी है। जो अब तक बुढ़िया से मजाक कर रही थीं, वे सब उसकी सहेलियाँ थीं। चंचल-कुमारी इस कमरे में प्रवेश कर उनके परिहास को देखकर मुस्कुरा रही थी। अब उसने मीठे स्वर में पूछा—"तुम कौन हो?"

सहेलियाँ परिचय देने लगीं—"यह तस्वीरें बेचने आई है।"

चंचल-कुमारी ने कहा—"तब तुम लोग इतना हँसती क्यों हो!"

कोई-कोई लज्जित हुई। जिस सखी ने झाड़ू वाली दिल्लगी की थी, उसने कहा—"इसमें हम लोगों का क्या दोष? आप ही कहिये, हम क्या करतीं? बुढ़िया पुराने-पुराने बादशाहों की तस्वीरें लाकर दिखा रही थी इसी पर हम सब हँस रही थीं। हमारे जैसे राज-राजवाड़ों के घर में क्या शाहजहाँ और जहाँगीर की तस्वीरें नहीं हैं?"

बुढ़िया ने कहा—"होंगी क्यों नहीं बेटी! पर एक के रहते क्या दूसरी खरीदी नहीं जाती? आप लोग न खरीदेंगी तो हम गरीबों का पालन-पोषण कैसे होगा।"

राजकुमारी ने बुढ़िया की तस्वीरें देखनी चाहीं। बुढ़िया एक-एक तस्वीर राजकुमारी को दिखाने लगी—बादशाह अकबर, जहाँगीर, शाहजहाँ, नूरजहाँ नूरमहल के चित्र दिखाये। राजकुमारी ने हँस-हँसकर सब तस्वीरें लौटा दी ओर कहा—"हमारे यहाँ इन लोगों की कई तस्वीरें है। किसी हिन्दू राजा की तस्वीर है?"

"कमी किस बात की है?" कहकर बुढ़िया ने राजा मानसिंह, राजा बीरबल, राजा जयसिंह आदि की तस्वीरें दिखाई। राजपुत्री ने उन्हें भी लौटा दिया। कहा—"ये भी न लूगी। ये सब हिन्दू नहीं; मुसलमानों के गुलाम है।"

बुढ़िया ने हँसकर कहा—"मैं क्या जानूँ कि कौन किसका गुलाम है? मेरे पास जो है, उसे दिखाती हूँ। जो पसंद हो ले लो!"

बुढ़िया और चित्र दिखाने लगी। राजकुमारी ने पसंद करके राणा प्रताप, राणा अमरसिंह, राणा कर्णसिंह आदि के कई चित्र खरीदे। एक चित्र को बुढ़िया ने छिपा लिया, दिखाया नहीं।

राजकुमारी ने पूछा—"इसे छिपा क्यों रखा है?" बुढ़िया चुप रही। राजकुमारी ने फिर वही सवाल किया।

बुढ़िया ने डरते-डरते हाथ जोड़कर कहा—"मेरा कोई कसूर नहीं। यह असावधानी से अन्य तस्वीरों में मिलकर आ गया है।"

राजकुमारी ने कहा—"इतना डरती क्यों हो? ऐसी किसकी तस्वीर है कि दिखाने से डरती हो?"

बुढ़िया—"देखने की जरूरत नहीं। यह आपके घराने के शत्रु की तस्वीर है।"

राजकुमारी—"आखिर किसकी?"

बुढ़िया ने डरते हुए कहा—"राणा राजसिंह की।"

राजकुमारी ने हँसकर कहा—"वीर पुरुष स्त्रियूँ के शत्रु नहीं होते! मैं वही तस्वीर लूँगी।"

तब बुढ़िया ने राजसिंह की तस्वीर उसके हाथ में दी। चित्र हाथ में लेकर राजकुमारी बहुत देर तक देखती रही। देखते-देखते उसका चेहरा खिल उठा आँखे फैल गई। एक सखी ने उसका भाव देखकर चित्र देखना चाहा। राजकुमारी ने उसके हाथ में चित्र देते हुए कहा—"देखो, देखने योग्य ही है!"

सखियों के हाथों-हाथ वह चित्र फिरने लगा। राजसिंह युवा पुरुष नहीं; फिर भी उनके चित्र को देख सभी प्रशंसा करने लगीं।

बुढ़िया ने मौका देख उस चित्र में दूना मुनाफा किया। इसके बाद उसने लालच में पड़कर—"राजकुमारी जी, यदि वीरों के चित्र लेना चाहती हैं तो एक और दिखाती हूँ उनके जैसा वीर इस संसार में और कौन होगा!"

यह कहकर बुढ़िया ने एक चित्र निकालकर राजपुत्री के हाथ में दिया।

राजकुमारी ने पूछा—"यह किसका चित्र है?"

बुढ़िया—"बादशाह आलमगीर का।"

राजकुमारी—"लूँगी।"

यह कहकर राजकुमारी ने एक परिचारिका को चित्रों का मूल्य लाकर बुढ़िया को विदा करने को कहा। परिचारिका मूल्य लाने चली गईः इस बीच राजकुमारी ने सखियों से कहा—"आओ जरा खेल करें।"

एक समवयस्क ने कहा—कौन-सा खेल कहिये?"

राजकुमारी ने कहा—"मैं बादशाह आलमगीर के इस चित्र को जमीन पर रखती हूँ। सब मिलकर उसके मुँह पर बाएँ पैर से एक-एक लात मारो। देखें, किसके लात से उसकी नाक टूटती है।"

डर में सखियों का मुख सूख गया। उनमें से एक ने कहा कुमारी जी! अगर कौवा भी सुन पाएगा तो रूपनगर के गढ़ का—"ऐसे वचन जुबान पर न लाएँ, एक पत्थर भी न बचेगा।"

राजकुमारी ने हँसकर चित्र जमीन पर फेंक दिया और कहा—"कौन लात मारेगी; मार!"

कोई आगे न बढ़ी। निर्मला नाम की एक सखीं ने बढ़कर अंचल से मुँह ढंककर हँसते-हँसते कहा—"ऐसी बातें मुँह से न निकालो।"

चंचल-कुमारी ने अंलकारों से सुशोभित अपने बाएँ पैर को औरंगजेब की तस्वीर पर रख दिया। शायद इससे चित्र की शोभा और भी बढ़ गई। चंचल-कुमारी जरा हिली, चुरमुर की आवाज हुई, बादशाह औरंगजेब की तस्वीर राजपूत-कुमारी के पैर-तले टूट गई।

"सर्वनाश! यह क्या किया।" कहती हुई सहेलियाँ काँप उठी।

राजपूत-कुमारी ने हँसकर कहा—"जैसे लड़कियाँ गुढ़े खेलकर सांसारिक शौक मिटाती है, वैसे ही मैंने मुगल बादशाह के मुँह पर लात मारने का शौक पूरा कर लिया। इसके बाद उन्होंने निर्मला के मुँह की ओर देखकर कहा—"सखी निर्मल, लड़कियूँ का शौक मिटता है समय पर उनकी सच्ची घर-गृहस्थी होती है। तब क्या मेरा शौक पूरा न होगा? क्या मैं कभी

जीते जी औरंगजेब के मुँह पर इसी प्रकार निर्मल ने राजकुमारी के मुँह पर हाथ रख दिया मुँह से बात नहीं निकली, किन्तु इसका अर्थ सबकी समझ में आ गया। बुढ़िया का हृदय काँपने लगा—जहाँ ऐसी प्राणघातक बातें हों, वहाँ से छुटकारा कब मिलेगा? इसी समय उन तस्वीरों का मूल्य आ गया। रुपये पाते ही बुढ़िया जान बचाकर भागी। यह जैसे ही कमरे के बाहर आई, उसके साथ ही निर्मल भी पहुँची। उसने वहाँ पहुँचकर एक अशर्फी उसके हाथ पर रखकर कहा बुद्धि आया, देखो, तुमने जो कुछ देखा उसे किसी के सामने ज़ुबान पर न लाना। राजकुमारी की ज़ुबान में लगाम नहीं है। अभी यह लड़की ही तो ठहरी!"

बुढ़िया ने अशर्फी लेकर कहा—"भला यह भी कहने की बात है! मैं तो आप लोगों की दासी हूँ—मैं कहीं ये सब बाते ज़ुबान पर ला सकती हूँ?" निर्मल सन्तुष्ट होकर लौट गई।

तीसरा परिच्छेद

चित्र-चिन्तन

दूसरे दिन चंचल-कुमारी एकांत में बैठकर उन खरीदे हुए चित्रों को ध्यानपूर्वक देख रही थी। तभी निर्मल-कुमारी वहाँ उपस्थित हुई। उसे देख चंचल ने कहा—"निर्मल, इनमें किसके साथ तुम्हारी इच्छा विवाह करने की होती है।"

निर्मल ने कहा—"जिसके साथ विवाह करने की मेरी इच्छा थी, उसके चित्र को तो तुमने पैरों से कुचल डाला!"

चंचल—"औरंगजेब से?"

निर्मल—"क्यों, कोई आश्चर्य है?"

चंचल—"कम्बख्त की दाढ़ी है! ऐसा पाखंडी तो कोई पृथ्वी में पैदा ही नहीं हुआ।"

निर्मल—"कमबख्तों को काबू में लाने में ही मुझे आनंद आता है। तुम्हें याद नहीं कि मैंने बाघ पाला था? मेरी इच्छा है, कभी-न-कभी मैं औरंगजेब से विवाह करूँगी ही!"

चंचल—"मुसलमान से?"

निर्मल—"मेरे हाथ पड़ने पर औरंगजेब भी हिन्दू हो जाएगा।"

चंचल—"तुम मरो।"

निर्मल—"इसमें मुझे कोई आपत्ति नहीं! किन्तु यह किसकी तस्वीर है, जिसे तुम पचासों बार देख रही हो? उसकी जानकारी हो जाने पर ही मरूँगी।"

चंचल-कुमारी ने चुपचाप दूसरे पाँच चित्रों में उस चित्र को मिलाकर कहा—"कौन-सी तस्वीर में पचास बार देख रही थी? किसी को कलंक लगाने से क्या होता है। बता, मैं कौन-सी तस्वीर पचास बार देख रही थी?"

निर्मल ने हँसकर कहा—"कोई तस्वीर देखे तो भला इसमें कलंक कैसा? राजकुमारी, तुम क्रोध करके स्वयं पकड़ी गयी। उस भाग्यवान को मैं इन तस्वीरों में ढूँढ़कर निकाल सकती हूँ।"

चंचल-कुमारी—"अकबर शाह की?"

निर्मल—"अकबर के नाम पर तो राजपूतानियाँ झाड़ू मारती हैं, वह हो ही नहीं सकता!"

यह कहकर निर्मल-कुमारी हाथों में तस्वीरें लेकर ढूँढ़ने लगी। उसने कहाव—"तुम जिस तस्वीर को देख रही थी, उस तस्वीर की पीठ पर एक काला दाग है।" उसी चिन्ह के सहारे निर्मल-कुमारी ने एक चित्र निकालकर चंचल-कुमारी के हाथ में देते हुए कहा—"यही है!"

चंचल-कुमारी ने चिढ़कर तस्वीर फेंक दी। कहा—"तेरे लिए और कोई काम नहीं है, इसी से तूने लोगों को जलाना शुरू किया है। दूर हो यहाँ से!"

निर्मल—"दूर क्यों होने लगी! फिर भी राजकुमारी, तुम्हें इस बूढ़े की तस्वीर देखने में क्या मिल रहा है?"

चंचल—"बूढ़े! तेरी आँखें फूटी है क्या?"

निर्मल चंचल को चिढ़ा रही थी और चंचल को चिढ़ते देख चुपके-चुपके मुस्कुरा रही थी। निर्मल बहुत सुन्दर थी, मधुर और सरस मुस्कुराहट से उसका सौन्दर्य और भी बढ़ गया। निर्मल ने हँसकर कहा—"चाहे तस्वीर में बुढ़ापा न दिखाई दे, लोग कहते हैं कि महाराणा राजसिंह की अवस्था बहुत हुई। उनके दो पुत्र ब्याह के योग्य हो गए हैं।"

चंचल—"क्या यह राजसिंह की तस्वीर है? मैं क्या जानू सखी!"

निर्मल—"कल ही इसे खरीदा है और आज कुछ नहीं जानती, सखी! इनकी उम्र भी बहुत हो गई है और यह भी नहीं कि वैसे सुपुरुष हों। तब तुम देखती क्या थी।"

चंचल—"गौरी जाने भस्ममार, प्यारी जाने काला।

शची जाने सहस्र-लोचन, वीर जाने वीरबाला।।

गंगा गरजे शम्भु-जदा, धरणी बैठे वासुकि फन में।

पवन बने तो अग्नि-सखा, वीर रहेगा युवती-मन में।"

निर्मल—"मैं देखती हूँ कि तुमने अपनी मौत का फंदा अपने आप ही बिछा रखा है। क्या राजसिंह का नाम जपने से उनको को कभी पा सकती हो?"

चंचल—"पाने के लिए ही कोई जपता है? क्या पाने के लिए ही तू बादशाह औरंगजेब को जपती है?"

निर्मल—मैं औरंगजेब को ऐसे जपती हूँ, जैसे बिल्ली चूहे को जपे अगर मैं औरंगजेब को न पा सकी तो मेरा बिलाई खेल इस जन्म में रह ही जाएगा। क्या तुम्हारा भी यही हाल है।"

चंचल—"मेरा वह हाल न सही, संसार का खेल इस जन्म में रह ही जाता है।"

निर्मल—"क्या कहती हो राजकुमारी! कहीं तस्वीर देखकर इतना हो सकता है?"

चंचल—"कैसे क्या होता है, इसे हम-तुम क्या जाने? मैं कुछ नहीं जानती, क्या हो गया!"

हम भी यही कहते हैं। यह तो कहा नहीं जा सकता कि चंचल-कुमारी को क्या हो गया? यह भी नहीं मालूम कि केवल तस्वीर देखने से क्या होता है? अनुराग तो मनुष्य-मनुष्य में होता है; क्या तस्वीर भी आदमी हो सकती है? हो सकती है, अगर तुम तस्वीर को छोड़कर आप ही उसका ध्याने करो तो हो सकती है। अगर तुमने पहले से ही मन में दृढ़ संकल्प कर रखा हो। फिर उस चित्र को हृदयतल पर अंकित मान लो! क्या चंचल-कुमारी को ऐसा ही कुछ हुआ था! तब अट्ठारह वर्ष की लड़की के मन को हम कैसे समझे और समझाएँ?

चंचल-कुमारी के मन में जो भी हो, मन के आग को सुलगाकर उसने अच्छा नहीं किया; क्योंकि सामने बहुत बड़ी विपद् है। किन्तु हम लोग उस विपद् को बता सकें, इसमें अभी बहुत विलंब है।

चौथा परिच्छेद

चालाक बुढ़िया

जिस बुढ़िया ने तस्वीर बेची थी, लौटकर वह अपने घर आई। उसका मकान आगरा में है। वह देश-विदेश घूमकर तस्वीरें बेचती है। बुढ़िया रूपनगर से आगरा पहुँची। वहाँ जाकर उसने देखा कि उसका पुत्र आया है। वह लड़का दिल्ली में दूकान करता है।

बहुत ही अशुभ घड़ी में बुढ़िया तस्वीर बेचने रूपनगर गई थी। वह चंचल-कुमारी के जिस साहस को देख आई थी, उसे किसी के सामने न कह सकने के कारण बुढ़िया का मन परेशान था। निर्मल-कुमारी उसे इनाम देकर बात प्रकट करने को मना न कर देती, तब शायद

बुढ़िया का मन इतना व्यग्र नहीं भी हो सकता था। किन्तु जब उसने बात खोलने को विशेष रूप से मना कर दिया, तब बुढ़िया का मन आप ही उसे खोलने को आकुल हो उठा है; अब वह क्या करे? एक तो सच्चाई का वचन दे आई है, उस पर हाथ फैलाकर अशर्फी लेकर नमक भी खाया। बात खुलने पर दुर्दान्त बादशाह के हाथों चंचल-कुमारी के विशेष अनिष्ट की भी संभावना है। इसे भी वह समझ रही थी, इसीलिए एकाएक वह किसी के सामने कुछ कह न सकी। किन्तु इससे दिन में बुढ़िया से खाया नहीं जाता, रात को नींद नहीं आती। अंत में उसने अपने आप ही कसम खाई कि यह बात किसी से न कहेगी। इसके बाद ही उसका लड़का भोजन करने बैठा। बुढ़िया ने लड़के की थाली में एक स्वादिष्ट कबाब रखकर कहा—"खा बेटा खा ले! रूपनगर से आने के बाद एक दिन ऐसा कबाब बना था, और कभी नहीं।"

खाते-खाते लड़के ने कहा—"अम्मी जान! आपने रूपनगर का हाल कहने को कहा था न!"

"चुप रहो, ऐसी बात जुबान पर न लाओ, बेटा! मैंने क्या कहा था, शायद यूँ ही, माँ ने कहा कुछ कह बैठी थी।"

इस समय बुढ़िया यह भूल गई थी कि पहले एक दिन जब चंचल-कुमारी की बात उसके पेट में बहुत खौलने लगी, तब उसने पुत्र के सामने कुछ जिक्र किया था। इस तरह का जवाब सुनकर लड़के ने कहा—"ऐसी कौन-सी बात है जो चुप रहूँ, माँ!"

माँ—"बात सुनने लायक नहीं है, बेटा!"

लड़का—"तब रहने दीजिये।"

माँ—"और कुछ नहीं, रूपनगर वाली कुमारी की बातें थीं।"

लड़का—"बस? यह तो सीधी-सी बात है कि वह बहुत खूबसूरत है!"

माँ—"यह बात नहीं, उस बन्दी की मजाल बहुत बड़ी है। या अल्लाह! मैं क्या कह बैठी।"

लड़का—"कहाँ रूपनगर और कहाँ उसकी राजकुमारी की मजाल! ऐसी बात कहने की ही क्या जरूरत है और मैं सुनकर ही क्या करूँगा?"

माँ—"उसकी मजाल तो देखो बेटा! लौंडी शाहेआलम को भी कुछ नहीं गिनती!"

लड़का—"उसने शाहेआलम को गाली दी होगी।"

माँ—"सिर्फ गाली ही नहीं बेटा, उससे भी बढ़कर।"

लड़का—"उससे बढ़कर क्या हो सकता है? शाहेआलम को वह मार तो सकती नहीं!"

माँ—"उससे भी बढ़कर।"

लड़का—"मारने से भी बढ़क ?"

माँ—"कुछ पूछो मत बेटा! मैंने उसका नमक खाया है।"

लड़का—"नमक खाया है, यह कैसे माँ?"

माँ—"अशर्फी ली है।"

लड़का—"यह क्यों?"

माँ—"इसलिए कि उसके गुनाह की बात किसी से कहना मुनासिब नहीं।"

लड़का—"यह बात है तो मुझको भी एक अशर्फी दो!"

माँ "काहे को ?"

लड़का—"नहीं।" तो बताओ कि बात क्या है?"

माँ—"कुछ वैसी बात नहीं; उसने बादशाह की तस्वीर को तौबा तौबा! बात निकल ही पड़ी।

लड़का—"तस्वीर तोड़ डाली?"

माँ—"अरे बेटे, लात मारकर तोड़ डाली। तौबा! मुझसे नमकहरामी हुई।"

लड़का—"इसमें नमकहरामी काहे की! तुम मेरी माँ हो और मैं बेटा, मुझसे कहने में नमकहरामी कैसी?"

माँ—"देखना बेटा, किसी से कहना नहीं।"

लड़का—"तुम खातिर जमा रखो, मैं किसी से न कहूँगा।"

तब बुढ़िया ने विशेष रंग चढ़ाकर चित्र के कुचले जाने का सारा हाल कह डाला।

पाँचवाँ परिच्छेद

दरिया बीवी

बुढ़िया के लड़के का नाम शेख खिज था। वह चित्रकार था। उसकी दुकान दिल्ली में थी। माँ के पास दो दिन रहकर वह दिल्ली चला गया। दिल्ली में उसकी बीवी थी। जो दुकान में ही रहती थी। बीवी का नाम था फातिमा। शेख ने अपनी माँ से रूपनगर का जो हाल सुना था, वह सब फातिमा से कह दिया। सब बातें बताने के बाद खिज ने फातिमा से कहा—"तुम अभी दरिया बीवी के पास जाओ। इस समाचार को बेगम साहब के यहाँ बेचने को कहना शायद कुछ मिल जाए।

दरिया बीवी के ही मकान में रहती है। मकान के पिछवाड़े से जाने की राह है, इसलिए फातिमा बीवी बिना पर्दे के ही दरिया बीबी के घर जा पहुँची।

खिज या फातिमा का विशेष परिचय देने की जरूरत नहीं पड़ी; किन्तु दरिया बीबी का विशेष परिचय तो चाहिए ही। दरिया बीबी का असल नाम दरीबुन्निसा या ऐसा ही कुछ है; किन्तु इस नाम से कोई उन्हें बुलाता नहीं था—लोग दरिया बीबी ही कहते थे। उसके माँ-बाप नहीं थे, केवल बड़ी बहन और एक बूढ़ी फूफी या खाला, ऐसी ही कुछ थी। घर में कोई मर्द नहीं था। दरिया बीबी की उम्र सत्रह वर्ष से अधिक नहीं—उस पर कुछ नाटी थी, सो पन्द्रह वर्ष से अधिक नहीं जान पड़ती थी। दरिया बीबी बहुत सुन्दरी थी, खिले हुए फूल जैसी, सदा खिली हुई।

दरिया बीवी की बहन बहुत अच्छा सुरमा और इत्र बनाती थी। उसी को बेचकर इन लोगों की गुजर-बसर होती थी वह इक्का या पालकी की सवारी से जाकर बड़े आदमियों के घर उन्हें बेच जाती थी। गरीब होने से रात को पैदल भी जाती थी। बादशाह के अंत:पुर में किसी को जाने का अधिकार नहीं था—बाहरी औरतें भी नहीं जा सकती थी। किन्तु दरिया के वहाँ पहुँचने का उपाय था। इसे हम बाद में कहेंगे।

फातिमा ने जाकर दरिया बीबी से चंचल-कुमारी का सब हाल कहा और यह भी कह दिया कि इस समाचार को बेचकर रुपये लाने चाहिए।

दरिया बीबी ने कहा—“रंगमहल में जाना पड़ेगा। परवाना कहाँ है।”

फातिमा ने कहा—“तुम्हारे ही पास है।”

तब दरिया बीबी ने पिटारी खोलकर एक कागज निकाला। उसे उलट-पलटकर कर देखा और कहा—“यही तो है!”

तब दरिया बीबी कुछ सुरमा वगैरह और परवाना लेकर बाहर निकली।

द्वितीय खंड
(स्वर्ग में नरक)

पहला परिच्छेद

अदृष्ट-गणना

चाँदनी की रोशनी में सफेद संगमरमर की सीढ़ियों से बहने वाली नीलसलिला यमुना के किनारे, नगरियों में प्रधान महानगरी दिल्ली प्रदीप्त मणिखंड के समान चमक रही है। सहस्रों, सहस्र-संगमरमर आदि पत्थरों के बने मीनार, गुम्बज, बुर्ज ऊँचे खड़े होकर चन्द्रलोक की छटा छिटका रहे हैं; समीप ही कुतुबमीनार की वृहत चोटी धुएँ के ऊँचे स्तम्भ के समान दिखाई दे रही है। जामा मसजिद की चार मीनारे नीलाकाश को भेदते हुए चाँदनी में चमक रही है। सड़कों के किनारे-किनारे बाजार-दुकानों में सैकड़ों दीप-मालाएँ, मालियों की फूल की ढेरियों की सुगन्ध, नागरिकों के गले में पड़े फूल की गजरों की सुगन्ध, इत्र और गूगल की सुगन्ध, घर-घर संगीत की ध्वनि, तरह-तरह के बाजों के स्वर, नागरिकों की कभी उच्च और कभी मधुर हँसी, जेवरों की झनकार यह सब एकत्र होकर नरक में नन्दन-कानन की छाया की तरह विचित्र माया फैला रहे थे। छितराये हुए फूल, इत्र और गुलाब का छिड़काव, कंचनियों की नूपुर-ध्वनि, गाने वालियों के गले में सातों सुरों का उतार-चढ़ाव, बाजों की बहार, कमनीय कामिनियों की हथेली से ताल की पटपटाहट, शराब का बहाव, खिचड़ी और पुलाव के ढेर, विकट-कपट, मधुर-चतुर चारों प्रकार की हँसी, राह-राह में घोड़ों के टाप की आवाज, पालकी ढोने वालों की विचित्र बोली, हाथियों के घण्टे की आवाज, इक्कों की झनझनाहट, गाड़ियों की घरघराहट!

नगर में सबसे गुलजार चाँदनी चौक है। वहाँ राजपूत या तुर्क घुड़सवार जगह-जगह पहरा दे रहे है। संसार की सब तरह की मूल्यवान चीजें दुकानों में तह की तह सजाकर रखी हुई है। कहीं कंचनियाँ राह में लोगों की भीड़ जमा कर सारंगी के स्वर पर नाच रही है, गा

रही हैं। कहीं जादूगर जादू का खेल दिखा रहा है। प्रत्येक के पास सैकड़ों दर्शक घेरकर खड़े तमाशा देख रहे है। सबसे अधिक भीड़ ज्योतिषियों को घेरे हैं।

मुगल बादशाहों के समय ज्योतिषिययों का जैसा आदर था, वैसा शायद और कभी नहीं हुआ। हिन्दू या मुसलमान सभी उनका समान आदर करते थे। मुगल बादशाह लोग ज्योतिषशास्त्र के बिलकुल ही वशीभूत थे; उसकी गणना जाने बिना वे किसी बड़े काम में हाथ नहीं लगाते थे। जो सब घटनाएँ इस ग्रन्थ में वर्णित हुई हैं, उनके कुछ बाद औरंगजेब के छोटे लड़के अकबर राज-विद्रोही हो गए थे। पचास हजार राजपूत सेना उनकी सहायक थी, औरंगजेब के साथ बहुत थोड़ी सेना थी। किन्तु ज्योतिषियों की गणना के ऊपर भरोसा न कर अकबर ने सैन्य-परिचालन में देर की। इसी बीच औरंगजेब ने कौशल से उनकी चेष्टा निष्फल कर दी।

दिल्ली के चाँदनी चौक में ज्योतिषी लोग सड़क पर आसन लगाकर सिर पर पगड़ी बाँधे बैठे हैं। सैकड़ों स्त्री-पुरुष अपने-अपने भाग्य की गणना कराने के लिए उनके पास बैठे हुए है। पर्दानशीन बीवियाँ भी बुर्का ओढ़कर आने में संकोच नहीं करतीं। एक ज्योतिषी के आसन के आस-पास बहुत भीड़ है। उस भीड़ के बाहर बुर्का ओढ़े एक युवती, घूम रही थी। वह ज्योतिषी के पास जाना चाहती है, किन्तु हिम्मत करके जनता को ठेलकर पहुँच नहीं पाती इधर-उधर देख रही है। इसी समय उधर से एक घुड़सवार पुरुष निकला।

घुड़सवारा आदमी जवान है। देखने से कोई मुगल जान पड़ता है पर बहुत खूबसूरत। सामान्यतः मुगल जाति में ऐसा खूबसूरत पुरुष दुर्लभ है। उसके पहनावे की भड़कीली अदा देखकर जान पड़ता है कि वह संभ्रात पुरुष है। उसका घोड़ा भी अच्छी नस्ल का है।

भीड़ की वजह से घुड़सवार बहुत धीरे घोड़ा हाँक रहा था। जो युवती इधर-उधर देख रही थी, उसने इसकी ओर देखा। देखते ही उसने शीघ्रता से आगे बढ़कर लगाम पकड़कर घोड़े को रोक दिया और कहा—“खाँ साहब! मुबारक, मुबारक!”

घुड़सवार का नाम मुबारक है। उसने पूछा—“तुम कौन हो?”

युवती ने कहा—“या अल्लाह, आप क्या पहचानते भी नहीं?”

मुबारक ने पूछा—“क्या दरिया?”

मुबारक—“तुम यहाँ कैसे?”

दरिया—“क्यों, मैं तो सभी जगह आती-जाती हूँ। तुमने रोक तो लगाई नहीं! तुमने कभी मना किया है?”

मुबारक—“मैं क्यों मना करूँ? तुम मेरी हो कौन!”

इसके बाद मीठे स्वर में मुबारक ने पूछा—“क्या कुछ चाहती हो?”

दरिया ने कान पर हाथ रखकर कहा—“तौबा! तुम्हारा रुपया मेरे लिए हराम है। हम लोग इत्र बनाना जानती हैं।”

मुबारक—“तब मुझे किसलिए रोका है?”

दरिया—“उतरो तब कहूँ!”

मुबारक घोड़े से उतर गया। उसने कहा—“अब कहो!”

दरिया ने कहा—“इस भीड़ के भीतर एक ज्योतिषी बैठे हुए हैं। ये नये आए हैं। इनके जैसा ज्योतिषी यहाँ कभी आया ही नहीं। इनसे तुम्हें अपनी किस्मत पूछनी चाहिए।”

मुबारक—“मेरी किस्मत के हाल से तुम्हें क्या मतलब? तुम अपनी किस्मत दिखाओ!”

दरिया—“अपनी किस्मत का हाल मैं जानना नहीं चाहती बिना हाल जाने ही मैं सब कुछ जान चुकी हूँ। तुम्हारी किस्मत का हाल जानने की ही मुझे जरूरत है।”

यह कहकर दरिया, मुबारक का हाथ पकड़कर खींच ले जाने को तैयार हुई। मुबारक ने कहा—“मेरे घोड़े को कौन पकड़ेगा?”

कुछ लड़के सड़क पर खड़े लड्डू खा रहे थे। मुबारक ने कहा—“तुममें से कोई थोड़े समय तक मेरे घोड़े को पकड़े रहो। मैं लौटकर तुम लोगों को और लड्डू खिलाउँगा।”

यह कहते ही दो-तीन लड़कों ने आकर घोड़े को पकड़ लिया। एक प्राय: नंगा था, वह घोड़े पर चढ़ बैठा। मुबारक उसे मारने चला। किन्तु मारने की जरूरत नहीं पड़ी, घोड़े ने एक बार पिछले पैरों को उछाल कर उसे फेंक दिया। उसको जमीन में गिरा देख अन्य लड़के उसका लड्डू छीनकर खाने लगे।।

तब मुबारक निश्चिन्त होकर अपने भाग्य की गणना कराने गया।

मुबारक को देखकर अन्य लोग रास्ते से हट गए। दरिया बीबी उसके साथ-साथ गई। ज्योतिषी के सामने मुबारक ने हाथ फैला दिया। ज्योतिषी ने अच्छी तरह देख-सुनकर कहा—“आप पहले जाकर विवाह करिये।” पीछे भीड़ के भीतर छिपी दरिया बीबी ने कहा—“शादी हो गई है।”

ज्योतिषी ने पूछा—“यह बोल कौन रहा है?”

मुबारक ने कहा—“वह एक पगली है। आप यह बता सकते हैं कि मेरी शादी कैसे होगी।”

ज्योतिषी ने कहा— "आप किसी राजपुत्री से विवाह करें।"

मुबारक ने पूछा—"उससे क्या होगा?"

ज्योतिषी ने जवाब दिया—"आपके पद की वृद्धि होगी।"

भीड़ के भीतर से दरिया बीबी ने कहा—"और मौत?"

ज्योतिषी ने पूछा—"यह कौन है?"

मुबारक—"यह पगली!"

ज्योतिषी— पगली नहीं है! जान पड़ता है कि वह मानवी नहीं है। अब मैं आप का हाथ न देखूँगा।

मुबारक की समझ में कुछ भी न आया। ज्योतिषी को कुछ देकर उसने भीड़ में दरिया को ढूँढ़ा। किन्तु वह कहीं भी दिखाई नहीं दी। तब वह कुछ उदास होकर घोड़े पर सवार होकर किले की ओर बढ़ा। यह कहने की जरूरत नहीं कि लड़कों को कुछ लड्डू मिले।

दूसरा परिच्छेद

जेबुन्निसा

दरिया के समाचार बेचने का क्या हाल हुआ? समाचार बेचा होगा, और क्या! किसके साथ बेचा? यह समझाने के लिए मुगल सम्राट के गढ़ का कुछ परिचय देना होगा।

भारतवर्ष की जो महिलाएँ राज्य-शासन में सुदक्ष हुई हैं, उनका नाम विख्यात है। पश्चिम में शायद जेनोबिया, इसाबेला, एलिजाबेथ या कैथराइन के नाम मिलते हैं; किन्तु भारतवर्ष के राजकुलों में पैदा होने वाली अनेक देवियाँ राज्य-शासन में सुदक्ष हुई हैं। मुगल सम्राटों की लड़कियाँ इस विषय में खूब प्रसिद्ध है। किन्तु जिस परिमाण में वे राजनीति-विशारद थी, उसी परिमाण में इन्द्रिय-परवश और भोग-विलास में सराबोर भी हुई। औरंगजेब की दो बहनें थीं जहाँआरा और रोशनआरा। जहाँआरा बादशाह शाहजहाँ की प्रधान सहायिका थी। शाहजहाँ बिना उसकी सलाह के कोई राज-काज करते न थे। उसकी सलाह से चलकर वे काम में सफल और यशस्वी भी होते थे। वह पिता की बहुत हितैषिणी थी। किन्तु वह जहाँ तक इन गुणों में विशिष्ट थी, उससे अधिक इन्द्रिय-परायण थी इन्द्रिय की तृप्ति के लिए कितने ही लोग उसके अनुग्रह के पात्र थे। ऐसे लोगों में, यूरोपीय यात्रियों ने एक ऐसे व्यक्ति का भी नाम लिखा है जिसे लिखकर हम अपनी लेखनी को कलुषित नहीं कर सकते।

रोशनआरा पिता से द्वेष रखती थी और भाई औरंगजेब की पक्षपातिनी थी। वह भी जहाँआरा की तरह राजनीति-विशारद और सुदक्ष थी, तथा इन्द्रिय-सुख के सम्बन्ध में जहाँआरा जैसी ही विचारशून्य और तृप्तिशून्य थी। जब पिता को पदच्युत और कैद कर औरंगजेब उनका राज्य अपहरण करने में प्रवृत्त हुआ, तब रौशनआरा उसकी प्रधान मददगार थी। औरंगजेब भी रौशनआरा के वशीभूत था। औरंगजेब की बादशाहत में रौशनआरा द्वितीय बादशाह थी।

किन्तु रौशनआरा के अभाग्य से एक महाशक्तिशालिनी प्रतिद्वन्द्विनी ने उसके विरुद्ध सिर उठाया। औरंगजेब की तीन लड़कियाँ थीं। छोटी दो कन्याओं को उन्होंने अपने दो कैदी भतीजों से ब्याह दिया था। बड़ी लड़की जेबुन्निसा ने विवाह नहीं किया फूफियों की तरह वह भी वसन्त के भ्रमर की भाँति फूलों का मधुपान करती फिरती थी।

फूफी-भतीजी दोनों ही अकसर मदन-मन्दिर में बराबरी करने को डट जाती थीं, इसलिए भतीजी ने फूफी को विनष्ट करने का संकल्प किया। फूफी की महिमा वह पिता के आगे बखानने लगी। इसका फल यह हुआ कि रौशनआरा संसार से अदृश्य हो गई, जेबुन्निसा ने उसकी पद-मर्यादा और महत्ता प्राप्त की।

हमने पद-मर्यादा की जो बात कही, उसका कुछ मतलब है। बादशाह के जनानखाने में खोजा के अतिरिक्त और कोई पुरुष प्रवेश नहीं करता था, कम-से-कम प्रवेश का नियम नहीं था। जनानखाने की पहरेदारी के लिए स्त्रियों की एक सेना थी। जैसे हिन्दू राजा मुसलमानियों को पहरेदारिन बनाते थे वही मुगल बादशाह भी करते थे। तातार जाति की सुन्दरियाँ मुगल सम्राट के जनानखाने की पहरेदारिनें थी इस स्त्री-सैन्य की एक नायिका होती थी वह सेनापति के पद पर भी मानी जाती थी। उसका पद ऊँचा माना जाता था और उसी के अनुसार उसका मान भी होता था। इस पद पर रोशनआरा नियुक्त थी। वह जब एकाएक बदनामी के अंधकार में छिप गई, तब जेबुन्निसा उसके पद पर नियुक्त हुई थी। जो इस पद पर नियुक्त होती, वह हर तरह से जनानखाने की मालकिन होती थी। इसीलिए जेबुन्निसा रंगमहल की सब कुछ थी। सभी उसके अधीन थी पहरेदारिनें, खोजा, बाँदी, दरबान, खबर ले जाने वाला, रसोईदारिन, सभी उसके अधीन थे। इसलिए वह अपने इच्छानुसार महल में लोगों को आने देती थीं। दो श्रेणी के लोग उसकी कृपा से जनानखाने में प्रवेश कर पाते थे एक प्रणयी लोग, दूसरे वे जो गुप्त समाचार पहुँचाते थे।

पहले ही कहा गया है कि जेबुन्निसा राजनीतिज्ञ थी, मुगल साम्राज्यरूपी जहाज का पतवार एक प्रकार से उनके हाथ में था। वह मुगल-साम्राज्य की 'नियामक नक्षत्र' भी कही

गई है। विदित है कि राजनीति सम्प्रदाय का सबसे अधिक प्रयोजनीय तत्व है गुप्त संवाद चुपचाप सब मालूम होना चाहिए कि कहाँ क्या हो रहा है। बदनामी सहने वाले राजा रामचन्द्र से लेकर बिस्मार्क तक सभी इसके प्रमाण है। जेबुन्निसा इस बात को अच्छी तरह समझती थी। चारों ओर से वह समाचार संग्रह करती थी। संवाद-संग्रह करने के लिए उसने कुछ खास आदमी नियुक्त किए थे, उन्हीं में तस्वीर वाला एक खिज भी था। उसकी माँ देश-विदेश में तस्वीरें बेचने जाती थी। खिज अपनी माँ से समाचार-संग्रह करता था। दरिया बीवी की बहन भी इत्र और सुरमा बेचने के बहाने दिल्ली में घूम-घूमकर बहुतेरे समाचार-संग्रह कर लिया करती थी। यह सब समाचार दरिया जेबुन्निसा के पास पहुँचाती थी जेबुन्निसा हर बार उसे कुछ-न-कुछ इनाम देती थी इसी का नाम समाचार-विक्रय है। समाचार बेचने के कारण ही दरिया के लिए महल में जाने में कोई बाधा नहीं थी; इसके लिए जेबुन्निसा ने उसे एक परवाना दिया था। परवाने में लिखा था—"दरिया बीबी सुरमा बेचने के लिए रंगमहल में प्रवेश कर सकती हैं।"

किन्तु दरिया बीबी के रंगमहल में प्रवेश करने के बारे में एकाएक विघ्न आ पड़ा। उसने देखा कि मुबारक खाँ ने रंगमहल में प्रवेश किया। उस समय तक दरिया वहाँ पहुँच न पाई। वह कुछ देर करके आई थी।

दरिया ने वहाँ पहुँचकर देखा कि जहाँ जेबुन्निसा का विलास भवन है, वहीं मुबारक पहुँच गया है। वाटिका के एक वृक्ष की छाया में छिपकर दरिया प्रतीक्षा करने लगी।

तीसरा परिच्छेद

ऐश्वर्य का नरक

दिल्ली महानगरी का सारभूत दिल्ली दुर्ग है, दिल्ली दुर्ग का सारभूत उसकी राजप्रासाद-माला है। इस राजप्रासाद-माला की थोड़ी-सी भूमि में जितनी धनराशि, रत्नराशि, रूपराशि और पापराशि थी, वह सारे भारतवर्ष में नहीं था। उस राजप्रासाद-माला का सारभूत जनानखाना या रंगमहल था। यहाँ कुबेर और कामदेव का राज्य था। चन्द्र-सूर्य का प्रवेश वहाँ नहीं था यम राज भी बिना छिपे वहाँ जा नहीं सकते थे; वायु की भी गति नहीं थी। वहाँ के सभी कमरे विचित्र थे; सजावट विचित्र थी; जनानखाने में रहने वाले सभी विचित्र थे। ऐसे रत्न जड़े संगमरमर के

बने कमरे और कहीं नहीं थे ऐसी नन्दन-कानन की लुभाने वाली उद्यानशाला भी और कहीं नहीं ऐसी उर्वशी मेनका रम्भा की गर्वखर्वकारिणी सुन्दरियों की श्रेणी भी और कहीं नहीं ऐसा भोग-विलास भी और कहीं नहीं; इतना महापाप भी और कहीं नहीं!

इसमें जेबुन्निसा का विलास-भवन ही हमारा लक्ष्य है।

विलास-भवन बहुत ही मनोहर है। सफेद और काले पत्थरों का फर्श है। संगमरमर की बनी दीवारें हैं; पत्थरों में रत्नों की लता, रत्नों के पत्ते रत्नों के फूल और रत्नों के फल, रत्नों की चिड़ियाँ और रत्नों के ही भौंरे हैं। कुछ ऊँचाई पर सर्वत्र दर्पण लगे हुए हैं। उनके किनारे-किनारे सोने के कामदार चौखटे हैं। ऊपर रुपहले तार का चंदवा है, उसमें मोती की छोटी-छोटी झालरें हैं और ताजे चुने हुए फूलों की बड़ी झालरें हैं। फर्श पर नव-वर्षा में उगा हुआ कोमल दूब से भी सुकोमल गलीचा बिछा हुआ है; उस पर हाथी के दाँत से बने रत्नों से अलंकृत पलंग है। उस पर जरी का कामवर गद्दा और कामवर मखमल के तकिये हैं। शय्या के ऊपर भाँति-भाँति के पात्रों में गुच्छे-के-गुच्छे सुगन्धित पुष्प है। पात्रों में ही गुलाब जल और इत्र हैं, सुगन्ध और होशियारी से बनाये हुए पान के बीड़े है और अलग सोने की सुराही में स्वादिष्ट शराब है। सबके बीच फूलों और रत्नों के ढेरों को मात करती हुई प्रौढ़ा जेबुन्निसा पान का पात्र हाथ में लिये, खिड़की से रात के तारों की शोभा देखती हुई, फूलों से गुथे हुए मस्तक को मधुर पवन से शीतल कर रही है। इसी समय मुबारक खाँ वहाँ पहुँचा।

मुबारक जेबुन्निसा की बगल में बैठा और पान आदि का प्रसाद पाकर धन्य हुआ।

जेबुन्निसा ने कहा—"बिना ढूँढे जो आए, वही प्रेमी है।"

मुबारक ने कहा—"बिना बुलाए आया हूँ, बेअदबी हुई है। लेकिन भिखमंगे बिना बुलाए ही आया करते हैं।"

जेबुन्निसा—"तुम कौन-सी भिक्षा माँगते हो, प्यारे?"

मुबारक—"भीक्षा यही है कि मुल्ला के हुक्म और शब्द में मेरा अधिकार हो।"

जेबुन्निसा ने हँसकर कहा—"फिर वही पुरानी बात! बादशाहजादियाँ कहीं शादी करती हैं?"

मुबारक—"तुम्हारी छोटी बहनों ने तो शादी की है!"

जेबुन्निसा—"उन सबने शाहजादों से शादी की है। शाहजादियाँ शाहजादों के अलावा और किसी से शादी नहीं करतीं। भला शाहजादी दो सौ के मनसबदार से शादी कर सकती है?"

मुबारक—"तुम मुल्क हो। बादशाह से जो कहोगी, वे वही करेंगे, इस बात को सब जानते हैं।"

जेबुन्निसा—"जो अनुचित है, उसके लिए मैं बादशाह से अर्ज नहीं करूँगी।"

मुबारक—"और यह क्या उचित है शाहजादी?"

जेबुन्निसा—"यह क्या?"

मुबारक—"यही महापाप?"

जेबुन्निसा—"कौन महापाप कर रहा है?"

मुबारक ने सिर झुका लिया। फिर उसने कहा—"क्या तुम समझ नहीं रही हो?"

जेबुन्निसा—"अगर इसे महापाप समझते हो, तो अब न आना!"

गिड़गिड़ाकर मुबारक ने कहा—"अगर मुझमें यह मजाल होती तो मैं कभी न आता। किन्तु मैं इस खूबसूरती के हाथ बिक चुका हूँ।"

जेबुन्निसा—"अगर बिक चुके हो अगर मेरे खरीदे हुए हो, तो मैं जो कहती हूँ, वही करो; चुपचाप बैठे रहो!"

मुबारक—"अगर मैं अकेला ही इस पाप का भागी होता, तो चुपचाप बैठा ही रहता। किन्तु मैं तुम्हें अपने से अधिक चाहता हूँ।"

जेबन्निसा ऊँचे स्वर से हँसी। बोली—"बादशाहजादी को पाया?"

मुबारक—"पाप-पुण्य अल्लाह का हुक्म है।"

जेबुन्निसा—"अल्लाह का यह हुक्म गरीबों के लिए है, काफिरों के लिए है। मैं क्या हिन्दुओं के ब्राह्मणों की लड़की हूँ या राजपूत की लड़की हूँ जो एक खाविन्द कर जिन्दगी भर उसकी गुलामी करूँ और अधिक आग में जल मरें? अल्लाह को मुझे अगर वही बनाना होता, तो बादशाहजादी न बनाते।"

मुबारक मानों आकाश से गिर पड़ा। इस तरह की घृणित बात उसने कभी सुनी नहीं थी—पाप के स्रोत में बही हुई दिल्ली में भी नहीं सुनी। अगर उसके सामने और कोई यह बात किया होता तो वह कहता—"तुझ पर कहरेखुदा पड़े।" किन्तु जेबुन्निसा के सौन्दर्य-सागर में वह डूब चुका था; उसे और कहीं का ज्ञान न था। वह केवल आश्चर्य में आकर चुप रह गया।

जेबुन्निसा ने कहना शुरू किया—"इन बातों को छोड़ो! बहुतेरी बातें हैं। अब आगे यह बात कभी मेरे सुनने में न आए।

मुबारक ने कहा—"मुझे डराने-धमकाने की जरूरत नहीं है। मैं जानता हूँ कि तुम जिस पर नाखुश होगी, उसका सिर एक क्षण भी धड़ के ऊपर रह न सकेगा। किन्तु शायद तुम भी यह जानती हो कि मुबारक मौत से कभी डरता नहीं!"

जेबुन्निसा—"मौत के अलावा क्या मुबारक के लिए कोई सजा नहीं?"

मुबारक—"है, तुम्हारी जुदाई!"

जेबन्निसा—"बारबार बेमतलब की बात कहने से वही हो सकता है।"

मुबारक समझ गया कि एक के होने से दोनों ही होगा अगर वह पापिष्ठा समझकर जेबुन्निसा का त्याग करे, तो उसे निश्चय मरना भी पड़ेगा। जेबुन्निसा मुगल साम्राज्य की सब कुछ है; स्वयं औरंगजेब उसके आज्ञाकारी हैं किन्तु इससे मुबारक दु:खी नहीं हुआ। उसे इस बात का दु:ख है कि वह बादशाहजादी के रूप पर मुग्ध है उसमें सामर्थ्य नहीं कि वह उससे अलग रह सके। इस पाप के कीचड़ से निकलने की उसमें ताकत नहीं।

इसलिए मुबारक ने विनीत भाव से कहा—"आप अपनी मर्जी से जितनी मेहरबानी दिखलाएँगी, उससे मेरी जिन्दगी पवित्र होगी। मैं जो और ख्वाहिशें रखता हूँ उसे गरीबों का फर्ज समझियेगा। कौन-सा गरीब, है, जो दुनिया की बादशाहत पाने की ख्वाहिश नहीं रखता!"

इस पर प्रसन्न होकर शाहजादी ने मुबारक को शराब इनाम में दिया। मधुर प्रेमालाप के बाद उसे इत्र और पान देकर विदा किया।

मुबारक के रंगमहल से निकलने के पहले ही दरिया बीबी ने उसे रोका। और किसी के न सुन सकने वाली आवाज में उसने कहा—"क्यों, शाहजादी से शादी ठीक हो गई?"

मुबारक ने आश्चर्य के साथ पूछा—"तुम कौन हो?"

दरिया—"वही दरिया!"

मुबारक—"दुश्मन, शैतान! तू यहाँ कहाँ?"

दरिया—"नहीं जानते कि मैं समाचार बेचा करती हूँ?"

मुबारक काँप उठा। दरिया बीवी ने कहा तब क्या राजपुत्री के साथ शादी होगी?"

मुबारक—"राजपुत्री कौन?"

दरिया—"शाहजादी जेबुन्निसा बेगम साहिबा! क्या शाहजादी को राजपुत्री नहीं बोल सकते?"

मुबारक—"मैं तुझे यहीं मार डालूँगा।"

दरिया—"तब मैं शोर मचाती हूँ।"

मुबारक—"अच्छा, समझ ले कि मैं तेरा खून न करूँगा। लेकिन बता कि तू किसके पास खबर बेचने आई है।"

दरिया—"यह कहने के लिए ही तो खड़ी हूँ। शाहजादी जेबुन्निसा के पास।"

मुबारक—“कौन-सी खबर बेचेगी?”

दरिया—“यही कि तुम बाजार में ज्योतिषी के आगे अपनी किस्मत का हाल जानने गए थे, इस पर ज्योतिषी ने तुम्हें शाहजादी से विवाह करने को कहा—“तभी तुम्हारी तरक्की होगी।”

मुबारक—“मैंने क्या किया है?

दरिया—तुमने मेरे साथ क्या नहीं किया है! तुमने जो किया है, उससे बढ़कर और क्या नुकसान हो सकता है?”

मुबारक—“क्यों प्यारी! मेरे जैसे तो कितने ही हैं।”

दरिया—“लेकिन ऐसा पापी और कोई नहीं।”

मुबारक—“मैं पापी नहीं हूँ। किन्तु यहाँ खड़े-खड़े इतनी बातें नहीं हो सकतीं। तुम और कहीं मुझसे मिलना। मैं सब समझा दूँगा।”

यह कहकर मुबारक फिर जेबुन्निसा के पास लौट गया। उसने जेबुन्निसा से कहा—“मैं फिर आया हूँ, इस बेअदबी के लिए माफ कीजिये! यह कहने आया हूँ कि दरिया बीबी हाजिर हैं, अभी आप से मिलने आएँगी। वह पागल है। अगर वह आपके पास आकर मेरी कोई निन्दा करे, तो आप मुझसे जवाब तलब किये बिना मुझ पर नाराज नहीं होंगी।”

जेबुन्निसा ने कहा—“मेरी मजाल नहीं कि मैं तुम पर नाराज हो जाऊँ। अगर तुम पर कभी क्रोध करूँ तो उससे मुझे ही दुःख होगा। तुम्हारी निन्दा मैं अपने कान से नहीं सुन सकती।”

“इस सेवक पर इतना अनुग्रह सदा बना रहे।” यह कहकर मुबारक फिर विदा हो गया।

चौथा परिच्छेद

समाचार-विक्रय

जो तातारी युवती हाथ में तलवार लिये जेबुन्निसा के कमरे के दरवाजे पर नियुक्त थी पहले, उसने दरिया को देखकर कहा—“इतनी रात को कैसे?”

दरिया बीबी ने कहा—“तुम पहरे वाली से क्या बताऊँ? तू खबर कर दे!”

तातारी ने कहा—“तू बाहर जा मैं खबर नहीं करूँगी।”

दरिया ने कहा—"क्रोध क्यों करती हो दोस्त? तुम्हारी नजाकत की बदौलत ही काबुल और पंजाब फतह होता है। उस पर यह ढाल तलवार! तुम्हारे बिगड़ने से काम कैसे चलेगा? यह मेरा परवाना देखो अब इत्तला करो!"

पहरेदारिन ने लाल होठों पर मुस्कुराहट लाकर कहा—"मैं तुम्हें और तुम्हारे परवाने को भी पहचानती हूँ। पर क्या इतनी रात को बेगम साहिबा तुम्हारा सूरमा खरीदेंगी? तुम कल सबेरे आना। इस समय, खसम हो तो उसी खसम के पास जाओ।

दरिया—"तूम जहन्नुम में जाओ! तेरी ढाल तलवार जहन्नुम में जाय, तेरी ओढ़नी-पायजामा जहन्नुम में जाय। तू क्या समझती है कि मैं आधी रात को बिना मतलब के ही आयी हूँ?"

तब तातारी ने चुपके से कहा—"बेगम साहिबा इस समय मजे में होंगी।"

दरिया ने कहा—"अरी बाँदी, अच्छा तो क्या मैं इतना भी नहीं समझती? तू भी मजे करेगी?

यह कहकर दरिया ने ओढ़नी के भीतर से एक शीशी शराब की निकाली। पहरेदारिन ने मुँह खोला; दरिया ने शीशी-की-शीशी उसके मुँह में उड़ेल दी। तातारी सूखी नदी की तरह उसे एक साँस में सोख गई और बोली—"बिसमिल्लाह! बढ़िया शर्बत है। अच्छा तुम खड़ी रहो, मैं इत्तला करती हूँ।"

पहरेदारिन ने कमरे के भीतर जाकर देखा कि जेबुन्निसा हँस-हँसकर फूलों से कुत्ता बना रही थी; मुबारक के समान उसका मुँह बनाया है और बादशाहीसरपेंच और कलंगी के समान उसकी पूँछ बनाई है। जेबुन्निसा ने पहरेदारिन को देखते ही कहा—"कंचनियों को बुलाओ!

रंगमहल में सभी बेगमों के आमोद के लिए एक-एक सम्प्रदाय की नाचने-वालियों को नियुक्त करेंगे। घर-घर में नाच-गाना होता था। जेबुन्निसा के प्रमोद के लिए भी नाचने-वालियों का एक दल था।

पहरेदारिन ने फिर सलाम कर कहा—"जो हुक्म! दरिया बीवी हाजिर हैं। मैं लौटा रही थी; किन्तु वह मानती नहीं।"

जेबुन्निसा—"तुझे कुछ इनाम भी मिला है?"

सुन्दर पहरेदारिन ने लज्जित होकर ओढ़नी से मुँह छुपा लिया। तब जेबुन्निसा ने कहा—"अच्छा, नाचनेवालियाँ अभी रुकें, दरिया को भेज दो!"

दरिया ने आकर सलाम किया। इसके बाद वह फूलों के बने कुत्ते की ओर देखने लगी। यह देखकर जेबुन्निसा ने पूछा—"कैसा बना है, दरिया?"

दरिया ने फिर सलाम कर कहा—"ठीक मनसबदार मुबारक खाँ साहब जैसा।"

जेबुन्निसा—"ठीक है, तू लेगी?"

दरिया—"क्या देंगी? कुत्ता या आदमी?"

जेबुन्निसा ने त्योरी बदली। इसके बाद क्रोध को संभाल हँसकर कहा—"जो तुझे पसंद आए!"

दरिया—"तब कुत्ता हुजूर के पास ही रहे, मैं आदमी लूँगी।"

जेबुन्निसा—"इस समय तो कुत्ता मेरे हाथ में है, मनुष्य हाथ में नहीं। अभी कुत्ता ही ले जा!"

यह कहकर जेबुन्निसा शराब के नशे में प्रसन्न होकर, जिन फूलों से कुत्ता बनाया था; वह फूल उठा-उठाकर दरिया पर फेंकने लगी। दरिया ने फूलों को उठा-उठाकर अपनी ओढ़नी में रखा, नहीं तो बेअदबी होती। इसके बाद उसने कहा—"हुजूर की मेहरबानी से मुझे कुत्ता और आदमी दोनों ही मिले हैं!"

जेबुन्निसा—"कैसे!"

दरिया—"आदमी तो मेरा ही है।"

जेबुन्निसा—"कैसे?"

दरिया—"मेरे साथ शादी हुई है!"

जेबुन्निसा ने कई फूल उठाकर जोर से दरिया पर फेंके।

जेबुन्निसा—"यहाँ से निकल।"

जेबुन्निसा ने कई फूल उठाकर जोर से दरिया पर फेंके।

दरिया ने हाथ जोड़कर कहा—"मुल्ला और गवाह दोनों जीते हैं। हुजूर पूछ सकती हैं।"

जेबुन्निसा ने त्योरी चढ़ाकर कहा—"मेरे हुक्म से वे सब सूली पर चढ़ा दिये जाएँगे।"

दरिया काँप उठी। यह जानती थी कि वह बाघिन जैसी मुगल कुमारी सब कर सकती है।

उसने कह—"आशावादी! मैं बढ़ी दुखिया हूँ; खबर बेचने आई हूँ। मुझे इन सब बातों से कोई मतलब नहीं।"

जेबुन्निसाँ—"क्या खबर है, बोल!"

दरिया—"दो खबरें हैं। एक तो यही मुबारक खाँ के बारे में। हुक्म न मिलने से आगे कहने की हिम्मत नहीं होती।"

जेबुन्निसा—“कहो!”

दरिया—“यह आज शाम को चौक में गणेश ज्योतिषी से अपनी किस्मत की गणना करा रहा था।”

जेबुन्निसा—“ज्योतिषी ने क्या कहा?”

दरिया—“कहा कि शाहजादी से शादी करो, तब तुम्हारी तरक्की होगी।”

जेबुन्निसा—“झूठी बात! मनसबदार कब ज्योतिषी के यहाँ गया?”

दरिया—“यहाँ आने से पहले।”

जेबुन्निसा—“यहाँ कौन आया था?”

दरिया डर गई। किन्तु उसी समय फिर हिम्मत बाँध सलाम कर कहा—“मुबारक खाँ साहब।”

जेबुन्निसा—“तूने कैसे जाना?”

दरिया—“मैंने आते हुए देखा था।”

जेबुन्निसा—“जो ऐसी बातें कहता है, उसे मैं सूली पर चढ़ा देती हूँ।”

दरिया काँप उठी। बोली—“हुजूर के अलावा और कहीं मैं यह सब बाते जुबान पर भी नहीं लाती।”

जेबुन्निसा—“जुबान पर लाई तो मैं जल्लाद से जीभ कटवा लूँगी! बोल, दूसरी क्या खबर है?”

दरिया—“दूसरी खबर रूपनगर की है।”

तब दरिया ने चंचल-कुमारी के तस्वीर तोड़ने की सारी कहानी कह सुनाई। सुनकर जेबुन्निसा ने—“यह खबर अच्छी है, इनाम मिलेगा!”

तब रंगमहल के खजाने के नाम इनाम का परवाना लिखा गया। उसे लेकर दरिया भागी।

तातारी पहरेदारिन ने उसे पकड़ा। उसने तलवार को दरिया के कन्धे पर रखकर कहा—“भागती कहाँ हो सखी?”

दरिया—“काम हो गया। अब घर जाऊँगी।”

पहरेदारिन—“रुपये मिले हैं, कुछ मुझे नहीं दोगी?”

दरिया—“मुझे रुपयों की बड़ी जरूरत है एक गाना सुनाये जाती हूँ, सारंगी दो।”

पहरेदारिन के पास सारंगी थी जो कभी-कभी बजाती थी। रंगमहल में हमेशा गाने-बजाने की धूम रहती थी। सभी बेगमों का एक-एक सम्प्रदाय की नाचने-वालियों का दल

था। यह सब गणिकाएँ नहीं थी, अपनी इच्छा से यह काम करती थी। रंगमहल में रात को सुर छिड़ा ही रहता था। दरिया तातारी की सारंगी लेकर गाने लगी। वह बहुत ही सुरीली और गाने में उस्ताद थी। बड़े ही मधुर स्वर से उसने गाना गाया। जेबुन्निसा ने भीतर से पूछा—"कौन गाती है?"

पहरेदारिन ने कहा—"दरिया बीबी।"

हुक्म हुआ, उसे भेजो!

दरिया ने फिर जेबुन्निसा के सामने जाकर सलाम किया। जेबुन्निसा ने कहा—"गाओ, वह वीणा रखी है।"

वीणा लेकर दरिया ने खूब मधुर गीत गया। शाहजादी ने अप्सराओं को जलाने वाली, संगीत-विद्या में पटु अनेक गायिकाओं के गाने सुने थे, किन्तु ऐसा गाना नहीं सुना था। दरिया का गाना समाप्त होने पर जेबुन्निसा ने उससे पूछा—"तुमने कभी मुबारक के सामने गाया है?"

दरिया—"मेरा गाना सुनकर ही उन्होंने मुझसे शादी की थी।"

जेबुन्निसा ने फूल के एक गुच्छे को उठाकर जोर से दरिया को मारा कि उसके कर्णफूल में लगकर कान कट गया और खून बह चला। तब जेबुन्निसा ने उसे और कुछ इनाम देकर विदा किया। कहा—"अब न आना!"

दरिया सलाम कर विदा हुई। मन में बड़बड़ाती गई "फिर आऊँगी, फिर जलाऊँगी। फिर मार खाऊँगी। फिर रुपये लूँगी तुम्हारा सर्वनाश करूँगी!"

पाँचवाँ परिच्छेद

उदयपुरी बेगम

सारे संसार में औरंगजेब विख्यात बादशाह थे। वे साम्राज्य के अधिकारी हुए थे। वे स्वयं बुद्धिमान, हर काम में दक्ष, परिश्रमी और अन्यान्य राजगुणों से गुणवान थे। यह सब असाधारण गुण होने पर भी उस संसार-विख्यात राजाधिराज ने अपने संसार-विख्यात साम्राज्य को ध्वंस कर मानव-लीला समाप्त की थी।

उसका एकमात्र कारण यह था कि औरंगजेब महापापिष्ठ था। उसके जैसे धूर्त, कपटीचारी, पाप में संकोचशून्य, स्वार्थी, परपीड़क, प्रजापीड़क दो-एक ही दिखाई देते

हैं। यह कपटी सम्राट जितेंद्रिय होने का बहाना करता था; किन्तु उसका अंत:पुर असंख्य सुंदरियों से, मधुमक्खियों से परिपूर्ण शहद के छत्ते की तरह दिन-रात आनंद-ध्वनि से गूंजा करता था।

इसकी रानियाँ भी असंख्य थीं और शरियत के नियम के अलावा तनखाहदार विलासिनें भी बहुत थीं। इन पापिष्ठाओ से इस ग्रन्थ का सम्बन्ध बहुत कम है; किन्तु किसी-किसी महारानी से इस उपन्यास का घनिष्ठ सम्बन्ध है।

मुगल बादशाह जिससे पहला विवाह करते थे, वही प्रधान महारानी होती थी। हिन्दूद्वेषी औरंगजेब को दुर्भाग्य से एक हिन्दू-कन्या इनकी प्रधान महारानी थी। बादशाह अकबर ने राजपूत राजाओं की कन्या से विवाह करने की प्रथा चलाई थी। उसी नियम के अनुसार सभी मुगल बादशाहों की हिन्दू रानियाँ थीं। औरंगजेब की प्रधान महिषी जोधपुरी बेगम थी।

प्रधान महारानी होने पर भी जोधपुरी बेगम प्यारी महारानी नहीं थी। जो सबसे अधिक प्यारी थी, यह कृस्तानी उदयपुरी के नाम से इतिहास में परिचित थी। उदयपुर से इनका कोई सम्बन्ध होने के कारण इनका नाम उदयपुरी नहीं था। एशियाखंड के दूर-पश्चिम प्रान्त का जार्जिया क्षेत्र इस समय रूस के राज्य में शामिल है, वही इनकी जन्मभूमि थी। बचपन में एक दास-व्यवसायी इसे बेचने के लिए भारतवर्ष में ले आया। औरगजेब के बड़े भाई चारा ने इसे खरीदा। यह बालिका उम्र पाने पर अद्वितीय रूपलावण्यवती हो गई। उसके रूप पर मोहित होकर दारा उसके बहुत ही वशीभूत हो गए। पहले ही कहा गया कि उदयपुरी मुसलमान नहीं, कृस्तान थी। अफवाह है कि बाद में दारा भी कृस्तान हो गए थे।

दारा को युद्ध में परास्त कर औरंगजेब सिंहासन पर बैठ पाए थे। दारा को परास्त करने के बाद औरंगजेब ने पहले उन्हें गिरफ्तार कर बाद में उनका वध कराया था। दारा का वध करा नराधम औरंगजेब ने एक अद्भुत प्रसंग उठाया था। उड़िया लोगों में एक कलंक है कि बड़े भाई के मरने पर छोटा माई विधवा भौजाई से विवाह कर उसका शोक दूर करता है। इसी श्रेणी के एक उड़िया से हमने पूछा था—"तुम लोग ऐसा दुष्कर्म क्यों करते हो?" उसने चटपट जवाब दिया—"तब क्या घर की औरत पराये को दे दें?" शायद भारतेश्वर औरंगजेब ने भी ऐसा ही विचारा किया हो। उन्होंने कुरान का वचन उद्धृत कर प्रमाणित किया कि इस्लाम धर्मानुसार वे बड़े भाई की पत्नी से विवाह करने को बाध्य हैं। इसलिए दारा की दो प्रधान रानियों को उन्होंने अपनी बेगम होने को कहा। एक राजपूत कन्या थी और दूसरी

यह उदयपुरी साहिबा। राजपूत कन्या ने यह आज्ञा सुनकर जो किया, हर हिन्दू कन्या ऐसी अवस्था में वही करेगी; किन्तु और किसी जाति की कन्या ऐसा कर नहीं सकती। वह विष खाकर मर गई। पर कृस्तानी बड़े आनंद से औरंगजेब के गले लगी। इतिहास ने इस गणिका का नाम कीर्तित कर अपना अस्तित्व सार्थक किया, और जिन्होंने धर्मरक्षा के लिए जहर खाया, उनका नाम लिखने में घृणा दिखाई। यही इतिहास का मूल्य है!

उदयपुरी जैसी अनुपम सुरा थी, वैसी ही अद्वितीय शराबी भी थी। दिल्ली के बादशाह लोग मुसलमान होकर भी शराब के बड़े शौकीन थे। उनका जनानखाना इस विषय में उनके ही दृष्टान्त पर चलता था। रंगमहल में भी इसी रंग की बाढ़ थी। इस नरक में भी उदयपुरी ने अपना नाम प्रसिद्ध कर रखा दा।

जेबुन्निसा एकाएक उदयपुरी के शयन-गृह में प्रवेश करने न पाई क्योंकि भारतेश्वर की प्रियतमा महारानी मद्यपान से प्रायः बेहोश रहा करती थी—वस्त्राभूषण का भी ठिकाना नहीं। बाँदियाँ उसकी सजावट दुरुस्त कर देती और उसे सचेत तथा सावधान किया करती थीं। जेबुन्निसा ने जाकर देखा कि उदयपुरी के बाएँ हाथ में सटक है, आँखें अधखुली हैं और होंठों पर मक्खियाँ उड़ रही है आँधी से छिन्न-भिन्न, जमीन पर बिखरे और वर्षा से भींगे फूलों के ढेर की तरह उदयपुरी बिछौने पर पड़ी है।

जेबुन्निसा ने आकर सलाम कर कहा—"माँ, आपका मिजाज तो अच्छा है न?"

उदयपुरी ने अधजगे जैसे स्वर में लड़खड़ाती ज़ुबान से कहा—"इतनी रात को कैसे?"

जेबुन्निसा—"एक बड़ी खबर है।"

उदयपुरी क्या मरहठा डाकू मर गया!"

जेबुन्निसा—"उससे भी जियादा खुशखबरी है।"

यह कहती हुई जेबुन्निसा ने चढ़ा-बढ़ाकर चंचल-कुमारी द्वारा तस्वीर तोड़ने की कहानी कह डाली। उदयपुरी ने पूछा—"यही खुशखबरी है?"

जेबुन्निसा ने कहा—"यह भैंस जैसी बाँदियाँ आपका तम्बाकू भरती हैं, यह मुझसे देखा नहीं जाता। बादशाह से यह वचन माँगिये कि रूपनगर की वह सुन्दरी राजकुमारी आकर हुज़ूर का तम्बाकु भरे।"

उदयपुरी ने बिना समझे नशे की झोंक में कह दिया—"बात अच्छी है।"

इसके कुछ ही देर बाद राजकाज से थके-माँदे बादशाह थकान मिटाने के लिए उदयपुरी के महल में उपस्थित हुए। उदयपुरी ने नशे की झोंक में जेबुन्निसा से चंचल-कुमारी की जो बातें सुनी थी, वह ज्यों-की-त्यों कह डाली; साथ ही यह प्रार्थना भी कर दी कि वह आकर

मेरा तम्बाकू भरे। औरंगजेब ने कसम खाकर ऐसा ही करने का वचन दिया, क्योंकि वे क्रोध के मारे तिलमिला उठे थे।

छठवाँ परिच्छेद

जोधपुरी बेगम

दूसरे दिन बादशाही हुक्म घोषित हुआ। रूपनगर के छोटे-से राजा के ऊपर एक हुक्मनामा जारी हुआ। जिस अद्वितीय कुटिलता के डर से जयसिंह और यशवन्तसिंह आदि सेनापतिगण और आजमशाह जैसे शाहजादे सदा घबराते थे, जिस अभेद्य कुटिलता के जाल में फंसकर चतुरों में अग्रगण्य शिवाजी भी दिल्ली में कैद हो गए थे; वैसी ही कुटिलता से पूर्ण यह हुक्मनामा भी था। उसमें लिखा गया—"बादशाह रूपनगर की राजकुमारी के अपूर्व रूप लावण्य का हाल सुन मुग्ध हुए हैं। रूपनगर के राव साहब के सत्-स्वभाव और राजभक्ति से बादशाह प्रसन्न हुए हैं। इसलिए बादशाह राजकुमारी का पाणिग्रहण कर उनकी उस राजभक्ति को पुरस्कृत करने की इच्छा रखते हैं। राजा साहब अपनी कन्या को दिल्ली भेजने का बन्दोबस्त करें शीघ्र बादशाही सेना जाकर राज कन्या को दिल्ली ले आएगी।"

इस समाचार के पहुँचते ही रूपनगर में बड़ी हलचल मच गई। रूपनगर में आनंद की सीमा न रही। जोधपुर, अम्बर आदि बड़े-बड़े राजपूत राजा मुगल बादशाह को कन्यादान करता बहुत बड़े सौभाग्य का विषय समझते थे। ऐसी हालत में रूपनगर के क्षुद्रजीवी राजा के भाग्य में यह शुभ फल बड़े ही आनंद का विषय माना गया। शाहों के शाहंशाह जिनकी बराबरी का इस मृत्युलोक में कोई नहीं—उनके दामाद होंगे, चंचल-कुमारी पृथ्वीश्वरी होंगी, इससे बढ़कर और क्या सौभाग्य हो सकता है? राजा, राजरानी, पुरवासी, रूपनगर की प्रजा, सभी आनंद से मतवाले हो उठे। रानी ने देव-मन्दिर में पूजा का चढ़ावा भेजा। राजा इस सुयोग में किन-किन इलाकों के गाँव माँगेंगे इसके लिए फेहरिस्त तैयार होने लगी।

केवल चंचल-कुमारी की सखियों में निरानन्द रहा। वे सब जानती थीं कि इस सम्बन्ध से मुगल—विद्वेषिणी चंचल-कुमारी को सुख नहीं।

यह समाचार दिल्ली में भी फैल पड़ा, बादशाही रंगमहल में प्रचारित हुआ। जोधपुरी बेगम सुनकर बहुत दुःखी हुईं। वे हिन्दू की लड़की हैं, मुसलमान के घर रहकर भारतेश्वरी

होने पर भी उन्हें सुख नहीं था। वे औरंगजेब के महल में भी अपना हिन्दूपन बचाये रखती थीं। हिन्दू दासियों द्वारा उनकी सेवा होती थी, हिन्दू के बनाये बिना वे भोजन नहीं करती थी। यहाँ तक कि औरंगजेब के महल में हिन्दू देवता की मूर्ति स्थापित कर वह पूजा किया करती थीं। विख्यात देवद्वेषी औरंगजेब उनकी इन सब बातों को सहते थे; इसी से जान पड़ता है कि औरंगजेब उन पर अनुग्रह रखते थे।

जोधपुरी बेगम ने भी यह समाचार सुना। बादशाह से मुलाकात होने पर उन्होंने विनीत भाव से कहा—"जहाँपनाह! जिनकी आज्ञा से नित्य राज-राजेश्वरगण भी राजच्युत होते हैं, उनके क्रोध के योग्य क्या एक मामूली बालिका हो सकती है?"

राजेन्द्र हँसे, किन्तु कुछ कहा नहीं। वहाँ कुछ भी हो न सका।

तब जोधपुर-राजकन्या ने मन-ही-मन कहा—"हे भगवान्! मुझे विधवा करो। यह राक्षस अधिक दिन जिंदा रहा तो हिन्दुत्व का नाम लुप्त हो जाएगा।"

देवी नाम की उनकी एक परिचारिका थी। वह जोधपुर से उनके साथ आई थी। किन्तु बहुत दिन देश छोड़े हो गए, अब अधिक उम्र में मुसलमानी महल में वह रहना नहीं चाहती थी। बहुत दिन से वह घर जाना चाहती थी, किन्तु बहुत विश्वासी होने की वजह से जोधपुरी उसे छोड़ना भी नहीं चाहती थी। आाज जोधपुरी ने उसे एकांत में ले जाकर कहा—"तुम बहुत दिन से जाना चाहती हो, मैं आज तुम्हें छोड़ रही हूँ। किन्तु तुम्हें मेरा एक काम करना पड़ेगा। काम बहुत कठिन और मेहनत का है। बड़ी हिम्मत और बड़े विश्वास का है। उसके लिए मैं पूरा खर्च दूँगी, इनाम दूँगी और हमेशा के लिए तुम्हें छुटकारा दूँगी—बोलो, करोगी?

देवी ने कहा—"जो आज्ञा हो!"

जोधपुरी ने कहा—"तुमने रूपनगर की राजकुमारी का हाल सुना है? उनके पास जाना होगा, मैं चिट्ठी-पत्री कुछ न देंगी। जो कहना, मेरे नाम से कहना और मेरे इस पंजे को दिखाना, वह तुम पर विश्वास करेंगी! अगर घोड़े पर चढ़ना हो तो घोड़े से ही जाओ घोड़ा खरीदने का खर्च मैं दूँगी।"

देवी—"क्या कहना होगा?"

बेगम—"राजकुमारी से कहना कि हिन्दू की कन्या होकर मुसलमान के घर न आवें। हम लोग यहाँ आकर नित्य मरने की कामना करती हैं। कहना कि तस्वीर तोड़ने का हाल बादशाह ने सुना है। उन्हें सजा देने के लिए ही यहाँ लाया जा रहा है। उन्होंने प्रतिज्ञा की है कि रूपनगर वाली से उदयपुरी की चिलम भरवाएँगे। कहना कि चाहे जहर खाएँ, फिर भी दिल्ली न आएँ। और यह भी कहना कि डरें नहीं; दिल्ली का सिंहासन हिल रहा है। दक्षिण

में मरहठे मुगलों की हड्डी कुंच रहे हैं। राजपूत लोग इकट्ठे हो गए है—जजिया की आग से सारा राजपूताना जला जा रहा है। राजपूताने में गो-हत्याएँ हो रही हैं, कौन राजपूत इसे सहेगा सब राजपूत इकट्ठे हो रहे हैं। उदयपुर के राणा वीर पुरुष हैं। मुगल-तातार में उनके जैसा कोई नहीं है। वे यदि राजपूतों के अधिनायक होकर अस्त्र धारण करें तो क्या नहीं हो सकता यदि एक ओर शिवाजी और दूसरी ओर राजसिंह अस्त्र धारण करें तो दिल्ली का सिंहासन कब तक टिकेगा?"

देवी—"ऐसी बात न कहो। दिल्ली का तख्त तुम्हारे लड़के के लिए है। अपने लड़के के सिंहासन को तोड़ने की सलाह आप ही दे रही हैं?"

बेगम—"मुझे यह भरोसा नहीं कि मेरा लड़का इस तख्त पर बैठेगा। जब तक राक्षसी जेबुन्निसा और डाकिनी उदयपुरी जिंदा रहेंगी, तब तक यह भरोसा न करना। एक बार ऐसे ही भरोसा करके मैंने रौशनाआरा की बुरी मार खाई थी। आज भी मेरे मुँह और आँख पर उस चोट के निशान हैं।"

कहते-कहते जोधपुरी रो पड़ी। इसके बाद उन्होंने कहा—"उन सब बातों की जरूरत नहीं। तुम मेरा मतलब समझ न सकोगी। समझकर ही क्या करोगी। जो कह रही हूँ, वही करो! राजकुमारी से कहो, वे राजसिंह की शरण में जाएँ; राजसिंह राजकुमारी को लुटने न देंगे। कहना, मैं आशीर्वाद देती हूँ कि तुम राणा की महिषी बनो। महिषी होने पर प्रतिज्ञा करें कि उदयपुरी उनका तम्बाकू भरेंगी और रौशनआरा उन्हें पंखा झलेंगी।"

देवी—"यह भी कहीं हो सकता है?"

बेगम—"इस पर विचार तुम न करो। मैंजो कहती हूँ, वह कर सकोगी या नहीं?"

देवी—मैं सब कर सकती हूँ।"

तब बेगम ने देवी को जरूरी रुपये और पुरस्कार तथा पंजा देकर विदा किया।

सातवाँ परिच्छेद

खुदा ने शाहजादी क्यों बनाया

जेबुन्निसा के विलास-भवन में रात को मुबारक उपस्थित हुआ। इस बार मुबारक गलीचे पर घुटने टेककर बैठा; उसके दोनों हाथ जुड़े हुए और चेहरा ऊपर की ओर था।

जेबुन्निसा उस रत्न-जड़े पलंग पर मोती-मूंगे की झालरदार शय्या, जरी का कामदार तकिया टेके, सोने के गड़गड़े में रत्नजटित सटक से तम्बाकू पी रही थी। विलायती महात्माओं की कृपा से उस समय तम्बाकू भारतवर्ष में पहुँच गया था।

जेबुन्निसा ने कहा—"सब ठीक-ठीक कहोगे न?"

मुबारक ने हाथ जोड़कर कहा—"जो हुक्म हो, वही कहूँगा।"

जेबुन्निसा—"तुमने दरिया से शादी की है?"

मुबारक—"जब अपने देश में था, तब किया था।"

जेबुन्निसा "कभी मेहरबानी कर मुझसे विवाह करना चाहते थे?"

मुबारक—"बहुत दिन हुए, मैंने तलाक देकर उसे छोड़ दिया है।"

जेबुन्निसा—"क्यों छोड़ा?"

मुबारक—"वह पागल है। यह तो आपको जरूर ही मालूम होगा!"

जेबुन्निसा—"वह पागल तो कभी नहीं जान पड़ी।"

मुबारक—"वह अपने काम की, कामयाबी के लिए आपके हुजूर में हाजिर होती है। काम के समय मैंने भी उसमें पागलपन नहीं देखा। लेकिन और हर समय वह पागल है। आप उसे किसी दिन खामखाह बुलाकर देखें।"

जेबुन्निसा—"तुम उसे भेज सकोगे? कह देना कि मुझे कुछ अच्छे सुरमों की जरूरत है।"

मुबारक—"मैं कल सबेरे यहाँ से कुछ दिनों के लिए चला जाऊँगा।"

जेबुन्निसा—"बहुत दूर जाओगे? तुमने इसके बारे में तो मुझसे कभी कुछ नहीं कहा!"

मुबारक—"आज इस बात को कहने की ख्वाहिश थी।"

जेबुन्निसा—"कहाँ जाओगे?"

मुबारक—"राजपूताना में रूपनगर नाम का कोई किला है। वहाँ के रावसाहब की कन्या को महिषी बनाने के लिए शाहंशाह की मर्जी-मुबारक है। कल उन्हें ले आने के लिए रूपनगर फौज जाएगी।

मुझे उस फौज के साथ जाना पड़ेगा।"

जेबुन्निसा—"उसके बारे में मुझे भी कुछ कहना है। लेकिन पहले और एक बात का जवाब दो। तुम गणेष ज्योतिषी के यहाँ अपनी किस्मत दिखाने गए थे ?"

मुबारक—"गया था।"

जेबुन्निसा—"क्यों गए थे?"

मुबारक—"सभी जाते हैं, इसलिए मैं भी गया था; बस इतना ही आपकी बात का ठीक जवाब है; लेकिन इसके अलावा और भी कुछ कारण है। दरिया वहाँ मुझे जबरन खींच ले गई थी।"

जेबुन्निसा—"हाँ!"

यह कह जेबुन्निसा कुछ देर फूलों से खेलती रही। इसके बाद बोली—"तुम गए क्यों?"

मुबारक ने सब घटना बताई। सब सुनकर जेबुन्निसा ने पूछा "क्या ज्योतिषी ने यह कहा था कि तुम शाहजादी से शादी करो तब तुम्हारी तरक्की होगी?"

मुबारक—"हिन्दू लोग शाहजादी नहीं कहते। ज्योतिषी ने राजपुत्री कहा था।"

जेबुन्निसा—"क्या शाहजादी राजपुत्री नहीं होती।"

मुबारक—"क्यों नहीं?"

जेबुन्निसा—"क्या इसीलिये उस दिन तुमने मुझसे शादी का प्रस्ताव किया था?"

मुबारक—"मैंने सिर्फ धर्म के खयाल से यह बात कही थी। आपको याद होगा कि मैं गणना से पहले ही यह बात कह चुका हूँ।"

जेबुन्निसा—"कब, मुझे तो याद नहीं! खैर, इन सब बातों की अब कोई जरूरत नहीं। तुमसे इतने सवाल किये, इसके लिए तुम नाराज न होना। तुम्हारी नाराजगी से मुझे बड़ा दुःख हो जाएगा। तुम मेरे प्राणाधिक हो। तुम्हें मैं जब तक देखती हूँ, तब तक सुखी रहती हूँ। तुम पलंग पर आकर बैठो, मैं तुम्हें इत्र मलूँगी।"

तब जेबुन्निसा मुबारक को अपने पलंग पर बैठाकर अपने हाथों उसे इत्र मलने लगी। इसके बाद उसने कहा—"अब तुमसे रूपनगर की बातें कहूँगी। मालूम नहीं कि चंचल-कुमारी का पिता उसे देगा या नहीं। न दे तो छीनकर ले आना!"

मुबारक—"ऐसा हुक्म शाहंशाह ने हम लोगों को नहीं दिया है।"

जेबुन्निसा—"ऐसी जगह मुझे ही बादशाह समझो! अगर बादशाह का यह मतलब नहीं है, तो फौज क्यों जा रही है?"

मुबारक—"रास्ते की बाधा दूर करने के लिए।"

जेबुन्निसा—"बादशाह आलमगीर की फौज जिस काम के लिए जाएगी, उस काम में उसे निष्फल न होना पड़ेगा। तुम लोग जैसे चाहो, रूपनगर की कुमारी को ले आओ। अगर इसमें बादशाह नाराज होंगे, तो मैं हूँ!"

मुबारक—"मेरे लिए इतना ही हुक्म काफी है। लेकिन आपका मतलब समझने से मेरी बाँह में और ताकत आएगी।"

जेबुन्निसा ने कहा—"वही बात मैं कहना चाहती हूँ। यह रूपनगरवाली मेरी ही चाल से तलब की गई है।"

मुबारक—"उससे आपका मतलब?"

जेबुन्निसा—"मतलब यह कि उदयपुरी बेगम के रूप की बड़ाई अब सही नहीं जाती। सुना है कि रूपनगरवाली और भी खूबसूरत है। अगर ऐसा ही है, तो उदयपुरी के बदले वही बादशाह के ऊपर प्रभुत्व करेगी। मैं ही उसे बुला रही हूँ, यह खबर पाने पर रूपनगरवाली मेरे वशीभूत होगी। इससे मेरे महल में जो एक काँटा है,वह दूर होगा। अच्छा ही हुआ कि तुम जा रहे हो। अगर देखो कि वह उदयपुरी से अधिक खूबसूरत है तो उसे ले आओ।

मुबारक—"मैंने जनाब बेगम साहिबा को कभी नहीं देखा।"

जेबुन्निसा—"देखना चाहो तो दिखा सकती हूँ। इस पर्दे की आड़ में छिपना पड़ेगा।"

मुबारक "छि:!"

जेबन्निसा हँस पड़ी, उसने कहा—"दिल्ली में तुम्हारे जैसे कितने बंदर हैं! खैर, मैं जो कहती हूँ, उसे सुनो। उदयपुरी को न देखो, मैं तुम्हें तस्वीर दिखाती हूँ। लेकिन चंचल-कुमारी को भी देखना। अगर वह उदयपुरी से ज्यादा खूबसूरत दिखाई दे, तो उससे कहना कि मेरी ही मेहरबानी से वह बादशाह की बेगम बन रही है।

जेबुन्निसा कुछ सोचने लगी। मुबारक ने पूछा—"अगर देखें कि देखने में अच्छी नहीं, तब क्या करूँगा?"

जेबुन्निसा—"तुम शादी करना चाहते हो तुम खुद उससे शादी कर लेना। इ सके बाद बादशाह जो आज्ञा देंगे, उसे मैं करूँगी।"

मुबारक—"क्या इस अधम पर आपका जरा भी प्रेम नहीं?"

जेबुन्निसा—"बादशाहजादी और प्रेम?"

मुबारक—"तब अल्लाह ने बादशाहजादियों को किसलिए बनाया है?"

जेबुन्निसा—"सुख के लिए। प्रेम में दुःख है।"

मुबारक ने और कुछ सुनना न चाहा। उसने बात को दबाकर कहा—"जो बादशाह की बेगम होंगी, उन्हें में कैसे देखूँगा?"

जेबुन्निसा—"चालाकी से।"

मुबारक—"बादशाह सुनेंगे तो क्या कहेंगे?"

जेबुन्निसा—"इसकी जवाबदेही और दोष मुझ पर होगा।"

मुबारक—“आप जैसा कहेंगी, वैसा ही करूँगा। परन्तु इस गरीब पर जरा प्रेम करना होगा।”

जेबुन्निसा—“कहा तो कि तुम मेरे प्राण से भी बढ़कर हो!”

मुबारक—“क्या यह प्रेम के साथ कह रहीं है?”

जेबुन्निसा—“कह तो चुकी कि प्रेम करना गरीब दुःखिया की मजबूरी है। शाहजादियाँ उस मजबूरी को मंजूर नहीं करतीं।”

मर्माहत हो मुबारक विदा होकर चला गया।

तीसरा खंड
(विवाह में विकल्प)

पहला परिच्छेद

बक और हंस की कथा

निर्मल धीरे-धीरे राजकुमारी के पास जाकर बैठी। देखा कि राजकुमारी अकेली बैठकर रो रहीं है। उस दिन जो तस्वीरें खरीदी गई थीं, उनमें एक राजकुमारी के हाथ में दिखाई दी। निर्मल को देखकर चंचल ने चित्र उलट दिया; किन्तु निर्मल को यह समझने में देर नहीं लगी कि वह तस्वीर किसकी है। निर्मल ने उसके पास बैठकर पूछा—"अब क्या उपाय है?"

चञ्चल—"उपाय चाहे जो भी हो, मैं किसी तरह भी मुगल बादशाह की दासी नहीं बनूँगी?"

निर्मल—"यह तो मैं जानती हूँ कि तुम्हारी राय नहीं है। किन्तु बादशाह आलमगीर का हुक्म है; राजा की क्या मजाल वो उसके खिलाफ जा सकें! यह तो तुम्हें स्वीकार करना ही पड़ेगा सखी, कि कोई उपाय नहीं है। इसे स्वीकार करना तो सौभाग्य की बात है! जोधपुर हो, अम्बर हो राजा, बादशाह, नवाब, सूबा जो भी हो, संसार में इतना बड़ा आदमी कौन है जो अपनी कन्या को दिल्ली के तख्त पर बैठाने की इच्छा न करे? पृथ्वीश्वरी बनने से तुम इतना हिचकती क्यों हो?"

चंचल ने क्रोध के साथ कहा—"तू यहाँ से हट जा!"

निर्मल ने देखा कि इस तरह से कोई काम न होगा। वह सोचने लगी कि और किस राह से राजकुमारी का कोई उपकार किया जा सकता है। उसने कहा—"मान लो कि मैं यहाँ से हट जाऊँगी; किन्तु जिसके द्वारा प्रतिपालित हो रही हूँ, मुझे उनका कुछ हित देखना चाहिए। तुमने यह भी क्या सोचा है कि अगर तुम दिल्ली न गई, तो तुम्हारे बाप की क्या दशा होगी?"

चंचल—"सोचा है! अगर मैं न जाऊँ, तो मेरे पिता के धड़ पर सिर न रहेगा रूपनगर के गढ़ का एक भी पत्थर न बचेगा। मैंने सोच लिया है कि मैं पितृहत्या नहीं करूँगी। बादशाही फौज आते ही मैं उसके साथ दिल्ली चली जाऊँगी, यही मैंने सोचा है।"

निर्मल प्रसन्न हुई। उसने कहा—"मैं भी यही सलाह देना चाहती हूँ।"

राजकुमारी की भौंहे फिर चढ़ गई उसने कहा—"तू क्या समझती है कि मैं दिल्ली जाकर मुसलमान बंदर की शय्या पर सोऊँगी? हंसिनी क्या बगुले की सेवा करती है?"

कुछ न समझ सकने के कारण निर्मल ने पूछा—"तब क्या करोगी?"

चंचल-कुमारी ने अपने हाथ की एक अँगूठी निर्मल को दिखाई और कहा—निर्मल जानती थी कि इस अंगूठी में विष है। "दिल्ली की राह में ही जहर खाकर मर जाऊँगी।"

निर्मल ने कहा—"क्या और कोई उपाय नहीं?"

चंचल ने कहा—"और क्या उपाय है, सखी? ऐसी कौन-सा वीर इस पृथ्वी पर है जो मेरा उद्धार कर दिल्लीश्वर से शत्रुता करेगा? राजपूताने के सभी कुलांगार मुगलों के दास हैं—अब न संग्राम सिंह है और न प्रताप ही।"

निर्मल—"यह क्या कहती हो राजकुमारी! संग्राम होते या प्रताप, वे क्या तुम्हारे लिए सर्वस्व की बाजी लगाकर दिल्ली के बादशाह से झगड़ा मोल लेते? दूसरे के लिए कोई सहज ही सर्वस्व की बाजी नहीं लगाता। प्रताप नहीं है, संग्राम भी नहीं है, राजसिंह तो हैं किन्तु तुम्हारे लिए राजसिंह अपना सर्वस्व क्यों खोएँगे; विशेषत; जबकि तुम मारवाड़ घराने की हो।"

चंचल—"इससे क्या? भुजा में बला होने से कौन राजपूत शरणागत की रक्षा न करेगा? मैं यही सोच रही थी, निर्मल! मैं इस विपद्-संग्राम में प्रताप के वंशतिलकों की ही शरण लूँगी; क्या वे मेरी रक्षा न करेंगे?"

कहते-कहते चंचल ने उलटे हुए चित्र को पलट दिया निर्मल ने देखा कि वह राजसिंह का ही चित्र है। चित्र को देखकर राजकुमारी कहने लगी—"देखो सखी, क्या तुम्हें विश्वास नहीं होता कि ये राजपूत जाति और अनाथों के रक्षक हैं? अगर मैं इनकी शरण लूँ तो क्या ये मेरी रक्षा न करेंगे?"

निर्मल-कुमारी बहुत ही स्थिर-बुद्धि की थी। चंचल की सहोदरा से भी बढ़कर निर्मल ने कुमारी से देर तक विचार-विमर्श किया। अंत में चंचल की ओर स्थिर-दृष्टि से देखकर उसने कहा! राजकुमारी! जो वीर इस विपद् से तुम्हारी रक्षा करेगा, उसे तुम क्या दोगी?"

उसने कातर और अविकम्पित स्वर में कहा—"क्या दूँगी सखी, मेरे पास राजकुमारी है समझी। देने लायक क्या है? मैं अबला हूँ!"

निर्मल—"तुम्हारे पास तुम हो।"

चंचल ने लज्जित होकर कहा—"दूर हो!"

निर्मल—"राजाओं के घर ऐसा हुआ ही करता है। अगर तुम रुक्मिणी होती तो यदुपति आकर तुम्हारी रक्षा अवश्य करते!"

चंचल-कुमारी ने सिर झुका लिया। जैसे सूर्योदय के समय मेघमाला के ऊपर किरणों की तरंग पर उज्ज्वलतर तरंग आकर पल-पल में नवीन सौन्दर्य बिखेर देती है, वैसे ही चंचल-कुमारी के चेहरे पर पल-पल में सुख, लज्जा और सौन्दर्य का नव उन्मेष होने लगा। उसने कहा—"मेरा भाग्य ऐसा कहाँ जो मैं उन्हें पाऊँ! अगर मैं अपने को बेचूँ, तो क्या वे खरीदेंगे?"

निर्मल—"इसके विचारक वही हैं, हम लोग नहीं। सुना है कि राजसिंह की बाहु में बल है। क्या उनके पास दूत नहीं भेजा जा सकता? छिपकर, कोई जानने न पाए; क्या ऐसा दूत उनके पास जा नहीं सकता?"

चंचल ने विचार किया। कहा—"तुम मेरे गुरुदेव को बुलवाओ उनसे बढ़कर और कौन मुझे चाहेगा? किन्तु उनसे सब बात कहकर और समझाकर मेरे पास ले आओ। सब बाते कहने में मुझे लाज लगेगी।"

इसी समय सखियों ने आकर समाचार दिया कि एक मोती वाली मोती बेचने आई है। राजकुमारी ने कहा—"इस समय मुझे मोती खरीदने का समय नहीं है। लौटा दो!"

पहला-परिचारिका ने कहा—"हमने लौटाने की चेष्टा की; किन्तु वह किसी तरह नहीं जाती। जान पड़ता है कि उसे कोई विशेष जरूरत है।" तब लाचार होकर चंचल-कुमारी ने उसे बुलाया।

मोती वाली ने आकर कुछ झूठे मोती दिखलाये। राजकुमारी ने चिढ़कर कहा "यही झूठे मोती, दिखाने के लिए तू इतनी जिद कर रही थी?"

मोती वाली ने कहा—"मेरे पास दिखलाने लायक चीजें नहीं हैं। किन्तु आप जरा एकांत में समय दें तो दिखाऊँ।"

चंचल-कुमारी ने कहा—"मैं अकेली तुमसे बातें न कर सकूँगी मेरी एक सखी रहेगी। निर्मल को रहने दो और सब बाहर जाओ।"

सब बाहर चली गई। उस मोती वाली देवी के अतिरिक्त और कोई रहा नहीं; देवी ने जोधपुर का पंजा दिखाया। उसे देखकर चंचल-कुमारी ने पूछा—"यह तुमने कहाँ पाया?"

देवी—"जोधपुरी बेगम ने दिया है मुझे।"

चंचल—"तुम उनकी कौन हो?"

देवी—"मैं उनकी दासी हूँ।"

चंचल—"यह पंजा लेकर किसलिए आई हो?"

तब देवी ने सब बातें समझा दीं।

सुनकर निर्मल और चंचल एक-दूसरे का मुँह देखने लगीं।

चंचल ने देवी को पुरस्कृत कर विदा दी। देवी जाने के समय जोधपुरी का पंजा ले न गई, जान-बूझकर छोड़ गई। उसने सोचा कि न जाने कहाँ फेंक दूँगी और किसको मिलेगा। यह सोचकर देवी ने चंचल-कुमारी के पास ही पंजा छोड़ दिया। उसके जाने पर राजकुमारी ने कहा—"निर्मल, उसे बुलाओ; वह अपना पंजा भूल गई है।"

निर्मल—"भूल नहीं गई, जान पड़ता है कि वह जान-बूझकर छोड़ गई है।"

चंचल—"मैं इसे लेकर क्या करूँगी?"

निर्मल—"अभी छोड़ो किसी समय जोधपुरी बाई को लौटा सकोगी।"

चंचल कर रही थीं—"चाहे जो हो, बेगम की बातों से मेरा साहस बढ़ गया है। हम दो बालिकाएँ हैं क्या भलाई और क्या बुराई होगा, कुछ भी समझ नहीं पाती थीं। अब हिम्मत हो गई। राजसिंह का आश्रय लेना ही उचित है।"

निर्मल—"यह तो मैं पहले ही समझ चुकी हूँ।"

यह कहकर निर्मल हँसी। चंचल ने सिर झुका लिया।

निर्मल उठकर चली गई। किन्तु चंचल के मन में कोई भरोसा न हुआ। वह भी रोती हुई चली गई।

दूसरा परिच्छेद

अनंत मिश्र

अनंत मिश्र चंचल-कुमारी के पितृकुल के पुरोहित हैं। चंचल-कुमारी को कन्या से बढ़कर मानते है। वे महामहोपाध्याय पण्डित है। सभी लोग उनकी भक्ति करते हैं। चंचल के नाम से बुलाये जाने पर वे अंत:पुर में आए। कुलपुरोहित के लिए राजद्वार पर रोक-टोक नहीं। राह में निर्मल ने उन्हें घेरा और सब बातें समझाकर छोड़ दिया।

विभूति-चन्दन,चौड़ा-ललाट, लम्बे-चौड़े, रुद्राक्ष से शोभित, हँसमुख वे ब्राह्मण चंचलकुमारी के सामने आ खड़े हुए। निर्मल ने देखा था कि चंचल रो रही है किन्तु और किसी के सामने बचल रोने वाली लड़की नहीं। गुरुदेव ने देखा कि चंचल स्थिरमूर्ति हैं। उन्होंने कहा मुझे क्यों याद किया है?"

चंचल—"मुझे बचाने के लिए। और ऐसा कोई नहीं, जो मुझे बचाये!"

अनंत मिश्र ने हँसकर कहा—"समझ गया रुक्मिणी का विवाह है, इसके लिए बूढ़े पुरोहित को ही द्वारका जाना पड़ेगा। जरा देखो तो बेटी, लक्ष्मी के भण्डार में कुछ है या नहीं—राहखर्च मिलने से ही तो उदयपुर जा सकूँगा?"

चंचल ने जरी की एक थैली निकालकर दी। उसमें अशर्फियाँ भरी थीं। पुरोहित ने पाँच अशर्फियाँ लेकर बाकी लौटा दी; कहा—"राह में अन्न खाना पड़ेगा, अशर्फियाँ खा न सकूँगा। मैं एक बात पूछ सकता हूँ?"

चंचल ने कहा—"अगर आप मुझे आग में कूदने को कहेंगे तो मैं इस विपद् से उद्धार पाने के लिए वह भी करूँगी। कहिये, क्या आज्ञा है?"

मिश्र—"राणा राजसिंह को एक चिट्ठी लिख सकोगी?"

चंचल ने सोचकर कहा—"मैं बालिका हूँ, उनसे अपरिचित हूँ कैसे पत्र लिखूँ? किन्तु मैं उनसे जो भिक्षा माँग रही हूँ, उसमें लज्जा के लिए जगह ही कहाँ? लिख दूँगी।"

मिश्र—"मैं लिखवा दूँ या लिख लोगी?"

चंचल—"आप ही बोल दें।"

निर्मल वहाँ आकर खड़ी हो गई थी। उसने कहा—"यह न होगा। इसमें ब्राह्मण-बुद्धि की जरूरत नहीं यह स्त्री-बुद्धि का काम है। हम लोग पत्र लिख लेंगी। आप तैयार होकर आएँ।"

मिश्र जी महाराज चले गए, किन्तु घर नहीं आए कहा—"मैं आशीर्वाद देने आया हूँ।" देश-पर्यटन के लिए जाना चाहता हूँ; महाराज, राजा विक्रमसिंह के पास पहुँचे।

राजा ने यह जानना नहीं चाहा कि वे किसलिए कहाँ जाते हैं। इधर ब्राह्मण ने भी कुछ खोलकर नहीं कहा—फिर भी यह बता दिया कि उदयपुर तक जाना है। उन्होंने राणा से परिचित होने के लिए कुछ लिखावट माँगी। राजा ने भी पत्र लिख दिया।

अनंत मिश्र राजा के पास से पत्र लेकर फिर चंचल-कुमारी के पास आए। तब तक चंचल और निर्मल दोनों ने बुद्धि लगाकर पत्र समाप्त कर दिया था। पत्र समाप्त कर राजनन्दिनी ने एक डिब्बे में अपूर्व शोभाविशिष्ट मोतियों के वलय सहित पत्र ब्राह्मण के

हाथ में देकर कहा— राजपूत-कुल में जो शिरमौर हैं, राणा के पत्र पढ़ लेने पर मेरे प्रतिनिधि के रूप में आप यह राखी उन्हें बाँध दीजियेगा। वे कभी राजपूत-कन्या की भेजी हुई राखी अग्राह्य न करेंगे।"

मिश्र जी ने इसे स्वीकार किया। राजकुमारी ने प्रणाम कर उन्हें विदा किया।

तीसरा परिच्छेद

मिश्र जी का नारायण-स्मरण

पहनने के कपड़े, छाता, छड़ी, चन्दन आदि आवश्यक चीजें और एक नौकर साथ लेकर मिश्र ने गृहिणी से विदा ली और उदयपुर की यात्रा की। गृहिणी ने बहुत तंग करके कहा—"क्यों जाते हो?" मिश्र जी ने कहा—"राणा से कुछ वृत्ति मिलेगी।" गृहिणी उसी समय शान्त हो गई, फिर वह विरह-यन्त्रणा उन्हें जला न सकी। अर्थ-लाभ के आशा-स्वरूप शीतल जल के प्रवाह से वह प्रचण्ड विच्छेद की आग कई बार लपट फेंककर बुझ गई। मिश्र जी ने नौकर के साथ यात्रा की। वे चाहते तो कई आदमियों को साथ ले लेते; किन्तु अधिक लोगों के रहने से कानाफूसी भी होती, इसीलिए उन्होंने किसी को साथ नही लिया।

रास्ता बहुत ही दुर्गम है—विशेषत: पहाड़ी रास्ता उतार-चढ़ाव का और अनेक स्थान आश्रयशून्य थे। एकाहारी ब्राह्मण, जिस दिन जहाँ आश्रय पाते उस दिन वहाँ ही आश्रय करते थे दिनमान के हिसाब से रास्ता चलते थे। रास्ते में डाकूओं का डर था पास में रत्नों का रक्षाबन्धन होने के कारण अकेले रास्ता नहीं चलते थे, साथियों के जुटने पर चलते थे। संग छूटते ही आश्रय ढूँढते थे। एक रात एक देवालय में आतिथ्य स्वीकार कर दूसरे दिन चलने के समय उन्हें साथी ढूँढना न पड़ा। चार बनिये उसी देवालय की अतिथिशाला में सोये थे सबेरा होते ही वे लोग भी पहाड़ी की चढ़ाई पर चढ़ गए। ब्राह्मण को देखकर उन लोगों ने पूछा—"तुम कहाँ जाओगे?" ब्राह्मण ने कहा—"मैं उदयपुर जाऊँगा।" बनियों ने कहा—"हम भी उदयपुर जाएँगे। अच्छा ही हुआ कि एक साथ चलेंगे।" ब्राह्मण खुश होकर उन लोगे के साथी बन गए।

उन्होंने पूछा—"उदयपु कितनी दूर है?" बनिया ने कहा—"समीप ही है, आज शाम तक उदयपुर पहुँच सकेंगे। ये सब स्थान राणा के राज्य में ही हैं।"

इस प्रकार बात करते हुए ये लोग चलते रहे। पहाड़ वाली राह बहुत ही दुरारोहणीय और दुर्गम थी—कहीं बस्ती नहीं। किन्तु यह दुर्गम रास्ता प्राय: समाप्त हो चला था अब समतल भूमि में उतरना पड़ेगा। पथिक एक बहुत शोभामय उपत्यका में पहुँचे। दोनों किनारे पर कम ऊँचाई के दो पर्वत थे जो हरे वृक्षों से सुशोभित हो आकाश माथे पर लिए हुए थे। दोनों के बीच से कलनादिनी छोटी नदी नीले शीशे के समान फेनदार जल से रूपहले पत्थरों को धोती हुई जंगलों की ओर बह रही थी। नदी के किनारे-किनारे मनुष्य के चलने लायक पगडण्डी बनी थी। वहाँ उतरने पर किसी तरफ से कोई भी पथिक को देख नहीं सकता था सिर्फ पहाड़ के ऊपर से दिखाई दे सकता था।

ऐसे एकांत स्थान में पहुँचकर एक बनिये ने ब्राह्मण से पूछा—"तुम्हारे पास कितने रुपये-पैसे है?"

यह प्रश्न सुनकर ब्राह्मण चौंककार डर गए। समझ गए कि शायद यहाँ डाकूओ का विशेष डर है, इसी से होशियार करने के लिए बनिये ने पूछा है। कमजोरी का मतलब है झूठ। ब्राह्मण ने कहा—"मैं तो एक गरीब ब्राह्मण हूँ, मेरे पास क्या रह सकता है?"

बनिये ने कहा—"जो कुछ हो, हमें दे दो, नहीं तो यहाँ रख न सकोगे।"

ब्राह्मण यह सुनते ही इधर-उधर करने लगा। एक बार उनके मन में आया कि रत्नों की राखी रक्षा के लिए बनियों को दे दूँ। फिर सोचा कि ये सब अपरिचित हैं। इनका विश्वास ही क्या? यही सोच इधर-उधर कर ब्राह्मण ने पहले ही की भाँति कहा—"मैं भिक्षुक हूँ, मेरे पास क्या रह सकता है?"

विपद् के समय जो इधर-उधर करता है, वही पकड़ा जाता है। ब्राह्मण को इधर-उधर करते देख बनावटी बनिये समझ गए कि अवश्य ही ब्राह्मण के पास कुछ विशेष है। एक ने चटपट ब्राह्मण की गर्दन पकड़कार गिरा दिया और उनकी छाती पर चढ़कर दबाया और दूसरा हाथ उनके मुँह पर रख दिया। मिश्र जी का नौकर किधर भागा, कोई देख न सका। मिश्र जी मुँह से बात न निकल सकने के कारण नारायण याद करने लगे। दूसरे ने इनकी गठरी छीनकर खोलकर देखना शुरू किया। उसके भीतर से चंचल-कुमारी की भेजी हुई राखी, दो चिट्ठियाँ और एक अशर्फी निकली। डाकू ने इन्हें पा जाने पर अपने साथी से कहा—"अब ब्रह्महत्या करने की जरूरत नहीं। इसके पास जो कुछ था, उसे हमने ले लिया है। उसे छोड़ दो!"

एक दूसरे डाकू ने कहा—"छोड़ा नहीं जाएगा, छोड़ने से सभी ब्राह्मण शोर मचाने लगेंगे। आजकल राणा राजसिंह का बड़ा उपद्रव है। उनके शासन में वीर पुरुष खाने को नहीं पा रहे हैं। इसे किसी पेड़ में बाँध देना चाहिए।"

यह कहकर डाकूओं ने मिश्र जी के हाथ,पैर और मुँह सब उन्हीं के पहने हुए कपड़ों से बाँधकर पहाड़ के निचले हिस्से के एक छोटे-से वृक्ष से जकड़ दिया। इसके बाद चंचल-कुमारी का रक्षाबन्धन और चिट्ठी आदि लेकर पहाड़ की ओट में छिप गए। उस समय पर्वत के ऊपर से एक सवार ने खड़े-खड़े यह तमाशा देखा। डाकू लोग सवार को देख न सके वे अपने भागने में ही व्यस्त थे।

डाकू नदी किनारे के वन में घुसकर बहुत ही दुर्गम मनुष्य-समागम-शून्य रास्ते से आगे बढ़े। इसी प्रकार कुछ दूर जाकर वे लोग एक निराली गुफा में घुसे। गुफा के भीतर खाने की चीजें, बिछौना, रसोई के जरूरी सामान आदि मौजूद ही थे। देखकर जान पड़ता था कि डाकू लोग कभी-कभी इस गुफा में छिपकर निवास करते हैं। यहाँ तक कि उसमें घड़ा भर पानी भी था। डाकू लोग वहीं पहुँचकर तम्बाकू चढ़ाकर पीने लगे और उनमें से एक ने रसोई का प्रबन्ध शुरू किया। एक ने कहा—"माणिकलाल, रसोई फिर बनेगी। पहले यह फैसला होना चाहिए कि माल का क्या बन्दोबस्त होगा!"

माणिकलाल ने कहा—"पहले यही बातचीत होनी चाहिए।"

तब अशर्फी काटकर चार हिस्से की गई। सबने एक-एक हिस्सा ले लिया। यही रक्षाबन्धन को बिना बेचे हिस्सा हो नहीं सकता उसका बँटवारा न हुआ। जब यह विचार होने लगा कि चिट्ठियों को क्या करें, तो दलपति ने कहा—"कागज किस काम का, उसे जला डालो।" यह कहकर उसने दोनों चिट्ठियाँ माणिकलाल को जलाने के लिए दे दीं।

माणिकलाल कुछ-कुछ लिखना-पढ़ना भी जानता था। उन चिट्ठियों को आद्योपान्त पढ़कर वह प्रसन्न हुआ। उसने कहा—"यह पत्र नष्ट नहीं किया जाएगा।। इससे फायदा उठाया जा सकता है।"

"कैसे? कैसे?" कहते हुए तीनों बोल उठे। तब माणिकलाल ने उस चिट्ठी का सब मतलब उन लोगों को समझा दिया। सुनकर चोर लोग बहुत प्रसन्न हुए। माणिकलाल ने कहा—"देखो, यह चिट्ठी राणा को देने से कुछ इनाम मिलेगा।"

दलपति ने कहा—"नासमझ! जब राणा पूछेंगे कि तुमने यह पत्र कहाँ से पाया तब क्या जवाब दोगे? तब क्या यह कहोगे कि राहजनी करके पाया है? तब राणा से पुरस्कार के बदले प्राणदण्ड मिलेगा। ऐसा नहीं, यह पत्र ले जाकर बादशाह को देना चाहिए बहुत पुरस्कार मिलता है। यह मैं जानता हूँ और इसमें बादशाह को ऐसा समाचार देने से दलपति को अपनी बात समाप्त करने का समय नहीं मिला! बात उसके मुँह में ही रह गई और उसका सिर धड़ से अलग होकर जमीन पर जा गिरा।

चौथा परिच्छेद

माणिकलाल

सवार ने पहाड़ के ऊपर से देखा कि चार आदमी एक आदमी को बाँधकर चले गए। आगे क्या हुआ, इसे उन्होंने नहीं देखा उस समय तक वे पहुँचे नहीं थे। सवार चुपचाप लक्ष्य करने लगा कि वे लोग किस रास्ते से जाते हैं। जब वे सब नदी के किनारे से पलटकर पर्वत की ओट में अदृश्य हो गए, तब सवार अपने घोड़े से उतर पड़ा। इसके बाद उसने घोड़े को चुमकारकर कहा—"विजय! यहीं रहना, मैं आता हूँ। किसी तरह का शब्द न करना, घोड़ा चुपचाप खड़ा रहा, सवार बहुत तेजी के साथ पैवल ही पहाड़ से उतरा। यह पहले ही कहा जा चुका है कि पहाड़ बहुत ऊँचा नहीं था।

सवार ने पैदल ही मिश्र जी के पास पहुँचकर उनका बन्धन खोल दिया। ब्राह्मण के छुटकारा पाने पर उसने कहा— "क्या हुआ? थोड़े में कहिये।" मिश्र ने कहा—"मैं चार आदमियों के साथ आ रहा था। उन सबको मैं नहीं जानता, राह की मुलाकात थी। उन सबने अपने को वणिक बताया, यहाँ पहुँचने पर उन सबने मार-पीटकर मेरा सब कुछ ले लिया है।"

प्रश्नकर्ता ने पूछा—"क्या-क्या ले गए?"

ब्राह्मण ने कहा—"एक मोतियों का कड़ा, कई अशर्फी और दो चिट्ठियाँ।"

प्रश्नकर्ता ने कहा—"आप यहीं ठहरें, मैं देख आऊँ कि वे सब किधर गए।"

ब्राह्मण ने कहा—"आप कैसे जीतेंगे वे चार है और आप अकेले।"

सवार ने कह—"आप देखते हैं, मैं राजपूत सिपाही हूँ।"

मिश्र जी ने अच्छी तरह देखा कि वह मनुष्य युद्ध-व्यवसायी है। उसकी कमर में तलवार पिस्तौल और हाथ में माला था। उन्होंने डर से और कुछ नहीं बोला।

जिस राह से डाकू जाते दिखाई दिये थे, उसी राह से राजपूत भी बहुत ही सावधानी के साथ आगे बढ़ा। किन्तु वन में घुसने पर कोई राह दिखाई नहीं दिया डाकूओं का कोई निशान ही न मिला।

तब राजपूत फिर पहाड़ के शिखर की ओर चढ़ने लगा। कुछ देर बाद इधर-उधर निगाह दौड़ाकर उन्होंने देखा, दूर वन के भीतर छिपे हुए चार आदमी जा रहे हैं। वहाँ कुछ

देर ठहरकर यह देखने लगा कि वे कहाँ जाते हैं। देखा कि कुछ देर बाद वे सब पहाड़ के निचले हिस्से में उतरे, इसके बाद दिखाई न दिये। तब राजपूत ने विचार किया कि वे सब कहीं बैठकर विश्राम कर रहे हैं, वृक्षों की ओट में दिखाई नहीं दे रहे हैं। हो सकता है, वहाँ गुफा हो और उसी में सब चले गए हों।

राजपूत ने वृक्षों पर निशाना बनाते हुए वहाँ तक पहुँचने की राह को निश्चित किया। इसके बाद वह उतरकर वन में घुसा और निशान के सहारे आगे बढ़ा। इस तरह बड़े कौशल के साथ वह पहले लक्ष्य किये हुए स्थान पर पहुँचा। उसने देखा कि पहाड़ के नीचे एक गुफा है। जिसके भीतर से आदमियों की आवाज सुनाई दे रही है।

यहाँ तक पहुँचने के बाद राजपूत कुछ इधर-उधर देखने लगा। वे सब चार, इस समय गुफा में घुसना उचित है या नहीं? अगर गुफा के दरवाजे को रोककर उन चारों ने अकेले उसके साथ संग्राम किया, तो उसके बचने की संभावना नहीं। किन्तु यह बात राजपूत के मन में अधिक देर तक ठहर न सकी; मृत्यु से डर काहे का? मृत्यु के डर से राजपूत किसी काम से बाज नहीं आते। दूसरी बात यह कि गुफा में घुसने पर उसके हाथ दो-एक अवश्य मरेंगे, अगर वह सब डाकू नहीं हुए तो निरपराधों की हत्या होगी।

यही सोचकर राजपूत सन्देह मिटाने के लिए बहुत धीरे-धीरे गुफा के दरवाजे के पास पहुँचकर खड़े-खड़े, भीतर के आदमियों की बात कान लगाकर सुनने लगा। उस समय डाकू लोग जुटे हुए माल के बँटवारे की बातचीत कर रहे थे। यह सुनकर राजपूत ने निश्चय किया कि ये सब डाकू हैं। तब राजपूत ने गुफा में घुसना ही निशचित किया।

उसने धीरे-से भाले को वन में ही छिपा दिया। इसके बाद तलवार निकालकर दाहिने हाथ की मुट्ठी में कसकर पकड़ी। बाएँ हाथ में पिस्तौल ले ली। जिस समय डाकू लोग चंचल-कुमारी के पत्र को लेकर रुपये पाने की इच्छा से विमुग्ध और लापरवाह हो रहे थे, उसी समय राजपूत बहुत सावधानी से कदम बढ़ाता हुआ गुफा में घुसा। दलपति गुफा के दरवाजे की ओर पीठ किये बैठा था। घुसते ही राजपूत ने मुट्ठी कसकर उस पर तलवार का वार किया। उसके हाथ में इतना बल था कि एक ही वार में डाकू का सिर घड़ से अलग होकर जमीन पर गिर पड़ा।

उसी समय दूसरे डाकू के सिर पर, जो दलपति के पास बैठा था, राजपूत ने जोर से लात मारी कि वह भी बेहोश होकर जमीन पर गिर गया। राजपूत ने बाकी दो डाकूओं की ओर निगाह कर देखा कि उनमें एक गुफा के कोने से उस पर वार करने के लिए बहुत बड़ा पत्थर उठा रहा है। राजपूत ने उसको निशाना बनाकर पिस्तौल चलाया वह घायल होकर जमीन

पर गिरा और उसी समय मर गया। बाकी रहा माणिकलाल, वह कोई राह न देख गुफा के दरवाजे से बहुत तेजी से बाहर निकला। इसी समय राजपूत जो माला वन में छोड़ गया था, वह माणिकलाल के पैर से टकराया। माणिकलाल उसे चटपट उठा दाहिने हाथ से तानकर राजपूत की ओर पलटकर खड़ा हो गया। उसे लक्ष्य कर उसने कहा—"महाराज, मैं आपको पहचानता हूँ, आप शान्त हों, नहीं तो इस भाले से मार दूँगा।"

राजपूत ने हँसकर कहा—"यदि तू मुझ पर भाला चलाता, तो मैं बाएँ हाथ से पकड़ लेता। तू मुझे मार न सकेगा, इसके बाद राजपूत ने अपने हाथ के खाली पिस्तौल को उसकी दहिनी मुट्ठी की ओर खींचकर मारा; चोट से उसके हाथ से भाला गिर गया। राजपूत ने उसे उठाकर माणिकलाल को पकड़ा; इसके बाद वह तलवार से उसका सिर काटने को तैयार हुआ।

तब माणिकलाल ने गिड़गिड़ाकर कहा—"महाराजाधिराज! मुझे जीवनदान दें; क्षमा करे; में शरणागत हूँ!"

राजपूत ने उसके सिर के बाल छोड़कर तलवार झुका ली। कहा—"तु मरने से इतना डरता क्यों है?"

माणिकाताल ने कहा—"मैं मरने से नहीं डरता; किन्तु मेरी सात वर्ष की एक कन्या है—बिना माँ की, उसका और कोई नहीं, केवल मैं हूँ। मैं सबेरे उसे खिला-पिलाकर बाहर निकला हूँ, शाम को फिर जाकर खिलाऊँगा, तब वह खाएगी। मैं उसकी वजह से मर रहीं सकता। अगर मुझे मारना चाहते है तो पहले उसे मार डालिये।"

डाकू काँपने लगा; इसके बाद आँख के आँसू पोंछकर कहने लगा—"महाराजाधिराज, मैं आप के पैर छूकर कसम खाता हूँ कि अब कभी डकैती न करूँगा—हमेशा आपका दास होकर रहूँगा, और अगर जीता रहा तो किसी-न-किसी दिन इस सेवक से आप का उपकार ही होगा।"

राजपूत ने कहा—"तू मुझे पहचानता है?"

डाकू ने कहा—"महाराणा राजसिंह को कौन नहीं पहचानता!"

तब राजसिंह ने कहा—"मैंने तुझे जीवन-दान दिया। किन्तु तू ब्राह्मण का धन हरण किया है, अगर मैं तुझे कुछ दण्ड न दूँ तो राजधर्म से पतित होऊँगा।"

विनीत भाव से कहा—"महाराजाधिराज! इस पाप में मैं नया हूँ। कृपाकर मुझे कोई हलका दण्ड दें। मैं आपके सामने खुद ही सजा ग्रहण करता हूँ।"

यह कहकर डाकू अपनी कमर से छोटा खुरा निकालकर अनायास ही अपनी तर्जनी उँगली काटने को तैयार हो गया। छुरी से माँस तो कट गया, लेकिन हड्डी नहीं कटी। तब

माणिकलाल ने पत्थर पर उँगली रख और ऊपर छुरे पर दूसरे पत्थर से मारकर उँगली काट डाली। उंगली कटकर जमीन पर गिर पड़ी। डाकू ने कहा—"महाराज, इस सजा को मंजूर करें।"

राजसिंह यह सब देखकर आश्चर्य में हुए कि यह अपनी उँगली की ओर देख भी नहीं रहा था। उन्होंने कहा—"इतना ही यथेष्ट है। तेरा नाम क्या है?"

डाकू ने कहा—"इस अधर्म का नाम माणिकलाल सिंह है। मैं राजपूत कुल पर कलंक हूँ।" राजसिंह ने कहा—"माणिकलाल, आज से तुम मेरे पार्षद नियुक्त हुए आज से तुम घुड़सवार सिपाहियों में शामिल हुए तुम अपनी कन्या को लेकर उदयपुर चले आओ, तुम्हें भूमि और रहने को मकान मिलेगा।"

तब माणिकलाल ने राणा के पैर की धूल ग्रहण की और राणा को क्षण भर के लिए ठहराकर गुफा में से मोतियों का कड़ा, अशर्फी के चारों टुकड़े और दोनों पत्र ले आया। उसने कहा—"हम लोगों ने ब्राह्मण का जो कुछ लिया था, उसे आपके श्री चरणों में अर्पण करता हूँ। ये दोनों चिट्ठियाँ आप ही के लिए है। इस सेवक ने जो चिट्ठी पढ़ ली है, उसके लिए क्षमा करें।"

राणा ने पत्र को हाथ में लेकर देखा उन्हीं के नाम का सरनामा था। उन्होंने कहा—"माणिकलाल, यह पत्र पढ़ने का स्थान नहीं। मेरे साथ आओ तुम यहाँ का रास्ता जानते हो, मुझे बताओ।"

माणिकलाल रास्ता दिखाता हुआ चला। राणा ने देखा कि माणिकलाल ने एक बार भी अपने घाव या घायल हाथ की ओर देखा तक नहीं, अथवा उसके बारे में एक शब्द भी न बोला और न मुँह बिचकाया। राणा शीघ्र ही वेगवती छोटी नदी के किनारे एक सुरम्य खुले मैदान में आ पहुँचे।

पाँचवाँ परिच्छेद

चंचल-कुमारी का पत्र

वहाँ पत्थरों से टकराती हुई कलकलनादिनी नदी के साथ सुन्दर मधुर वायु और स्वर-लहरी को फैलाने वाले कुंज के पक्षियों की ध्वनि मिल रही है। वहाँ गुच्छे-के-गुच्छे

जंगली फूल खिलकर पहाड़ी वृक्षों को शोभित कर रहे हैं। वहाँ रूप छलक रहा है, ध्वनियाँ तरंगायित हो रही है, सुगन्ध फैल रही है और मन प्रकृति के वशीभूत हो रहा है। वहाँ राजसिंह एक बड़ी-सी चट्टान पर बैठकर दोनों चिट्ठियाँ पढ़ने लगे।

पहले उन्होंने राजा विक्रमसिंह का पत्र पढ़ा। पढ़ने के बाद फाड़कर फेंक दिया। सोचा कि ब्राह्मण को कुछ देने से ही पत्र का उद्देश्य सफल होगा। इसके बाद चंचल-कुमारी का पत्र पढ़ने लगे। यह पत्र इस प्रकार था—

"राजपूत! आप राजपूत-कुल के शिरमौर हैं हिन्दुओं के शिरोभूषण हैं। मैं अपरिचिता हीनबुद्धि बालिका हूँ। अगर विपद् में बिलकुल ही फँसी न होती तो आपको पत्र लिखने की हिम्मत न कर सकती। बहुत विपद् में ही समझकर मेरे दुःसाहस को क्षमा कीजियेगा।"

"जो इस पत्र को लेकर जाते हैं, वह मेरे गुरुदेव हैं। उनसे पूछने पर आपको मालूम होगा कि मैं राजपूत-कन्या हूँ। रूपनगर बहुत छोटा राज्य है। फिर भी विक्रमसिंह सोलंकी राजपूत हैं। राजकन्या के नाम से मैं मध्यदेशाधिपति के आगे किसी गिनती में नहीं। राजपूत कन्या होने की वजह से आपकी दया की पात्री हूँ; क्योंकि आप राजपूत-पति हैं—राजपूत-कुलतिलक हैं।"

"अनुग्रह कर मेरी विपद् सुनें। दुर्भाग्य से दिल्ली के बादशाह मेरे पाणिग्रहण की इच्छा करते है। शीघ्र ही उनकी फौज मुझे दिल्ली ले जाने के लिए आएगी। मैं राजपूत-कन्या, क्षत्रियकुल में उत्पन्न हुई हूँ—कैसे उसकी दासी बनूँ? राजहंसिनी बगुले की सहचरी कैसे हो सकती है? हिमालय-नन्दिनी होकर किस प्रकार कीचड़ के तालाब से मिलूँ? राजकुमारी होकर कैसे बर्बर मुगल की आज्ञाकारिणी बनूँ? मैंने। निश्चित किया है कि इस विवाह के पहले ही विष खाकर प्राणत्याग करूँगी।"

"महाराजाधिराज! मुझे अहंकारिणी न समझें। मैं जानती हूँ कि मैं छोटी-सी भूमि के अधिकारी की कन्या हूँ। जोधपुर, अम्बर आदि दुर्दण्ड प्रतापशाली राजाधिराजगण भी दिल्ली के बादशाह को कन्यादान करना कलंक नहीं समझते कलंक समझना तो दूर रहा, बल्कि वे तो अपना गौरव समझते है। मैं उन घरानों के आगे धूल बराबर हूँ। आप पूछ सकते हैं कि तुझमें इतना अहंकार क्यों है? किन्तु महाराज! क्या सूर्यदेव के अस्त होने पर जुगनू नहीं चमकता? शिशिर में नलिनी के मुंद जाने पर क्या छोटा-सा कुसुम विकसित नहीं होता? क्या जोधपुर और अम्बर का कुल ध्वंस होने पर रूपनगर अपने कुल की रक्षा नहीं करता? महाराज! मैंने भाटों से सुना है कि वनवासी राणाप्रताप के साथ महाराजा मानसिंह के भोजन करने आने पर महाराणा ने भोजन नहीं किया उन्होंने कहा था जिसने मुस्लिम को

अपनी बहन दी है, उसके साथ मैं भोजन न करूँगा। उन महावीर के वंशधर को क्या मुझे समझाना पड़ेगा कि यह सम्बन्ध राजपूत-कुलकामिनी के लिए इहलोक और परलोक में घृणास्पद है। महाराज! आज भी आपके वंश में कोई मुसलमान विवाह क्यों न कर सका? आप लोग वीर्यवान महाबल-पराक्रमी वंश के हैं, किन्तु इससे यह नहीं। महाबल-पराक्रमी रूस के बादशाह या फारस के शाह भी दिल्ली के बादशाह को कन्यादान करने में गौरव समझते हैं, फिर भी उदयपुरेश्वर ने उसे कन्यादान क्यों नहीं किया? वह केवल राजपूत होने के कारण! मैं भी वही राजपूत हूँ। महाराज! चाहे प्राण ही क्यों न चली जाए, मै अपने कुल की रक्षा करूँगी यह मेरी प्रतिज्ञा है!

"मैं प्रतिज्ञा कर चुकी हूँ कि प्रयोजन होने पर प्राण-विसर्जन कर दूँगी फिर भी अट्ठारह वर्ष की उम्र में इस अभिनव जीवन को बचा रखने की इच्छा होती है। किन्तु इस विपद् में इस जीवन की रक्षा कौन करेगा? मेरे पिता की तो कोई बात ही नहीं, उनमें इतनी मजाल कहाँ कि आलमगीर के साथ विवाद करें! और राजपूत राजा छोटे हों या बड़े, सभी बादशाह के सेवक हैं। बादशाह के डर से काँपते हैं। केवल आप ही राजपूत-कुल के अकेले प्रदीप हैं। केवल आप ही स्वाधीन हैं, केवल उदयपुरेश्वर ही बादशाह की बराबरी के हैं। हिन्दूकुल में और कोई नहीं है जो इस विपद् की मारी बालिका की रक्षा करे। मैंने आपकी शरण ली क्या आप मेरी रक्षा न करेंगे?"

"जैसे गुरुतर काम के लिए मैं आपसे अनुरोध कर रही हूँ, उसे यह न समझें कि मैं समझती नहीं। यह बात भी नहीं कि केवल बालिका बुद्धि के वशीभूत होकर ऐसा लिख रही हूँ। मैं जानती हूँ कि दिल्लीश्वर से शत्रुता मोल लेना सहज नहीं है। इस पृथ्वी पर ऐसा कोई नहीं जो उनसे शत्रुता करके रह सके। किन्तु महाराज! याद करें, महाराणा संग्रामसिंह ने बाबरशाह को प्रायः राजच्युत कर दिया था। महाराणा प्रतापसिंह ने भी शाह अकबर को मध्य देश से बाहर निकाल दिया था। आप उसी सिंहासन पर आसीन है। आप उन्हीं संग्रामसिंह और उन्हीं प्रताप के वंशधर हैं। क्या आप उनसे बल में हीन हैं? सुना है कि महाराष्ट्र में एक मामूली से पहाड़ी राजा ने आलमगीर को परास्त कर दिया है; वह आलमगीर राजस्थान के राजेन्द्र के आगे किस गिनती में है?

"आप कह सकते हैं कि मेरी भुजाओं में बल है। किन्तु होने पर भी मैं तुम्हारे लिए क्यों इतना कष्ट करूँ? आप क्यों अपरिचिता मुखड़ा कामिनी के लिए प्राणि-हत्या करें और भीषण समर में अवतीर्ण हों? महाराज! सर्वस्व की बाजी लगाकर शरणागत की रक्षा करना क्या राजधर्म नहीं है? सर्वस्व की बाजी रखकर क्या कुलकामिनी की रक्षा करना राजपूतों का कर्त्तव्य नहीं है?"

यहाँ तक पत्र में राजकन्या के हाथ की लिखावट थी, बाकी उनके हाथ की नहीं उसे निर्मल-कुमारी ने लिख दिया था। हम नहीं कह सकते कि राजकन्या इस बात को जानती थीं या नहीं? यह लिखावट यूँ ही थी।

"महाराज! और एक बात कहते लज्जा जान पड़ती है, किन्तु बिना कहे भी नहीं बनता। मैंने इस विपद् में पड़कर प्रतिज्ञा की है कि मुगल के हाथ से जो वीर मेरी रक्षा करेंगे, वे यदि राजपूत हों और यदि मुझे यथाशास्त्र ग्रहण करें तो मैं उनकी दासी होऊँगी। हे वीरश्रेष्ठ युद्ध में स्त्रीलाभ वीरों का धर्म है! समस्त क्षत्रियकुल के साथ युद्ध कर पांडवों ने द्रोपदी को प्राप्त किया था। काशीराज्य में एकत्र राजमण्डल के सामने अपनी वीरता को प्रकट करने के लिए भीष्मदेव राजकन्याओं को छीन ले आए थे। हे राजन! आपको रुक्मिणी का विवाह याद है? आप इस पृथ्वी पर आज भी अद्वितीय वीर हैं क्या आप वीर-धर्म से मुँह फेर लेंगे?"

"मैं जो आपकी रानी होने की कामना कर रही हूँ, वह मेरी दुराकांक्षा है सही। यदि मैं आपके ग्रहण के योग्य न होऊँ तो क्या आपके साथ और किसी तरह के सम्बन्ध की स्थापना का मैं भरोसा नहीं कर सकती? कम-से-कम ऐसे अनुग्रह से भी मैं वंचित न होऊँ, इसी अभिप्राय से मैंने गुरुदेव के हाथ राखी-बन्धन भेजा है। वे राखी बाँध देंगे, इसके बाद आपका राजधर्म आपके हाथ है, मेरा प्रण मेरे हाथ है। यदि दिल्ली जाना पड़ा, तो मैं दिल्ली की राह में ही विष-सेवन करूँगी।"

पत्र पढ़कर राजसिंह कुछ देर विचार में डूब गए। इसके बाद उन्होंने सिर उठाकर माणिकलाल से कहा—"माणिकलाल, इस चिट्ठी का हाल सिवा तुम्हारे और कौन जानता है?"

माणिकलाल—"जो लोग जानते थे उन्हें महाराज गुफा में मार आए हैं।"

राजा अच्छी बात है, तुम घर आओ! उदयपुर में आकर मुझसे मिलना। इस पत्र का हाल किसी के आगे प्रकट न करना।"

यह कहकर राजसिंह ने अपने पास से कई स्वर्ण मुद्राएँ माणिकलाल को दीं। माणिकलाल प्रणाम कर चला गया।

छठवाँ परिच्छेद

माता जी की जय

राणा अनंत मिश्र को अपनी प्रतिज्ञा करने को कह गए थे। अनंत मिश्र भी उनका आसरा देख रहे थे; किन्तु उनका चित्त स्थिर नहीं था घुड़सवार के योद्धावेश और तीव्र दृष्टि से वे कुछ प्रभावित हो पड़े गए। एक बार घोर विपद्ग्रस्त होकर भाग्य से प्राणरक्षा हुई थी, किन्तु फिर सब खो बैठे हैं—चंचल-कुमारी की आशा-भरोसा खो बैठे हैं अब क्या कहकर उसके आगे मुँह दिखाएँगे? ब्राह्मण ऐसा सोच ही रहा था कि उन्होंने देखा पहाड़ के ऊपर दो-तीन आदमी खड़े कुछ सलाह कर रहे हैं। ब्राह्मण डरे—सोचने लगे कि कहीं डाकूओं का दूसरा दल तो नहीं आ पहुँचा? उस समय तो पास में कुछ था भी, जिसे पाकर डाकूओं ने उनका प्राण-वध नहीं किया यदि इस बार इन लोगे ने पकड़ा तो क्या देकर अपना प्राण बचाएँगे? ऐसा सोच रहे थे, इसी समय उन्होंने देखा कि पहाड़ के ऊपर के आदमी हाय पसारकर उन्हीं की ओर इशारा करते और आपस में कुछ बातें करते हैं। यह देखते ही ब्राह्मण का सारा साहस भाग गया। ब्राह्मण भी भागने के लिए उठ जड़े हुए। तब पहाड़ के ऊपर के लोगों में एक नीचे उतरने लगा। यह देख वे भागे।

तब 'पकड़ो-पकड़ो' कहते हुए तीन-चार आदमी उनके पीछे-पीछे दौड़े। ब्राह्मण भी घबराए-से भागे, लड़खड़ाती चाल, फिर भी 'नारायण नारायण!' जपते ब्राह्मण तीर के समान भागे जा रहे थे।

ये सब और कोई नहीं "महाराणा" के नौकर थे। महाराज के साथ उन लोगों की यहाँ कैसे मुलाकात हो गई, इसे कुछ समझाना पड़ेगा। राजपूतों को शिकार का बड़ा शौक होता है। आज महाराणा सौ घुड़सवारों और नौकरों के साथ शिकार के लिए बाहर निकले। अब वे शिकार खेलने के बाद उदयपुर की ओर जा रहे थे। राजसिंह हमेशा पहरेदारों से घिरे रहकर राजा बने रहना पसंद नहीं करते थे। वे कभी-कभी अनुचरों को दूर रख, अकेले घोड़े पर सवार होकर छिपे वेश में प्रजा की अवस्था देखते-सुनते थे। इसी से उनके राज्य में प्रजा बहुत सुखी थी। वे अपनी आँखों से सब देखते और अपने आप ही सबका दुःख निवारण करते थे।

शिकार से आज लौटने के समय, वे अनुचरों को पीछे आने की आज्ञा देकर विजय नाम के तेज घोड़े पर सवार होकर अकेले आगे बढ़े। इस अवस्था में अनंत मिश्र से मुलाकात

होने पर जो घटनाएँ हुई—वे कही गई हैं; राजा डाकूओं का अत्याचार सुनकर अपने हाथ ब्राह्मण का उद्धार करने के लिए आगे बढ़े थे। जो दुःसाध्य और विपद् से भरा काम होता है, उसमें उन्हें बड़ा आमोद प्राप्त होता था।

इधर बहुत देर होते देख कुछ राज-सिपाही तेजी के साथ उन्हें ढूँढने निकले। उन लोगों ने नीचे उतरते समय देखा कि राणा का घोड़ा खड़ा है इससे वे सब विस्मित और चिन्तित हुए। उन लोगों को आशंका हुई कि राणा किसी आफत में फंस गए हैं। नीचे पत्थर की चट्टान पर अनंत मिश्र को बैठे देखकर उन लोगों ने विचार किया कि यह आदमी अवश्य कुछ जानता होगा। इसी से वे लोग हाथ के इशारे से उधर दिखला रहे थे। उनसे कुछ पूछने के लिए वे लोग नीचे उतर रहे थे, उसी समय पण्डित जी नारायण का स्मरण कर वहाँ से भागे। तब उन लोगों ने समझा कि यह आदमी अवश्य अपराधी है। यही सोचकर उन लोगों ने दौड़ाया। ब्राह्मण ने एक गुफा में छिपकर अपनी प्राणरक्षा की।

महाराणा इधर चंचल-कुमारी का पत्र पढ़कर और माणिकलाल को विदा कर अनंत मिश्र की खोज में चले; उन्होंने देखा कि वहाँ ब्राह्मण नहीं है। उनके बदले नौकर-चाकर और उनके साथी सवार आकर उस मैदान में फैल पड़े हैं। राजा को देखकर सबने जय-ध्वनि की। विजय भी प्रभु को देखकर तीन उछाल में उतरकर उनके पास पहुँचा। उसकी पीठ पर राणा सवार हुए। उनके कपड़े पर खून के छीटे देख सब लोग समझ गए कि कोई छोटा-सा काण्ड हुआ है; राजपूतों का यह नित्य का काम ठहरा—इसीलिए किसी ने कुछ पूछा नहीं।

राणा ने कहा—"यहाँ एक ब्राह्मण बैठे थें, वे किधर गए? किसी ने देखा है?" जो लोग उनके पीछे दौड़े थे, उन्होंने कहा—"महाराज! वह आदमी तो भाग निकला।"

राणा ने कहा—"शीघ्र उन्हें ढूँढकर ले आओ।"

तब नौकरों ने सब बातें समझाकर कहा—"हमने बहुत ढूँढ़ा, किन्तु वे मिले नहीं।"

सवारों में राजा के दो पुत्र और अमात्यगण थे। राजा ने दोनों पुत्रों और दरबारियों को एकांत में ले जाकर बातचीत की। इसके बाद लौटकर उन्होंने सब लोगों से कहा—"प्रिय जनवर्ग! आज बहुत देर हो गई। इसमें सन्देह नहीं कि तुम सबको भूख-प्यास लगी होगी; किन्तु आज उदयपुर जाकर भूख-प्यास मिटाना हम लोगों के भाग्य में नहीं है इसी पहाड़ी राह से हम लोगों को फिर लौटकर जाना पड़ेगा। एक छोटी लड़ाई शुरू हो गई है। जिसे युद्ध का शौक हो, वह मेरे साथ आए। इस पहाड़ पर मैं फिर जाऊँगा। जिसे शौक न हो, वह लौट जाए उदयपुर।"

यह कहकर राणा पहाड़ पर चढ़ गए। इसी समय "जय, महाराणा की जय! माताजी की जय!" बोलते हुए सब सवार उनके पीछे-पीछे पहाड़ पर चढ़ने लगें। ऊपर पहुँचकर सब लोग 'हर-हर' कहते हुए रूपनगर जाने वाली राह पर बढ़े। पहाड़ी भूमि घोड़ों की टाप से गूँज उठी।

सातवाँ परिच्छेद

निराशा!

इधर अनंत मिश्र के रूपनगर से जाते ही वहाँ महाधूम मच गई। मुगल बादशाह की दो हजार सवार सेना रूपनगर के गढ़ के सामने जा पहुँची। ये सभी चंचल-कुमारी को लेने आए थे।

निर्मल का मुँह सूख गया; शीघ्रता से उसने चंचल-कुमारी के पास जाकर कहा—"अब क्या होगा सखी?"

चंचल-कुमारी ने मधुर हँसी के साथ कहा—"किसका क्या होगा?"

निर्मल—"ये सब तुम्हें लेने आए हैं। किन्तु मिश्र जी उदयपुर गए हैं; अभी उनके लौटने में देर है। राजसिंह के आते-आते ये तुम्हें ले जाएँगे। क्या होगा सखी अब?"

चंचल—"अब कोई उपाय नहीं, केवल मेरा वही आखिरी उपाय है दिल्ली की राह में विष खाकर प्राण-त्याग करना। इसके बारे में मैंने मन को स्थिर कर लिया है, इसलिए मुझे कोई घबराहट नहीं। एक बार मैं केवल पिता से अनुरोध करूँगी, शायद मुगल सेनापति सात दिन का अवसर दे दें।"

चंचल-कुमारी ने समय देखकर पिता से निवेदन किया—"मैं जन्मभर के लिए रूपनगर से चली। अब कब आप लोगों के श्री चरणों के दर्शन होंगे, कब अपनी बचपन की सखियों के साथ आमोद कर सकूँगी, इसका कोई ठिकाना नहीं। मैं सिर्फ सात दिनों के भीतर आप लोगों से मिल-जुलकर जन्म भर के लिए विदा हो जाऊँगी।"

राजा रो दिये उन्होंने कहा—"देखें, सेनापति से अनुरोध करूँगा नहीं कह सकता कि वे मानेंगे या नहीं!"

यह स्वीकार कर राजा ने मुगल सेनापति से अपना निवेदन प्रकट किया। सेनापति ने विचारकर देखा कि बादशाह ने कोई समय तो निश्चित किया नहीं, यह भी नहीं कहा कि

इतने दिन में लौट आना। किन्तु सात दिन देर करने की उन्हें हिम्मत नहीं हुई दूसरी ओर राजा का अनुरोध भी वे टाल नहीं सके। तब उन्होंने पाँच दिन रहना स्वीकार किया। इससे चंचल-कुमारी को बहुत भरोसा नहीं हुआ।

इधर उदयपुर से कोई समाचार नहीं आया मिश्र जी भी नहीं लौटे। चंचल-कुमारी ने आकाश की ओर देख हाथ जोड़कर कहा—"हे अनाथनाथ, देवाधिदेव! अबला को मार न डालना।"

रात को निर्मल आकर उसके पास ही सोई। सारी रात दोनों एक-दूसरे को छाती से लगाकर रोयीं। निर्मल ने कहा—"मैं तुम्हारे साथ चलूँगी। कई दिनों से वह यही बात कह रही थी।

चंचल ने कहा—"तुम मेरे साथ कहाँ जाओगी? मैं तो मरने जा रही हूँ।"

निर्मल ने कहा—"मैं भी मारूँगी। क्या मुझे छोड़ जाओगी, इससे मैं जीती रहूँगी?"

चंचल ने कहा—"छि, ऐसी बात न कहो, मेरे दुःख पर और दुःख क्यों बढ़ाती हो?"

निर्मल ने कहा—"तुम मुझे साथ ले जाओ, मैं तुम्हारे साथ निश्चय ही चलूँगी, कोई मुझे रोक नहीं सकता।" इस तरह दोनों ने रो-रोकर रात बिताई।

आठवाँ परिच्छेद

मेहरजान

कई दिनों तक मुगल सैनिक रूपनगर में छावनी डाले पड़े रहे, वे दिन बड़े आमोद-प्रमोद में बीते। मुगल सैनिकों के साथ नाचने-वालियों का दल चलता था। जब युद्ध नहीं होता, तब तम्बू के भीतर नाच-गाना की धूम मच जाती थी। सैनिक लोग रूपनगर में केवल आनंद करने के लिए आए थे, इसलिए रात को तम्बू में नाच और गाने का खूब समा बंधता था।

नाचने-वालियों में एक ने बहुत ख्याति पाई थी। दिल्ली में किसी ने कभी मेहरजान का नाम नहीं सुना—किन्तु जिनका नाम प्रसिद्ध है, वे भी रूपनगर में आकर मेहरजान के समान प्रसिद्ध नहीं हो सकी। मेहरजान नाचने वाली होने पर भी सच्चरित्रा है, इसलिए उसका यश और भी बढ़ गया है।

मुगल सेनापति सय्यद हसन अली ने उसका गाना सुनना चाहा। किन्तु मेहरजान ने स्वीकार नहीं किया। कहा—"मैं बहुत-से आदमियों के सामने नाच-गा नहीं सकती।"

सय्यद हसन अली ने स्वीकार किया कि उनके कोई भी मित्र उपस्थित न रहेंगे। तब नाचने वाली ने आकर नाच-गाना सुनाया। उन्होंने बहुत प्रसन्न होकर नाचने वाली को रुपयों से पुरस्कृत करना चाहा; किन्तु नाचने वाली ने रुपये नहीं लिये, कहा—"मैं रुपये नहीं चाहती। आप अगर सन्तुष्ट हुए हों तो जो मैं चाहती हूँ, वह दें। नहीं तो मुझे कोई पुरस्कार मत दीजिए।"

सय्यद हसन अली ने पूछा—"तुम क्या इनाम चाहती हो?"

मेहरजान ने कहा—"मैं आपकी सवार सेना में दाखिल होना चाहती हूँ।"

हसन अली बड़े आश्चर्य में आए हतबुद्धि हो मेहरजान के सुन्दर हास्यमय चेहरे की ओर देखते रहे। मेहरजान ने उन्हें चुप देखकर कहा—"मैं घोड़े, हथियार और वर्दी का दाम दूँगी।"

हसन अली ने कहा—"औरत होकर सवार सिपाही!"

मेहरजान ने कहा—"हर्ज क्या है? कहीं लड़ाई तो होती नहीं फिर लड़ाई होने पर भी मैं न भागूँगी।"

हसन अली—"लोग क्या कहेंगे?"

मेहरजान—"मैं जानू या आप, और कोई जान ही न सकेगा।"

हसन अली—"तुम ऐसा क्यों चाहती हो?"

मेहरजान—"चाहे जिस लिए हो, इसमें बादशाह का कोई नुकसान नहीं।"

पहले तो हसन अली ने किसी तरह स्वीकार नहीं किया, किन्तु मेहरजान ने भी इन्हें किसी तरह छोड़ा नहीं। अंत में हसन अली ने स्वीकार किया, मेहरजान की प्रार्थना स्वीकृत हुई।

मेहरजान वही दरिया बीवी है।

नवाँ परिच्छेद

कुछ भक्ति

इस समय फिर एक बार माणिकलाल का जिक्र करना पड़ा। माणिकलाल राणा से विदा होकर फिर उसी पहाड़ी पर पहुँचा। अब उसकी इच्छा नहीं है कि वह डकैती करे; किन्तु यह क्यों न देखे कि उसके पहले कि मित्र जिये या मर गए। अगर कोई मरा न हो,

तो सेवा करके उसे बचाना चाहिए। इसी सोच-विचार में माणिकलाल ने गुफा में प्रवेश किया।

उसने देखा कि दो आदमी मरे पड़े हैं; जो केवल बेहोश हो गया था, वह होश में आकर कहीं चला गया। तब माणिकलाल दुःखी होकर जंगल से लकड़ियों का ढेर ले आया और उससे दो चिताएँ बनाकर दोनों को उस पर सुला दिया। उसने गुफा से चकमकदार पत्थर और लोहा लाकर उसकी रगड़ से आग पैदा की। इस तरह अपने साथियों का अंतिम संस्कार कर वह वहाँ से चला गया। इसके बाद उसने सोचा कि जिस ब्राह्मण को सताया था, उसकी क्या दशा हुई, तनिक देख लूँ। उसने जहाँ अनंत मिश्र को बाँध दिया था, वहाँ आकर देखा कि ब्राह्मण वहाँ नहीं है। उसने देखा कि स्वच्छ सलिला पहाड़ी नदी का पानी कुछ मटमैला हो गया है—जगह-जगह वृक्षों की शाखा, लता-गुल्म, तृणादि टूटे-फूटे पड़े हैं। इन सब निशानों को देख माणिकलाल समझ गया कि यहाँ बहुतेरे लोग इकट्ठे हुए जान पड़ते हैं। इसके बाद उसने देखा, जगह-जगह घोड़ों की टापों के निशान भी है विशेषत; घोड़ों के टाप से ही लताएँ टूट-टाट गई हैं। टाप के जाल जैसे अधगोल निशान पड़े हुए हैं। माणिकलाल ध्यान पूर्वक बहुत देर तक देखने पर समझ गया कि यहाँ बहुतेरे सवार जमा थे।

इसके बाद चतुर माणिकलाल यह जाँच करने लगा कि सवार लोग किधर से आए और किधर गए। उसने देखा कि कुछ निशान दक्षिण ओर है और कुछ उत्तर की तरफ। कुछ दूर दक्षिण में बढ़ने के बाद निशानात फिर उत्तर की ओर बढ़ने लगे। इससे वह समझ गया कि सवार लोग उत्तर से यहाँ तक आकर फिर उत्तर की ओर ही बढ़ गए हैं।

यह सब विचारकर माणिकलाल अपने घर गया। वहाँ से माणिकलाल का मकान कोस भर था। वहाँ भोजन बनाकर भोजन आदि के उपरान्त उसने कन्या को गोद में लिया। इसके बाद घर में ताला लगा, वह कन्या को लेकर बाहर निकला।

माणिकलाल का कोई नहीं था केवल एक फूफी की ननद की चचेरी बहन थी। सौजन्य से या आत्मीयता का शौक पूरा करने के लिए माणिक उसे फूफी कहता था।

माणिकलाल कन्या को लिये उसी फूफी के घर गया। बुलाया—"फूफी है?"

फूफी ने कहा—"क्या है बेटा, माणिकलाल? कैसे आए?"

माणिकलाल ने कहा—"फूफी, तुम मेरी इस लड़की को रख सकती हो?"

फूफी—"कितनी देर के लिए?"

माणिक—"यही दो-चार महीने के लिए।"

फूफी—"यह क्या कहते हो बेटा! मैं गरीब और लड़की को खिलाऊँगी कहाँ से?"

माणिक— "तुम इतनी गरीब हो फूफी, कि पोती को दो महीने खिला न सकोगी?"

फूफी—"एक लड़की को दो महीने पालने में ही एक अशर्फी का खर्च है।"

माणिक—"अच्छा, मैं एक अशर्फी देता हूँ तुम लड़की को दो महीने रखो। मैं उदयपुर जाऊँगा वहाँ मैंने राजदरबार में बहुत बड़ी नौकरी पाई है।"

यह कहकर माणिकलाल ने राणा की दो अशर्फियों में से एक उसके सामने फेंक दी और उसे कन्या सौंपकर कहा—"जा, दादी की गोद में बैठ।"

फूफी कुछ लोभ में पड़ी। वह अपने मन में अच्छी तरह समझती थी कि एक अशर्फी से उस लड़की का एक साल का भोजन चल सकता है। माणिकलाल केवल दो महीने का करार कर रहा था इसलिए कुछ लाभ होने की ही संभावना थी। इसके अलावा माणिकलाल ने राजदरबार में नौकरी स्वीकार कर ली है चाहे तो बड़ा आदमी हो सकता है। तब क्या फूफी को कुछ न देगा? इसलिए इस आदमी को हाथ में रखने से लाभ है।

फूफी ने अशर्फी उठाकर कहा—"यह कौन-सी बुड़ी बात है, बेटा! तुम्हारी लड़की को पालकर सयानी करना कोई बड़ा काम नहीं। तुम निश्चिन्त रहो बेटा!" यह कहकर फूफी ने कन्या को गोद में उठा लिया।

कन्या के बारे में ऐसा बन्दोवस्त हो जाने पर माणिकलाल निश्चिन्त होकर गाँव से बाहर निकला। किसी से कुछ कहे बिना वह रूपनगर जाने वाली सड़क पर चल पड़ा।

माणिकलाल सोच रहा था इस पहाड़ी उपत्यका में इतने सवार क्यों आए थे? यहाँ राणा भी अकेले घूम रहे थे। किन्तु उदयपुर से अकेले राणा के यहाँ आने की संभावना नहीं। तब ये सब राणा के साथ के ही सवार हैं। इसके बाद दिखाई देता है कि ये लोग उत्तर से आकर उदयपुर की ओर जा रहे थे; शायद राणा शिकार या वन-विहार के लिए निकले हों और फिर उदयपुर लौट रहे हों। इसके बाद दिखाई दे रहा है कि वे लोग उदयपुर नहीं गए, फिर उत्तर को ही क्यों घूमे उत्तर की तरफ तो रूपनगर है। जान पड़ता है कि चंचल-कुमारी का पत्र पाकर राणा अपने सवारों की सेना के साथ उनका निमन्त्रण स्वीकार करने गए हैं। अगर वे न गए तो उनका राजपूत नाम मिथ्या है। ममैं उनका नौकर हूँ, मुझे उनके पास जाना ही चाहिये। किन्तु वे लोग घोड़े से गए हैं और मेरे पैदल जाने पर देर होगी। फिर भी एक भरोसा है, पहाड़ी रास्ते में घोड़े उतनी तेजी से न जा सकेंगे और मैं पैदल चलने में तेज हूँ। माणिकलाल दिन-रात चलने लगा। यथासमय वह रूपनगर पहुँच गया। वहाँ पहुँचकर उसने देखा कि रूपनगर में दो हजार मुगल सवारों ने आकर छावनी डाल दी है; किन्तु राजपूत

सेना का कोई निशान दिखाई नहीं देता। उसने और भी सुना कि दूसरे दिन सबेरे मुगल-सैन्य चंचल-कुमारी को लेकर जाएगी।

माणिकलाल बुद्धि में एक छोटा सेनापति था। राजपूतों का पता न था; पर वह कुछ भी दुःखी न हुआ। उसने मन में कहा—"मुगल ऐसा कर न करेंगे। किन्तु मैं अपने प्रभु का पता तो लगा लूँ।"

एक नागरिक से माणिकलाल ने पूछा—"मुझे दिल्ली की सड़क बता सकते हो? तुम्हें कुछ इनाम दूँगा।" नागरिक ने राजी होकर कुछ दूर आगे बढ़कर उसे रास्ता बता दिया। माणिकलाल उसे पुरस्कार देकर चल दिया। इसके बाद दिल्ली की सड़क पर चारों ओर देखता हुआ आगे बढ़ा। माणिकलाल ने विचार किया था कि राजपूत सवार अवश्य ही दिल्ली की राह में कहीं छिपे होंगे। पहले कुछ दूर तक राजपूत-सैन्य का निशान भी दिखाई नहीं दिया। इसके बाद उसने एक स्थान पर देखा कि रास्ता बहुत संकीर्ण हो गया है—दोनों किनारे दो पहाड़ प्राय: आधा कोस तक समान रूप से चले गए हैं, बीच में सिर्फ सँकरी रास्ता है। दाहिनी ओर का पहाड़ बहुत ऊँचा और दुर्गम है उसकी चोटी प्राय: रास्ते की ओर झुक पड़ी है। बाईं ओर का पहाड़ कुछ-कुछ नीचा है; चढ़ने की सुविधा है और पहाड़ भी ऊँचा नहीं है। एक स्थान पर बाईं ओर एक दरार-सी पड़ी है, उसमें से एक छोटी राह है।

नेपोलियन आदि अनेक डाकू सुदक्ष सेनापति थे। राजा होने पर लोग उन्हें डाकू नहीं कहते थे। माणिकलाल राजा नहीं है, इसलिए हम उसे डाकू कहने को बाध्य हैं। किन्तु राजा डाकूओं की तरह उस छोटे डाकू में भी सेनापति की दृष्टि थी। पर्वत से रुकी हुई संकीर्ण राह देखकर उसके मन में आया कि यदि राणा इधर आए होंगे तो यहाँ ही होंगे। जब मुगल-सैन्य उस सँकरी राह से जाएगी, तभी पर्वत-शिखर से राजपूत सवार वज्र की तरह उनके सिर पर टूट पड़ेंगे। दाहिनी ओर एक पहाड़ दुर्गम है, सवारों के उतरने और चढ़ने लायक नहीं है, अतएव वहाँ राजपूत-सेना रह नहीं सकती किन्तु बाईं ओर के पहाड़ से उन लोगों को उतरने में सुविधा है। माणिकलाल उसी पहाड़ पर चढ़ा। उस समय संध्या हुई थी।

चढ़ने पर उसे कहीं कोई दिखाई नहीं दिया। उसने सोचा कि जरा और ढूँढ़कर देखें। किन्तु फिर उसे खयाल आया कि राजा के अलावा और कोई राजपूत मुझे पहचानता नहीं; मुगलों का जासूस समझकर कोई भी छिपा हुआ राजपूत मुझे मार डाल सकता है। यह सोचकर वह और आगे न बढ़ा।

"महाराणा की जय हो!" इस शब्द के होते ही चार-पाँच अस्त्रधारी राजपूत अदृश्य स्थान से निकल पड़े और हाथ में तलवार लिये माणिकलाल को काट डालने को आगे बढ़े।

एक ने कहा—“मारो नहीं! माणिकलाल ने देखा कि वह स्वयं राणा है।

राणा ने कहा—“मारो नहीं। यह हमारा ही आदमी है।” तब योद्धा लोग फिर छिप गए।

राणा ने माणिकलाल को पास बुलाया वह उनके पास आ खड़ा हुआ। एक एकांत स्थान में उसे बैठने का इशारा कर वे स्वयं बैठ गए। तब राणा ने उससे पूछा—“तुम यहाँ क्यों आए हो?”

माणिकलाल ने कहा—“प्रभु जहाँ हैं, वहाँ ही सेवक को भी समझिए! विशेषत: जब आप ऐसे कठिन काम में प्रवृत्त हुए है, तब शायद सेवक भी किसी काम आ सकें इसी भरोसे आया है। मृगण दा हजार महाराज के साथ एक ही सो आदमी है तब मैं कैसे निश्चिन्त रह सकता हूं! आपने मुझे जीवनदान दिया है क्या एक ही दिन में उसे भूल सकता हूँ?”

राणा ने पूछा—“तुम्हें कैसे मालूम हुआ कि मैं यहाँ आया हूँ?”

तब माणिकलाल ने शुरू से आखिर तक सब कुछ बताया। सुनकर राणा सन्तुष्ट हुए।—”अच्छा ही हुआ जो तुम आ गए। मैं तुम्हारे जैसा एक चतुर आदमी ढूँढ़ रहा था। मैं जो कुछ कह कहूँ, उसे कर सकोगे?”

माणिकलाल ने कहा—“मनुष्य जो कुछ कर सकता है, वह सब करूँगा।”

राणा ने कहा—“उस तरफ केवल एक सौ योद्धा है, किन्तु मुगल-सैन्य दो हजार हैं। हम लोग युद्ध करके प्राण-त्याग कर सकते हैं, किन्तु विजय नहीं पा सकते। युद्ध करके हम लोग राजकन्या का उद्धार न कर सकेंगे। इसलिए पहले राजकन्या को बचाकर तब युद्ध करना होगा। अगर युद्ध में राजकन्या हुई तो वह घायल हो सकती है इसलिए पहले उसकी रक्षा करनी चाहिये।”

माणिकलाल ने कहा—“मैं छोटा आदमी, इन सब बातों को कैसे समझूँ! आज्ञा दें कि मुझे क्या करना चाहिये!”

राणा ने कहा—“तुम्हें मुगल सवार के वेश में कल मुगलों के साथ आना होगा। राजकुमारी की पालकी के साथ-साथ तुम्हें रहना पड़ेगा और जो-जो मैं कहता हूँ, यह सब करना होगा।” इसके बाद राणा ने उसे विस्तार के साथ बताया। सुनकर माणिकलाल ने कहा—“महाराज की जय हो! मैं काम सिद्ध करूँगा, कृपा कर मुझे एक घोड़ा दिला दें।”

राणा ने कहा—“हम एक सौ योद्धा हैं, एक ही सौ घोड़े हैं और घोड़े नहीं है जो तुम्हें दें दूँ। दूसरे का घोड़ा भी दे नहीं सकता। मेरा घोड़ा ले सकते हो!”

माणिक—“जीवित रहते मैं उसे ले नहीं सकता। मुझे जरूरी हथियार दे दें!”

राणा—“कहाँ पाऊँ? जो अस्त्र है, वही हम लोगों के लिए पूरे नहीं है।

किसको निरस्त्र करके तुम्हें हथियार दिलाऊँ? मेरे हथियार ले सकते हो।"

माणिक ने कहा—"ऐसा नहीं हो सकता। मुझे वर्दी मिलने की आज्ञा हो।"

राणा—"यहाँ जो लोग पहनकर आए हैं, उसके अलावा और कोई पोशाक नहीं। मैं तुम्हें कुछ भी नहीं दे सकता।"

माणिक—"महाराज! तब आज्ञा दें, मैं जैसे होगा, वैसे ही सब संग्रह कर लूँगा।"

राणा हँसे। उन्होंने कहा—"चोरी करोगे?"

माणिकलाल ने कहा—"मैंने कसम खाई है कि चोरी नहीं करूँगा।"

राणा—"तब क्या करोगे?"

माणिक—"ठगकर लूँगा।"

राणा हँसे। उन्होंने कहा—"युद्ध के समय सभी चोर और ठग होते हैं। मैं भी बादशाह की बेगम चुराने आया हूँ चोर की तरह छिपा हुआ हूँ। तुम जैसे चाहो, यह सब संग्रह कर सकते हो!"

माणिकलाल प्रसन्नचित्त से प्रणाम करके विदा हुआ।

दसवाँ परिच्छेद

रसिका पान वाली

उसी समय माणिकलाल रूपनगर लौट आया। उस समय संध्या बीत गई थी। रूपनगर के बाजार में पहुँचकर माणिकलाल ने देखा कि बाजार बहुत ही शोभामय है। दुकान के सैकड़ों दीपकों की शोभा से बाजार जगमगा रहा है। तरह-तरह की भोजन की चीजें जुबान में पानी ला रही हैं। फल और फूलों की माला के ढेर-ढेर आँखों को तरावट और सुगन्ध से मुग्ध कर रहे हैं। माणिक का मतलब था घोड़ा और हथियार संग्रह करना किन्तु इसके साथ माणिकलाल अपने पेट को भी कुछ देना चाहता था। माणिक ने कुछ मिठाई लेकर खाना शुरू किया। छ: सेर भोजन करके माणिक ने डेढ़ सेर पानी पिया और दुकानदार को उचित मूल्य देकर पान खाने चला।

उसने देखा कि पान की एक दुकान पर खूब भीड़ लगी हुई है। उसने देखा कि दुकान में बहुतेरे चिराग और विचित्र फानूसों से स्मित ज्योति फैल रही है। दीवार पर रंग-बिरंगे

कागज जड़े हुए हैं। तरह-तरह की बढ़िया तस्वीरें लटक रही हैं; चित्र विशेष रूप से रंगीन हैं, जिसे आधुनिक भाषा में 'अश्लील' और प्राचीन भाषा में 'अत्यन्त भौंडा' कहते हैं। बीच में कोमल गलीचे पर बैठी दुकान की मालकिन पान बेच रही है। उम्र में तीस के ऊपर, किन्तु कुरूपा नहीं। वर्ण गोरा, आँखें बड़ी-बड़ी, निगाहें बहुत ही चंचल, मुस्कुराहट खूब मजेदार उसकी हँसी अनिन्द्य दाँतों की श्रेणी में सदा खेलती हुई-सी है। हँसी के साथ उसके सब जेवर भी झूम रहे थे। जेवर कितने ही चाँदी और कुछ सोने के हैं किन्तु बनावट में अच्छे और खूबसूरत है। माणिकलाल ने सब देख-सुनकर पान माँगा।

पान वाली खुद पान नहीं बेचती। सामने एक दासी पान बनाती और बेचती है, पान वाली केवल पैसे लेती है और मीठी हँसी हँसती है।

दासी ने एक पान बनाकर दिया, माणिकलाल ने दोगुना दाम दिया। फिर पान माँगा। जब तक पान बनता रहा, तब तक माणिकलाल पान वाली के साथ हँस-हँसकर कुछ बातें करने लगा। कहीं पान वाली के रूप की प्रशंसा करने में वह बुरा न माने, इसलिए वह पहले दुकान की सजावट और उसके जेवरों की प्रशंसा करने लगा। पान वाली भी कुछ पसीजी। वह मीठे ग्राहक के साथ मीठी बातें करने लगी। तब माणिकलाल ने दुकान पर चढ़कर पान खाते-चबाते पान वाली का हुक्का खींचकर पीना शुरू किया। इधर माणिकलाल ने पान खाते-खाते दुकान का सारा मसाला ही खत्म कर दिया। दासी मसाला लेने के लिए दूसरी दुकान पर गई। इसी अवसर पर माणिकलाल ने पान वाली से कहा—"पान वाली! तू बड़ी चतुर है। मैं एक चालाक और ढूँढ़ रहा था। मेरा एक दुश्मन है; उसे जरा सजा देने की इच्छा है। जो कुछ करना होगा, वह सब मैं तुम्हें समझा दूँगा। यदि तुम मुझे सहायता दोगी तो एक अशर्फी इनाम दूँगा।"

पान वाली—"क्या करना होगा?"

माणिक ने चुपके से बताया। पान वाली बड़ी रसिया थी वह उसी समय राजी हो गई। उसने कहा—"अशर्फी की जरूरत नहीं, मजाक ही मेरा इनाम है!"

तथ माणिकलाल ने दावात, कलम और कागज माँगा। दासी पास ही के बनिये की दुकान से ले आई। माणिक ने पान वाली से सलाह कर यह पत्र लिखा—"हे प्राणनाथ! जब तुम नगर घूमने आए थे, तब मैं तुम्हें देखकर बिलकुल ही आशिक हो गई। तुमसे एक बार मुलाकात न हुई, तो मेरी जान पर बन आएगी। सुनती हूँ कि तुम लोग कल चले जाओगे। इसलिए आज एक बार मुझसे अवश्य मुलाकात करो। नहीं तो मैं छूरी से गला काट लूँगी। जो चिट्ठी लेकर जाता है, उसी के साथ आओ वह तुम्हें रास्ता दिखाकर ले आएगा।"

पत्र लिख जाने पर माणिकलाल ने सरनामें पर लिखा—“मुहम्मद खाँ।” पान वाली ने पूछा—“यह आदमी कौन है?” माणिक—“एक मुगल सरदार है।”

वास्तव में माणिकलाल मुगलों में से किसी को भी पहचानता नहीं था किसी का नाम तक नहीं जानता था। उसने सोचा कि दो हजार मुगलों में अवश्य ही कोई मुहम्मद खाँ होगा। वैसे तो सभी मुगल खाँ होते ही हैं। इसलिए उसने साहस कर मुहम्मद खाँ लिख दिया। लिखावट समाप्त होने पर माणिकलाल ने कहा—“उसे यहीं ले आऊँ?”

पान वाली ने कहा—“इस जगह से काम न चलेगा। और कोई जगह किराये पर लेनी होगी।” तब दोनों ने बाजार में जाकर किराये का मकान ले लिया। पान वाली मुगल के स्वागत के लिए उसे सजाने लगी—माणिकलाल चिट्ठी लेकर मुगल-छावनी में पहुँचा। छावनी में खूब चहल-पहल थी; कोई बन्दोबस्त नहीं; कोई नियम नहीं। छावनी में बाजार लगा हुआ है; खेल तमाशे और रौशन-चौकी की धूमधाम है। माणिकलाल किसी मुगल को देखते ही पूछता—“मुहम्मद खाँ कौन साहब हैं? उनके नाम का एक खत है।” कोई जवाब नहीं देता, कोई गाली देता है, कोई कह देता है—“नहीं जानता।” कोई कहता “खोज लो।” अंत में एक मुगल ने कहा—“मैं मुहम्मद खाँ को नहीं जानता, लेकिन मेरा नाम भी मुहम्मद खाँ है। चिट्ठी देखें, देखने से मालूम होगा कि वह चिट्ठी मेरी है या नहीं।”

माणिकलाल ने बड़े आनंद के साथ उसके हाथ में चिट्ठी दे दी और मन में सोचा कोई भी मुगल हो, फन्दे में आना चाहिये। उधर मुगल ने सोचा कि चिट्ठी किसी की क्यों न हो, इसी मौके पर जरा बीबी से मिल तो आऊँ। तब उसने खुलकर कहा—“हाँ, यह चिट्ठी मेरी ही है। चलो, मैं तुम्हारे साथ चलूँगा।” यह कहकर मुगल अपने खेमे में गया और वहाँ कंघी कर इत्र लगाकर कपड़े पहन लिए। उसने बाहर निकलकर पूछा—“ओ नौकर, वह जगह यहाँ से कितनी दूर है?”

माणिकलाल ने हाथ जोड़कर कहा—“हुजूर, बहुत दूर है। घोड़े पर चलना ठीक ही है।”

बहुत अच्छा!”—कहकर खाँ साहब घोड़े पर सवार होने चले उसी समय माणिकलाल ने फिर हाथ जोड़कर कहा—“हुजूर, बड़े घर की बात है हथियार से लैस होकर चलना ही अच्छा है।”

नये आशिक ने सोचा कि यह अच्छी बात है मैं जंगी जवान ठहरा, बिना हथियार क्यों जाऊँ? तब शरीर पर हथियार लगाकर वह घोड़े पर सवार हुआ।

ठीक जगह पर पहुँचकर माणिकलाल ने कहा—आप घर में चलिये।” “यहाँ उतर पड़िये। मैं आप के घोड़े को पकड़ता हूँ।

साहब उतर पड़े। माणिकलाल ने घोड़े को पकड़े रखा। खाँ बहादुर मकान में घुस रहे थे—उसी समय उनके मन में आया कि हथियार से लदे-फंदे रमणी के पास जाना उचित नहीं। तब उसने लौटकर अस्त्र-शस्त्र भी माणिकलाल के हवाले किये। माणिकलाल को और भी सुविधा हुई।

घर में जाकर खाँ साहब ने देखा कि चौकी पर बहुत बढ़िया बिस्तर लगा हुआ है। उस पर सुन्दरी बैठी हुई है, इत्र और गुलाब की सुगन्ध से कमरा बसा हुआ है। चारों ओर फूल बिखरे हुए हैं और सामने ही फर्श पर सुगन्धित तम्बाकू तैयार है। खाँ साहब जूता उतारकर चौकी पर बैठ, बीबी से मीठे वचन बोले, इसके बाद वर्दी उतारकर खूंटी पर रख फूलों के पंखे की हवा खाने लगे और सटक हाथ में लेकर सुख की आशा में तम्बाकू पीने लगे। बीवी ने भी प्रेम की दो-चार बातों से उन्हें मोहित कर लिया।

तम्बाकू पीते ही समय माणिकलाल ने आकर दरवाजा खटखटाया। बीबी ने पूछा माणिकलाल ने आवाज बिगाड़कर कहा—"मैं!" "कौन है?"

तब चतुग औरन ने बहुत घबराकर खाँ साहब में कहा—"मेरे मालिक आ गए हैं, मैं समझती थी कि आज वह नहीं आएँगे। तुम जरा इस चौकी के नीचे छिप जाओ। मैं उन्हें विदा कर देती हूँ।"

मुगल ने कहा—"यह कैसी बात? मर्द होकर डर के मारे छिप जाऊँ! उसे आने दो, अभी कत्ल कर देता हूँ।"

पान वाली ने दाँतों से जुबान दबाकर कहा—"सब चौपट हो गया। अपने आदमी को मारकर मैं अपना अन्न-वस्त्र क्यों बंद करूँ? क्या तुम्हारी मुहब्बत का यही फायदा है। जल्दी चौकी के नीचे छिपो! मैं अभी उन्हें विदा कर देती हूँ।"

इधर माणिकलाल बार-बार दरवाजा खटखटा रहा था। लाचार होकर खाँ साहब चौकी के नीचे चले गए। मोटा शरीर, बहुत जल्दी घुस न सका। कहीं-कहीं चमड़ा भी छिल गया। क्या करें, प्रेम में बहुत कुछ सहना पड़ता है। उस मोटे-ताजे शरीर के चौकी के नीचे घुसने पर पान वाली ने दरवाजा खोल दिया।

घर में माणिक के आने पर पान वाली ने पहले की सलाह के अनुसार कहा—"आ गए तुम फीर न! तुमने तो कहा था कि आज न आओगे!"

माणिकलाल ने पहले ही की तरह आवाज बिगाड़कर कहा—"चाभी भूल गया था।"

पान वाली चाभी ढूँढने के बहाने खाँ साहब की वर्दी लेकर बाहर निकल आई। इसके बाद सिकड़ी लगाकर बाहर ताला बंद कर दिया। भीतर खाँ साहब चौकी के नीचे चूहों के दाँत बर्दाश्त कर रहे थे।

उसे कोठरी के पिंजड़े में बंद कर माणिकलाल ने उसकी वर्दी पहन ली। इसके बाद उसके हथियारों से लैस और उसके घोड़े पर सवार होकर वह मुसलमानी छावनी में उसकी जगह दखल देने लगा।

चौथा खंड

पहला परिच्छेद

चंचल की विदाई

मुगल सेना सुबह तैयार हो गई। रूपनगर गढ़ के सिंहद्वार से साफे और कमरबंद से सुशोभित, दाढ़ी-मूँछवाले; भयानक अस्त्रों से सजे हुए घुड़सवारों की कतार बँध गई। पाँच-पाँच सवारों का एक-एक दल बना, दल के पीछे दल, इसके बाद फिर कतार बाँधकर सवार चलने लगे। भौरों के झुण्ड से घिरे हुए खिले कमल जैसे उन लोगों के चेहरे सुशोभित थे। उनके घोड़ों की गर्दन का घुमाव सुडौल था। लगाम की रोक से अधीर घोड़े खड़े थे। कतार में हिलते-डोलते, उछलते और नाचते हुए घोड़े आगे बढ़ने को तैयार थे।

चंचल-कुमारी सुबह उठ स्नानादि कर जेवरों से सज गई। निर्मल ने उन्हें जेवर पहनाया। चंचल ने कहा—"फूलों की माला पहनाओ सखी, मैं चिता पर बैठने जा रही हूँ।" प्रबल वेग से बहने को तैयार आँसुओं को पीकर निर्मल ने कहा—"रत्नों के अलंकार पहनाऊँगी सखी! तुम उदयपुरेश्वरी होने जा रही हो।" चंचल ने कहा "पहनाओ-पहनाओ निर्मल, मैं कुत्सित होकर क्यों मरूँ? मैं राजा की लड़की हूँ, राजा की लड़की की तरह सज-धजकर मरूँगी। सौन्दर्य के समान और कौन-सा राजत्व है? राज्य भी क्या बिना सौन्दर्य के शोभा देता है? यह पहनाओ।" निर्मल ने अलंकार पहना दिये और उस फूले हुए वृक्ष की कली को देखकर रो पड़ी। उसने कुछ कहा नहीं। तब चंचल-कुमारी निर्मल के गले से लिपटकर रोई।

इसके बाद चंचल ने कहा—"निर्मल, तुम्हें अब देख न पाऊँगी। विधाता ने क्यों इतनी विडम्बना की! देखो, छोटा-सा कँटीला पेड़ जहाँ जन्म लेता है, वहीं रहता है फिर मैं रूपनगर में क्यों न रहने पाई!"

निर्मल ने कहा—"फिर मुझसे मिलोगी। तुम चाहे जहाँ रहो, मुझसे फिर मुलाकात होगी ही! मुझे देखे बिना तुम मर नहीं पाओगी और तुम्हें देखे बिना मैं न मरूँगी।"

चंचल—"मैं तो दिल्ली की राह में मरूँगी।"

निर्मल—"तब दिल्ली की राह में ही मुझे भी देख पाओगी।"

चंचल—"यह बात कैसी, तुम वहाँ कैसे पहुँचोगी?"

निर्मल कुछ बोली नहीं, चंचल के गले से लिपटकर रोने लगी।

चंचल-कुमारी सज-धजकर महादेव के मन्दिर में गई। उसने भक्ति-भाव से अपने नित्य के व्रत के अनुसार शिव की पूजा की। पूजा के बाद उसने कहा—"देवाधिदेव महादेव! मैं मरने जा रही हूँ; किन्तु पूछती हूँ कि इस बालिका के मरने में तुम्हें इतनी तुष्टि क्यों है प्रभु! क्या मेरे जीने से तुम्हारी सृष्टि न चलेगी। अगर तुम्हारे मन में यही था, तब तुमने राजा की लड़की बनाकर मुझे संसार में भेजा ही क्यों?"

महादेव की वन्दनाकर चंचल-कुमारी अपनी माता के चरणों में प्रणाम करने गई। माता को प्रणाम कर चंचल बहुत रोई। इसके बाद एक-एक सखियों से चंचल ने विदाई ली। सब ने रो-रोकर बहुत कुहराम मचा दिया। चंचल ने किसी को जेवर किसी को खिलौना और किसी को धन से पुरस्कृत किया। किसी से कहा—"रोओ नहीं, फिर आऊँगी मैं।" किसी से कहा—"रोओ मत, देखती नहीं कि मैं पृथ्वीश्वरी होने जा रही हूँ!" किसी से कहा—"रोओ नहीं, अगर रोने से दु:ख दूर होता तो मैं रोकर रूपनगर के पहाड़ बहा देती।"

सबसे विदाई लेकर चंचल-कुमारी डोले पर सवार हुई। एक हजार डोले के आगे की ओर और एक हजार पीछे। चाँदी से बना हुआ रत्नों से जड़ा डोला विचित्र सुनहले वस्त्रों से चमक गया। आसा, सौंटा लिये चोबदार अपनी आवाज से दर्शकों को आनन्दित करने लगे। चंचल-कुमरी पालकी में सवार हुई; किले से शंख की ध्वनि हुई। फूलों और मालाओं से पालकी पूर्ण हुई। सेनापति ने चलने की आज्ञा दी, तब एकाएक खुली सड़क पर पानी के बहाव की तरह वह घुड़सवार श्रेणी गतिमान हुई लगाम चबाते और नाचते हुए घोड़े आगे बढ़े सवारों के हथियार झनकार उठे।

सवार लोग सुबह की हवा से प्रफुल्लित हो गए, उनमें पहला सवार गा रहा था—पालकी के पीछे जो सवारों की कतार थी उनमें कोई-कोई गाने लगे।

"शरम भरम से प्यारी,
सुमरे बंशीधारी।
झरते लाचन से वारी,
न समझे गोप-कुमारी।।
वहाँ बैठे कृष्ण मुरारी,
निरखते राह तुम्हारी।

गानो की यह आवाज राजकुमारी के कान में पहुँची। उसने मन में ही कहा—"हाय, काश सवार का गाना सच होता!" उस समय राजकुमारी राजसिंह की चिन्ता में थी। वह नहीं जानती थी कि उँगलीकट्टा माणिकलाल उनके पीछे यह गाना गा रहा है। माणिकलाल ने कोशिश करके पालकी के पीछे ही स्थान लिया था।

इधर निर्मल-कुमारी ने बड़ा तूफान खड़ा किया। चंचल तो रत्नजटित पालकी में सवार होकर चली गई—आगे-पीछे दो हजार सवार 'खुदा की शान' की आवाजें लगाते रूपनगर के पहाड़ों को ध्वनित करते हुए चले। किन्तु निर्मल की रुलाई बंद नहीं हुई। सैकड़ों पुरजनों में चंचल के अभाव से ही निर्मल अकेली हो गई। निर्मल ऊँचे बुर्ज पर चढ़कर देखने लगी कि कोस भर फैले अजगर साँप के समान घुड़सवारों की श्रेणी पहाड़ी राह में खिसकती, कभी ऊँचे कभी नीचे उतरती जा रही है—सबेरे के सूर्य की किरणों में उनके ऊपर उठे भालों के फल चमक रहे हैं। कुछ देर तक निर्मल देखती रही। उसकी आँखें जलने लगीं! तब निर्मल आँख मूँद छत से नीचे उतरी। निर्मल कुछ सोचकर छत से नीचे उतरी थी। उतरकर उसने पहले अपने सब जेवर उतारकर कहीं छिपाकर दिये, जिन्हें कोई देख न पाए। अपने जमा किये रुपयों में से कुछ रुपये निर्मल ने चुपचाप ले लिए। केवल वही लेकर निर्मल राजपुरी से बाहर निकली। इसके बाद तेजी के साथ, जिधर सवार सेना गई थी, उसी ओर अकेली चल पड़ी।

दूसरा परिच्छेद

रण-पंडित मुबारक

बड़े अजगर साँप की तरह घूमती-फिरती वह सवार-सेना पहाड़ी राह से चलने लगी। जिस दर्रे की राह से पहाड़ पर चढ़कर माणिकलाल राजसिंह से मुलाकात कर आया था, यह सवारों की कतार बिल में घुसते हुए महासर्प की तरह उसी में घुसी। घोड़ों की असंख्य टापों से पहाड़ प्रतिध्वनित होने लगे; यहाँ तक कि उस स्थिर सन्नाटे के जंगली प्रदेश में सवारों के अश्वों की आवाज इकट्ठी होकर रोमहर्षण प्रतिध्वनि उत्पन्न करने लगी। बीच-बीच में घोड़ों की हिनहिनाइट और सैनिकों की आवाजें थीं। पर्वत के जल में जो लता गुल्म थे, पैरों की चोट से उनके पत्ते काँपने लगे। छोटे जंगली पशु, पक्षी, कीड़े जो उस वनप्रदेश में रहते थे वह सब तेजी से भागने लगे। इस प्रकार घोड़ों की सारी कतार उस दर्रे में घुस पड़ी।

तब एकाएक धमाके के साथ एक विकट आवाज हुई। जहाँ आवाज हुई, वहाँ के सवार क्षण भर के लिए स्तम्भित होकर खड़े हो गए। देखा कि पर्वत के शिखर से एक बहुत बड़ा पत्थर लुढ़कर सेना के बीच गिरा, जिसकी चोट से एक सवार मर गया और एक घायल हो गया।

देखते-देखते कोई समझ न सका कि क्या हुआ फिर सेना में एक ढोंका गिरा—एक, दो, तीन, चार, धीरे-धीरे दस, पचीस इसके बाद एक-एक बार में सैकड़ों छोटे-बड़े ढोकों की शिलावृष्टि होने लगी। बहुतेरे घोड़े और घुड़सवार, कोई मरे, कोई घायल हो राह में गिरकर उस सँकरी गली को रोक बैठे। घोड़े सवारों को लेकर भागने को तैयार हुए किन्तु आगे-पीछे का रास्ता सैनिकों की ठेल-पेल से भरा रुका हुआ था घोड़े पर घोड़े, सवार पर सवार गिरने लगे। सैनिक लोग आपस में ही अस्त्र चलाकर अपने लिए रास्ता बनाने लगे। कतार बिलकुल ही भंग हो गई सेना में कोलाहल मच गया।

"कहारों होशियार, बाँया रास्ता।" माणिकलाल ने आवाज दी। जहाँ राजकुमारी की पालकी थी। उसके पीछे माणिकलाल था उसी के सामने सब उपद्रव हो रहा था। कहार अपना प्राण बचाने में व्यस्त थे। घोड़े पीछे हटकर ऊपर चढ़ पड़ते थे। पाठकों को याद होगा कि इस पहाड़ी राह में बाईं ओर से एक बहुत ही सँकरी गली है। उसमें एक बार में एक ही सवार प्रवेश कर सकता है। जिस समय उसके पास सेना के बीच की पालकी पहुँची, उसी समय यह काण्ड आरंभ हुआ था "ऐसा ही राजसिंह ने बन्दोबस्त किया था। सुशिक्षित माणिकलाल ने कहारों को यही राह बताई। माणिकलाल की बात सुनते ही कहारों ने अपनी और राजकुमारी की प्राणरक्षा के लिए पालकी को लेकर उसी राह में प्रवेश किया।

साथ ही साथ माणिकलाल भी घोड़ा बढ़ाकर उसी राह में चला। पास के सैनिकों ने देखा, जान बचाने की एक यही राह है; तब और एक सवार माणिकलाल के पीछे-पीछे उस राह में घुसने चला। इसी समय ऊपर से एक बड़ा शिलाखंड गड़गड़ाता और उस पहाड़ी प्रदेश को कँपाता हुआ उसी राह में आकर गिर पड़ा और रास्ता बंद हो गया। उसकी चोट से दूसरा सवार पिस गया। गली का मुहाना बिलकुल बंद हो गया। फिर कोई उस राह में घुसने नहीं पाया। अकेला माणिकलाल पालकी के साथ अपनी इच्छित राह पर चल पड़ा।

सेनापति हसन अली खाँ मनसबदार उस समय सेना में सबसे पीछे था वे प्रवेश-पथ के मुहाने पर स्वयं खड़े हो सँकरी राह में सेना के घुसने का प्रबन्ध कर रहे थे। बाद में सेना के प्रविष्ट होने पर स्वयं धीरे-धीरे सबसे पीछे आ रहे थे। उन्होंने देखा कि एकाएक सैनिकों की भीड़ बढ़ा शोर मचाती पीछे हट रही है। कारण पूछने पर कोई अच्छी तरह समझाकर

कुछ कह न सका। तब वे सिपाहियों को धिक्कारते हुए लौटने लगे और स्वयं आगे बढ़कर देखने चले कि मामला क्या है।

किन्तु तब तक सेना रुकी नहीं। पहले ही कहा गया है कि उस पहाड़ के दाहिने का पहाड़ बहुत ही ऊँचा और दुर्गम है उसकी चोटी प्राय: राह के ऊपर भूलकर राह में अँधेरा किये हुए है। राजपूत लोग अपने रहने की जगह से अनुसंधान कर राह निकालकर पचास आदमियों से अधिक ऊपर चढ़े, अदृश्य रूप से वहाँ छिपे थे। एक-एक ने दूसरे से चालीस-पचास हाथ दूर के स्थान पर अधिकार ग्रहणकर सारी रात पत्थर को इकट्ठा कर अपने-अपने सामने एक ढेर लगा रखा था। इस समय क्षण-क्षण में पचास आदमी पचास ढोंके नीचे सवारों पर बरसा रहे थे। एक-एक सवार के चोट से पचास-पचास सवार घायल होकर मारे जा रहे हैं। यह दिखाई नहीं देता था कि कौन मार रहा है। देख सकने पर भी दुर्गम पहाड़ के ऊपर के शत्रुओं पर किसी तरह की मार सम्भव नहीं थी इसलिए मुगल लोग सवार भागने के और कोई चेष्टा कर नहीं रह थे। हजारो सवार पालकी के पीछे मरने और घायल होने से बचकर भागते हुए उसी राह से निकलकर प्राणरक्षा कर रहे थे।

दाहिने पहाड़ के ऊपर से पचास राजपूत शिलावृष्टि कर रहे थे। बाकी के पचास स्वयं राजसिंह के साथ बाईं ओर के कम ऊँचे पहाड़ पर छिपे बैठे थे। ये लोग अभी तक कुछ करते नहीं थे, किन्तु अब उनके काम का समय उपस्थित हुआ। जहाँ शिलावृष्टि के कारण भयानक विपत्ति का समाना था, वहाँ मुबारक खड़ा था। उसने पहले सिपाहियों को कतार में पहाड़ी राह से बाहर निकालने का यत्न किया। जब उसने देखा कि सँकरी गली से राजकुमारी की पालकी चली गई, केवल एक ही सवार उसके साथ गया और उसी समय दरवाजे की तरह एक ढोंका वहाँ आकर रास्ता बंद हो गया, तब उसके मन में सन्देह हुआ कि यह और कुछ नहीं, किसी दुरात्मा ने राजकुमारी का अपहरण करने के लिए ही यह उपाय किया है। तब उसने आवाज देकर पास के सिपाहियों से कहा—"प्राण जाना भी स्वीकार है। सौ सवार पालकी के पीछे-पीछे जाओ। घोड़ा छोड़कर पैदल इस ढोंके को लाँघ जाओ। चलो, मैं भी चलता हूँ।" मुबारक सबसे पहले घोड़े से उतरकर इस ढोंके को डटकर उस पार नीचे कूद गया। उसको देखकर उसके पीछे सौ सवार साथ ही साथ गलियारे में घुसे।

पहाड़ के शिखर से राजसिंह सब कुछ देख रहे थे। जब तक मुगल लोग उस सँकरी राह में एक-एक कर घुस रहे थे, तब तक वे कुछ न बोले। उनके गलियारे में घुस जाने पर वे पचास सवार राजपूतों को लेकर बाज की तरह ऊपर से उन पर टूट पड़ें और उन्हें मारने लगें। एकाएक ऊपर से आक्रमण होने पर मुगल लोग छितरा गए। उनमें से अधिकांश ने

उस भयानक युद्ध में प्राण त्याग किया। ऊपर से दौड़कर वे लोग घोड़े समेत मुगल सवारों पर टूट पड़े जो नीचे थे, वे तो दबकर ही मर गए। सिर्फ पाँच-सात आदमी बचे। मुबारक उन लोगों को लेकर लौट पड़ा। राजपूतों ने उनका पीछा नहीं किया।

मुबारक के साथ मुगल सवार का वेश धारण किये हुए माणिकलाल भी बाहर निकल गया। वहाँ आते ही एक मरे हुए सवार के घोड़े पर चढ़कर उस छितराई हुई मुगल सेना में कहाँ छिप गया, इसे कोई देख न सका।

जिस मुहाने से मुगल सैनिक उस पहाड़ी प्रदेश में घुसे थे, उसी राह से माणिकलाल भी निकला। जिन लोगों ने उसे देखा, वे समझे कि भाग रहा है। माणिकलाल गलियारे से बाहर होकर तेजी के साथ रूपनगर गढ़ की ओर चला।

मुबारक ने पत्थर के ढ़ोंके को फिर लांघकर बाहर आने पर कहा—"इस पहाड़ पर चढ़ने में कष्ट नहीं, सभी लोग घोड़ा लेकर इस पहाड़ पर चढ़ो। डाकू बहुत थोड़े है। हम उन सबको मार डालेंगे।" तब पाँच सौ मुगल सेना "धीन-धीन" आवाज के साथ घोड़े सहित बाईं ओर के उस पहाड़ के ऊपर चढ़ने लगी। मुबारक उनका अधिनायक था। मुगलों के साथ दो तोपें भी थीं। तोपों को ठेलकर ये लोग पहाड़ पर चढ़ने लगे। एक छोटी तोप और थी, उसे मुगलों ने खींचकर सीकड़ बाँध हाथी को लगाकर जहाँ के ढोंके से मुहाना बंद किया गया था, उसी पर चढ़ा दिया।

तीसरा परिच्छेद

जयशीला चंचल-कुमारी

तब "दीन-दीन" के नारे लगाते पाँच-सौ सवार कालान्तक यम की तरह पहाड़ के ऊपर चढ़ गए। यह पहले ही कहा गया है कि पहाड़ कम ऊँचा था। ऊपर पहुँचते उन्हें ज्यादा देर नहीं लगी। किन्तु उन लोगों ने पहाड़ पर चढ़कर देखा कि वहाँ कोई नहीं है। गलियारे में घुसकर वे लोग पराभूत होकर लौट आए थे; अब मुबारक की समझ में आया कि सब डाकू गलियारे में हैं वे डाकू और कोई नहीं, राजपूत डाकू है। मुबारक ने विचार किया कि उस गलियारे के दूसरे मुहाने को घेरकर उन सबको मार डालें। हसन अली दूसरी तरफ तोप लगाकर बैठा था इसलिए मुबारक गलियारे के किनारे-किनारे अपनी फौज लेकर चले। धीरे-

धीरे चौड़ा रास्ता मिलता गया। तब मुबारक ने पहाड़ के किनारे आकर देखा कि लगभग चालीस राजपूत पालकी के साथ खून से लथपथ उसी ओर बढ़ रहे हैं। मुबारक समझ गया कि ये लोग अवश्य ही निकलने की राह जानते होंगे। उन लोगों पर निगाह रखते हुए धीरे-धीरे वह उस गलियारे के पास पहुँचा, जिस रास्ते से राजपूत पहाड़ से उतरे थे। वैसे ही एक राह और दिखाई दी। पहले राजपूत लोग ऊपर थे, बाद में नीचे उतरे, इसके बहुतेरे निशानात दिखाई दे रहे थे। मुबारक राजपूतों पर नजर रखकर धीरे-धीरे चलने लगा। कुछ देर बाद उसे दिखाई दिया कि पहाड़ ढालू होता जाता है और सामने ही निकलने की राह है। मुबारक ने घोड़ों को तेजी से चढ़ाकर नीचे उतर गलियारे के मुँह को बंद कर दिया। राजपूत लोग गलियारे के घुमाव से जा रहे थे, इसलिए वे लोग पहले गलियारे के मुहाने पर पहुँच न सके। मुगलों ने पहले ही मुहाने पर पहुँचकर तोप लगा दी और आने वाले राजपूतों का उपहास करने के लिए वज्रनाद स्वर में "दीन-दीन" का नारा लगाया। आवाज के साथ पहाड़ों से भी प्रतिध्वनि हुई। यह सुनकर उसके जवाब में हसन अली ने भी तोप की आवाज की। पहाड़-पहाड़ से प्रतिध्वनि होने से विकट ध्वनि हो उठते। राजपूत लोग डरे उनके पास तोप नहीं थी।

राजसिंह ने देखा की अब किसी तरह रक्षा नहीं हो सकती। उनकी सेना से बीसगुनी सेना रास्ते के दोनों मुहानों को बंद किये डटी दूसरी कोई राह नहीं केवल यमराज के घर का दरवाजा खुला हुआ है। तब राजसिंह ने निश्चय किया कि वे उसी राह से जाएँगे। उन्होंने अपने सैनिकों को एकत्र करके कहा—"भाई-बन्धु, जो कोई भी साथ में हो, आज सरल हृदय से मैं तुम लोगों से क्षमा माँगता हूँ। मेरे ही दोष से यह विपत्ति आयी है। पहाड़ से उतरकर ही मैंने यह दोष किया है। इस समय इस गली के दोनों मुहाने बंद है; दोनों ओर तोप की आवाज सुनाई दे रही थी। दोनों ही ओर हमलोगों से बीसगुने मुगल डटे हुए थें, इसमें कोई सन्देह नहीं। इसलिए हम लोगों के बचने का कोई भरोसा नहीं है। नहीं है तो इसमें हर्ज क्या है? राजपूत होकर मरने से कौन कायरता दिखाता है। सभी मरेंगे, एक भी न बचेंगे, किन्तु मारकर मरेंगे! जो मरने से पहले दो मुगलों को मारकर न मरे, वह राजपूत नहीं। राजपूतों, सुनो! इस राह पर घोड़े दौड़ नहीं सकते, इसलिए सब घोड़े छोड़ दो। आओ, हम लोग तलवार लेकर तोपों पर टूट पड़े। तोप तो हमारे दखल में आ जाएगी, फिर देखा जाएगा कि हम लोग कितने मुगलों को मार पाते है।"

तब राजपूत लोग घोड़े से उतर, तलवार निकालकर—"महाराणा की जय!" कहकर खड़े हो गए। उनके दृढप्रतिज्ञ चेहरे देखकर राजसिंह समझ गए कि चाहे प्राणरक्षा न हो, किन्तु एक भी राजपूत हटने वाला नहीं। प्रसन्नचित्त से राणा ने आज्ञा दी। दो-दो आदमियों

की लाइन बना लो।" घोड़े की पीठ पर सब अकेले बढ़ रहे थे पैदल दो-दो राजपूत हो गए। राणा सबके आगे चले। आज मृत्यु को समाने देख वे बहुत प्रसन्न हुए।

इसी समय एकाएक पहाड़ी गलियारे को कंपित कर पर्वत में प्रतिध्वनि करती हुई राजपूत सेना ने नारा लगया—"माता की जय! काली माई की जय!"

बहुत ही हर्ष-सूचक घोर नारे की आवाज सुन राजसिंह ने पीछे पलटकर देखा कि मामला क्या है! उन्होंने देखा कि दोनों किनारे राजपूत सेना कतार बाँधे है बीच में विशाललोचना स्मितवदन कोई देवी आ रही है। हो सकता है, किसी देवी ने मनुष्य मूर्ति धारण किया हो या किसी मानवी को विधाता ने देवीमूर्ति गढ़ा हो—राजपूत लोग समझे कि चित्तौराधिष्ठात्री राजपूत—कुलरक्षिणी भगवती इस संकट से राजपूतों की रक्षा करने को स्वयं रण में अवतीर्ण हुई हैं। इसलिए वे जयध्वनि कर रहे थे।

राजसिंह ने देखा कि है तो यह मानवी, किन्तु सामान्य मानवी नहीं। उन्होंने आवाज दी—देखो तो, डोला कहाँ है?"

किसी ने पीछे से कहा डोला इधर है।

राणा ने कहा—डोला खाली है या नहीं, देखो।"

सैनिक ने कहा—"डोला खाली है। राज कुमारी महाराज के सामने हैं।"

तब चंचल-कुमारी ने राजसिंह को प्रणाम किया। राणा ने पूछा—"राजकुमारी, आप यहाँ कैसे?"

चंचल ने कहा—"महाराज! आपको प्रणाम करने आई हूँ। प्रणाम कर चुकी, अब एक भिक्षा चाहती हूँ। मैं वाचाल हूँ स्त्रियों की शोभा जो लज्जा है, वह मुझमें नहीं है; क्षमा कीजिएगा! मैं जो भिक्षा चाहती हूँ, उससे निराश न कीजिएगा।"

चंचल-कुमारी ने मुस्कुराहट छोड़कर हाथ जोड़ कातर स्वर से यह बात कही। राजसिंह ने कहा—"आप ही के लिए इतनी दूर आया हूँ। इसलिए ऐसा कुछ नहीं जो आपको न दिया जा सके; रूपनगर की राजकन्या क्या चाहती है?"

चंचल-कुमारी ने फिर हाथ जोड़कर कहा—"मैंने चंचलमति बालिका होने की वजह आपको आने के लिए लिखा था किन्तु मैं अपने मन को आप ही न पहचान सकी। इस समय मैं मुगल सम्राट के ऐश्वर्य की बातें सुनकर बहुत ही मुग्ध हो गई हूँ। आप आज्ञा दें, मैं दिल्ली जाना चाहती हूँ।"

राजसिंह विस्मित और प्रसन्न हुए। उन्होंने कहा—"आपको दिल्ली जाना है तो जाएँ। मुझे कोई आपत्ति नहीं। किन्तु अभी आप नहीं जा सकती। अगर अभी आपको

छोड़ दूँ तो मुगल अपने मन में यही समझेंगे कि मरने के डर से मैंने आपको छोड़ दिया। पहले युद्ध समाप्त हो, उसके बाद आप चली जाएँ। यह न समझिये कि मैंने आपके मन की बात नहीं समझी मेरे जीवित रहते आपको दिल्ली जाना नहीं पड़ेगा। जवानों, आगे बढ़ो!"

तब चंचल-कुमारी ने मुस्कुराते हुए मर्मभेदी मधुर कटाक्ष कर दाहिने हाथ की कनिष्ठा उँगली में पहनी हीरे की अंगूठी को बायें हाथ की उँगली में पहनकर कहा—"महाराज, इस अंगूठी में विष है। मैं दिल्ली न जाने पाऊँगी तो जहर खा लूँगी।"

इस पर राजसिंह हँसें; उन्होंने कहा—"मैं बहुत पहले ही समझ गया था, राजकुमारी! आप रमणीकृत में धन्य हैं। किन्तु आप जैसा सोच रही हैं, वैसा न होगा। आज राजपूत नहीं बचेंगे आज राजपूतों को मरना होगा। नहीं तो अब राजपूतों के नाम बहुत बड़ा कलंक होगा। जब तक हम लोग नहीं मरते, तब तक आप अपने को कैद समझे हमलोगों के मरने पर आपकी जहाँ इच्छा हो, जा सकती हैं।"

चंचल-कुमारी हँसी—उसने बहुत ही प्रेम-प्रफुल्ल, भक्ति से भरे, साक्षात् महादेव के लिए ही अनिवार्य एक कटाक्ष-बाण राजसिंह पर चलाया। वह मन में कहने लगी—"वीरचूणामणि! मैं आज से तुम्हारी हुई। अगर तुम्हारी दासी न हो सकी तो चंचल कभी जीती न रहेगी। फिर उसने प्रकट रूप में कहा—"हाँ महाराज, दिल्लीश्वर ने इसको महारानी बनाने की इच्छा की है, पर किसी की बन्दिनी नहीं हो सकती। यह देखिये, मैं मुगल सेना के सामने जा रही हूँ किसमें सामर्थ्य है जो मुझे रोके!"

यह कह चंचल-कुमारी जीती-जागती देवीमूर्ति-राजसिंह की बगल से गली के मुहाने की ओर चली। किसकी मजाल जो उसे छू भी सके! इसलिए कोई उसकी राह न रोक सका। हँसती, हिलती-डोलती वह स्वर्णमुक्तामयी प्रतिमा गली के मुहाने में चली गई।

अकेली चंचल-कुमारी उन जलती हुई आग के समान क्रुद्ध और सशस्त्र पाँच सौ मुगल-सवारों के सामने जाकर खड़ी हो गई। वहाँ वही रास्ता रोके हुए तोप लगी थी मनुष्य का बनाया वज्र आग उगलने के लिए मुँह फैलाये तैयार था उसके सामने रत्नों से मंडित लोकातीत सुन्दरी खड़ी हुई देखकर विस्मित होकर मुगल-सेना ने विचार किया, मानो पर्वत-निवासिनी कोई परी आकर खड़ी हो गई है।

मनुष्य की बोली में बोलकर चंचल-कुमारी ने उनके उस भ्रम को दूर किया। उन्होंने कहा—सेना का सेनापति कौन है?"

स्वयं मुबारक गलियारे के मुहाने पर राजपूतों की प्रतीक्षा कर रहा था। उसने कहा आप कौन हैं? यह सब मुझ खाकसार के अधीन है।

चंचल-कुमारी ने कहा—"मैं मामूली औरत हूँ। आपसे कुछ भिक्षा चाहती हूँ अगर एकांत में सुनें तो कह सकती हूँ।"

मुबारक ने कहा—"गलियारे से आगे आवें तब।" चंचल-कुमारी गलियारे से आगे बढ़ी मुबारक उनके पीछे चले।

जहाँ कोई आवाज न सुन सके, ऐसे स्थान में पहुँचकर चंचल-कुमारी ने कहना शुरू किया—"मैं रूपनगर की राजकन्या हूँ। बादशाह ने मुझसे विवाह करने की इच्छा से यह सेना मुझे लाने को भेजी है इस बात पर आपको विश्वास है?"

मुबारक—"आपको देखकर ही यह एतवार हो गया।"

चंचल—"मैं मुगल बादशाह से विवाह नहीं करना चाहती धर्म से पतित होना पड़ेगा। किन्तु मेरे पिता कमजोर हैं; उन्होंने मुझे आप लोगों के हवाले कर दिया है। उनका कोई भरोसा न होने पर मैंने राजसिंह के पास दूत भेजा था। मेरे भाग्य से वे केवल पचास सिपाहियों को लेकर आए हैं। उनके बल-वीर्य को तो आपने देख लिया!"

मुबारक ने चौंककर पूछा—"यह क्या, पचास सिपाहियों ने इतने सारे मुगलों को मार डाला!"

चंचल—"कोई विचित्र बात नहीं! सुना है कि हल्दीघाटी में भी कुछ ऐसा ही हुआ था। किन्तु चाहे जो हो, राजसिंह इस समय आप लोगों के सामने परास्त हैं। उनको परास्त देखकर ही मैं आपके सामने आकर गिरफ्तार हो रही हूँ। मुझे दिल्ली ले चलें अब युद्ध की जरूरत नहीं।"

मुबारक ने कहा—"मैं समझ गया अपने सुख को त्यागकर आप राजपूतों की रक्षा करना चाहती है। क्या उन लोगों की भी यही इच्छा है?"

चंचल—"यह भी कभी हो सकता है? मुझे आप ले चलेंगे, तब भी वे युद्ध विरत न होंगे। मेरा अनुरोध है कि आप मेरे साथ सहमत होकर उन लोगों के प्राणों की रक्षा करें।"

मुबारक—"यह कर सकता हूँ। लेकिन डाकूओं को दण्ड अवश्य देना होगा। मैं उन सबको कैद करूँगा।"

चंचल—"आप सब कर सकते हैं, सिर्फ यही नहीं कर सकते! उन लोगों की जान मार सकते हैं, किन्तु उन्हें बाँध नहीं सकते। वे सब मरने को तैयार हैं और मरेंगे।"

मुबारक—"मुझे इसका विश्वास है! तब यह ठीक है कि आप दिल्ली चलेंगी?"

चंचल—"इस समय आप लोगों के साथ चलने को तैयार हूँ मैं। किन्तु दिल्ली तक पहुँचने में सन्देह है।"

मुबारक—"वह क्यों?"

चंचल—"युद्ध करके आप लोग मरना जानते हैं, हम स्त्रियाँ क्या मरना नहीं जानतीं?"

मुबारक—"हम लोगों के तो शत्रु हैं, इसलिए मरते हैं। संसार में आपका कौन शत्रु है?"

चंचल—"स्वयं मैं!"

मुबारक—"हमारे शत्रुओं के पास तो अनेक प्रकार के अस्त्र है; आपके?"

चंचल—"जहर।"

मुबार—"कहाँ है जहर?"

यह कहकर मुबारक ने चंचल-कुमारी के मुख की ओर देखा। शायद और कोई होता तो मन ही मन कहता कि तुमहारे आँखों के अलवा और भी कहीं जहर है! किन्तु मुबारक ऐसी छोटी प्रकृति के आदमी नहीं थे। वह राजसिंह जैसे यथार्थ वीर पुरुष थे। उन्होंने कहा—"माता, आप आत्मघात क्यों करेंगी? अगर आप जाना न चाहें तो हम लोगों की क्या मजाल जो आपको ले चले! स्वयं दिल्लीश्वर भी उपस्थिति होते तो आपके ऊपर बल-प्रयोग नहीं करते। हम लोग तो नाचीज हैं। आप निश्चिन्त रहें। किन्तु इन राजपूतों ने बादशाही सेना पर आक्रमण किया है; मैं मुगल-सेनापति कैसे इन्हें क्षमा कर सकता हूँ?"

चंचल—"क्षमा करने की जरूरत नहीं; युद्ध करिये!"

इसी समय राजपूतों को लेकर राजसिंह भी वहाँ उपस्थित हुए हैं। तब चंचल-कुमारी कहने लगी—"युद्ध करिये, राजपूतों की लड़कियाँ भी मरना जानती हैं।"

मुगल सेनापति ने लज्जाहीनता से चंचल से कहा—यह आप क्या कह रहीं हैं, यह सुनने के लिए इस समय राजसिंह चंचल की बगल में आकर खड़े हो गए। तब चंचल ने उनके आगे हाथ पसार हँसकर कहा—"महाराजाधिराज, आपकी कमर से जो तलवार लटक रही है, उसे राज-प्रसाद स्वरूप इस दासी को दीजिये।"

राजसिंह ने हँसकर कहा—"मैं समझ गया कि तुम सच्ची भैरवी हो।"

यह कहकर राजसिंह ने कमर से तलवार निकालकर चंचल-कुमारी के हाथ में दे दी।

यह देखकर मुगल मुस्कुराया। उसने चंचल-कुमारी की बात का कोई जवाब नहीं दिया। केवल उसने राजसिंह के मुँह की ओर देखकर कहा—"उदयपुर के वीर स्त्रियों के बाहुबल से कब से रक्षित हुए?"

राजसिंह की चमकती हुई आँखों से आग की चिनगारी निकली। उन्होंने कहा—"जब से मुगल-बादशाहों ने अबलाओं पर अत्याचार आरंभ किया है, तब से राजपूत-कन्याओं की बाहुओं में भी बल आ गया है।"

तब राजसिंह ने सिंह की तरह गर्दन टेढ़ी कर स्वजन वर्ग की ओर फिरकर कहा—"राजपूत लोग जुबानी वाग्युद्ध में चालाक नहीं होते। छोटे सैनिकों के साथ वाग्युद्ध करने का हमें समय भी नहीं, नाहक समय गंवाने की जरूरत नहीं चीटियों की तरह इन मुगलों को मार डालो!"

अब तक बरसने वाले बादल की तरह दोनों सेनाएँ शान्त थीं बिना प्रभु की आज्ञा के कोई युद्ध में प्रवृत्त नहीं हो रहा था। इस समय राणा की आज्ञा पाकर—"माता जी की जय!" बोलकर राजपूत लोग जल-प्रवाह की तरह मुगल-सेना पर टूट पड़े। इधर मुबारक की आज्ञा पाकर मुगल लोग "अल्लाहो-बर! पुकारकर उन्हें रोकने को तैयार हुए। उस रण-क्षेत्र में दोनों सेनाओं के बीच तलवार तानकर स्थिरमूर्ति चंचल-कुमारी खड़ी हो गई—हटती ही नहीं।

चंचल-कुमारी ऊँचे स्वर में कहने लगी—"जब तक एकपक्ष न हटे, तब तक मैं यहाँ से न हटूँगी। पहले मुझे बिना मारे कोई अस्त्र न चला सकेगा।"

राजसिंह नाराज होकर बोलें—यह तुम्हारा कर्त्तव्य नहीं है। तुम अपने हाथ से राजपूत कुल पर कलंक क्यों लगा रही हो? लोग कहेंगे कि आज स्त्री की सहायता से राजसिंह ने प्राण-रक्षा की।"

चंचल—"महाराज, आपको मरने से कौन मना कर रहा है! मैं तो केवल पहले मरना चाहती हूँ। जो अनर्थ का मूल है, उसे पहले मरने का अधिकार है।"

चंचल हटी नहीं। मुगलों ने बन्दुक उठाई थी, किन्तु रख दी। मुबारक चंचल-कुमारी का काम देख मुग्ध हो गए। तब दोनों सेनाओं के सामने मुबारक ने आवाज दी—"मुगल बादशाह स्त्रियों के आगे युद्ध नहीं करते। इसलिए कहता हूँ कि हम लोग इस सुन्दरी के आगे पराभव स्वीकार कर युद्ध से बाज आते हैं। राणा राजसिंह के सामने युद्ध में जय-पराजय की मीमाँसा, आशा है कि दूसरे क्षेत्र में होगी। मैं राणा से अनुरोध करता हूँ कि इस बार वे स्त्रियों को लेकर न आएँ।"

चंचल-कुमारी मुबारक के लिए चिन्तित हुई! मुबारक उस समय उसके सामने ही घोड़े पर चढ़ रहे थे। चंचल-कुमारी ने उनसे कहा—"साहब, मुझे क्यों छोड़े जाते हैं। मुझे ले जाने के लिए आप लोगों को दिल्लीश्वर ने भेजा है। अगर मुझे लेकर न चलेंगे, तो बादशाह क्या कहेंगे?"

मुबारक ने कहा—"बादशाह से भी बड़े और एक हैं मैं इसका जवाब उनके सामने दूँगा।"

चंचल—"वह तो परलोक में है किन्तु इस लोक में?"

मुबारक—"मुबारक इस लोक में किसी से नहीं डरता। ईश्वर आप को कुशल से रखें मैं विदा होता हूँ।"

यह कहकर मुबारक घोड़े पर सवार होकर चले गए। वे सेना को लौटने की आज्ञा दे रहे थे। इसी समय पीछे से एकाएक एक हजार बन्दुकों की आवाज सुनाई दी। एक बार में सौ मुगल योद्धा धाराशायी हो गए। मुबारक ने देखा, भयानक विपत्ति है।

चौथा परिच्छेद

हरण और अवहरण में दक्ष माणिकलाल

पहाड़ी राह से निकलते ही माणिकलाल घोड़ा दौड़ाकर एकदम रूपनगर गढ़ में जा पहुँचा था। रूपनगर के राजा के कुछ सिपाही थे, वे सब तनखाहदार नौकर नहीं थे। वे लोग खेती करते थे; बुलाहट आने पर दाल-खाँड़ा, ज्ञाठी-सोंटा लेकर आ पहुँचते थे इन सबके पास एक-एक घोड़ा होता था। मुगल सेना के आने पर रूपनगर के राजा ने उन लोगों की बुलाहट की थी। प्रकट रूप में उनकी बुलाहट का कारण मुगल सेना के सम्मान और देख-रेख में उन्हें नियुक्त करना था। छिपा अभिप्राय था कि अगर मुगल सेना एकाएक कोई उपद्रव खड़ा करे, तो उससे बचाव हो। बुलाहट होते ही राजपूत लोग ढाल-खाँड़ा और घोड़ा लेकर गढ़ में उपस्थित हुए राजा ने उन्हें अस्त्रागार से अस्त्र देकर सुसज्जित किया। उन लोगों ने तरह-तरह की खातिरदारी में नियुक्त होकर मुगल सेना के साथ हँसी-दिल्लगी और रंग-रस में कई दिन बिताये। इसके बाद उस दिन सबेरे मुगल सेना के छावनी भंगकर राजकुमारी को ले जाने पर रूपनगर के सैनिकों को भी घर लौटने की आज्ञा हुई। तब उन लोगों ने अस्त्र इकट्ठे किये और राजा के अस्त्रागार में ले आए। राजा स्वयं उन लोगों को इकट्ठा कर स्नेह-सूचक वचनों से विदाई दे रहे थे। इसी समय उंगली-कट्टा माणिकलाल पसीने-पसीने होकर घोड़े पर सवार वहाँ आ पहुँचा।

पसीने होकर घोड़े पर, सवार वहाँ आ पहुँचा।

माणिकलाल का वही मुगल सैनिकों जैसा पहनावा था। एक मुगल सैनिक के घबराहट के साथ गढ़ में पहुँचने पर सभी विस्मित हुए। राजा ने पूछा—"समाचार क्या है?"

माणिकलाल ने अभिवादन कर कहा—"महाराज, बहुत बखेड़ा मच गया है। पाँच हजार डाकूओं ने आकर राजकुमारी को घेर लिया है। जनाब हसन अली खाँ बहादुर ने मुझे आपके पास भेजा है। हम जी-जान से युद्ध कर रहे हैं, किन्तु बिना कुछ सेना के उनकी रक्षा न हो सकेगी। आप से उन्होंने सेना की सहायता चाही है।"

राजा ने घबराकर कहा—"सौभाग्य से मेरी सेना सज्जित है।" उन्होंने सैनिकों से कहा—"तुम लोगों के घोड़े तैयार हैं, हथियार हाथ में हैं। तुम लोग सवार होकर अभी युद्ध में जाओ, मैं स्वयं तुम लोगों को लेकर चलता हूँ।"

माणिकलाल ने कहा—"अगर इस सेवक का अपराध क्षमा हो तो मेरा निवेदन है कि इन लोगों को लेकर मैं आगे बढ़ता हूँ, महाराज और कुछ सेना संग्रह कर लेकर आएँ। डाकू लोग गिनती में कोई पाँच हजार हैं। बिना और कुछ सेना के मंगल की संभावना नहीं।"

स्थूलबुद्धि राजा इसी पर राजी हो गए। एक हजार सैनिकों को लेकर माणिकलाल आगे बढ़ा। राजा और सैन्य-संग्रह करने के लिए गढ़ में लौटे। माणिकलाल रूपनगर की सेना लेकर युद्ध-क्षेत्र की ओर चला।

राह में जाते-जाते माणिकलाल को एक छोटा-मोटा लाभ हो गया। राह के किनारे एक वृक्ष की छाया में एक स्त्री पड़ी हुई है जान पड़ता है कि वह बीमार है। घुड़सवारों की दौड़ देखकर वह उठ बैठी। उसने खड़े होने की चेष्टा की शायद भागने की इच्छा थी, किन्तु ऐसा नहीं कर सकी। उसमें बल न देखकर माणिकलाल घोड़े से उतरकर उसके पास पहुँचा। उसने देखा कि स्त्री बहुत सुन्दर है। उसने पूछा—"तुम कौन हो। यहाँ इस प्रकार क्यों पड़ी हो?"

स्त्री ने पूछा—"यह किसकी फौज है?"

माणिकलाल—"मैं राणा राजसिंह का आदमी हूँ।"

युवती—"मैं रूपनगर की राजकुमारी की दासी हूँ।"

माणिक—"तब यहाँ इस हालत में क्यों पड़ी हो?"

युवती—"राजकुमारी दिल्ली जा रही हैं। मैंने उनके साथ जाना चाहा, किन्तु वे मुझे साथ ले जाने को राजी नहीं हुई। मुझे छोड़ आईं, इसलिए मैं पैदल उनके पास जा रही हूँ।"

माणिकलाल—“इसी से राह की थकावट के कारण पड़ी हुई हो?”

निर्मल-कुमारी ने कहा—“बहुत चली अब चला नहीं जाता।”

रास्ता उतना अधिक नहीं, फिर भी निर्मल कभी चली नहीं; इसलिए उसके लिए इतना ही बहुत था।

माणिक—“अब क्या करोगी?”

निर्मल—“करूँगी क्या, यहीं मरुगी!”

माणिक—“छि, मरोगी क्यों! राजकुमारी के पास क्यों नहीं चलती?”

निर्मल—“कैसे जाऊँ? देखते नहीं कि मैं चल नहीं सकती।”

माणिक—“घोड़े पर क्यों नहीं चलती?”

निर्मल ने हँसकर कहा—“घोड़ा कहाँ है?”

माणिक—“घोड़ों की क्या कमी है?”

निर्मल—“क्या मैं सवार हूँ।”

माणिक—“तो बन जाओ न!”

निर्मल—“काई आपत्ति नहीं! केवल एक बाधा है कि मैं घोड़े पर चढ़ना नहीं जानती।”

माणिक—“इससे क्या होता है! मेरे घोड़े पर आओ।”

निर्मल—“तुम्हारा घोड़ा कल का है या मिट्टी का?”

माणिक—“मैं तुम्हें पकड़े रहूँगा।”

निर्मल निर्लज्जता के साथ मजाक कर रही थी, अब उसने मुँह फेरा, तेवर बदले। फिर क्रोध के साथ कहा—“आप अपने काम से जाएँ, मैं इस पेड़ के नीचे ही पड़ी रहूँगी। राजकुमारी से मिलने की मुझे कोई जरूरत नहीं।”

माणिकलाल ने देखा कि युवती बहुत सुन्दरी है, इसलिए वह अपना लोभ संवरण न कर सका। उसने कहा—“क्यों जी, आपका विवाह हो गया है?”

दिल्लगीबाज निर्मल माणिकलाल का ढंग देखकर हँसी। उसने कहा—“नहीं।”

माणिक—“तुम किस जाति की हो?”

निर्मल—“मैं राजपूत की लड़की हूँ।”

माणिक—“मैं भी राजपूत का लड़का हूँ। मेरी भी स्त्री नहीं है। मेरी एक छोटी लड़की है; उसके लिए एक माँ ढूँढ़ रहा हूँ। तुम माँ बनोगी मुझसे विवाह करोगी? तब मेरे साथ एक साथ घोड़े पर चढ़ने में कोई आपत्ति नहीं।

निर्मल—“कसम खाओ।”

माणिक—"क्या शपथ करूँ?"

निर्मल—"तलवार छूकर शपथ लो कि मुझसे विवाह करोगे।"

माणिकलाल ने तलवार छूकर शपथ ली—"यदि आज के युद्ध में जीता रहूँ तो तुमसे विवाह करूँगा।"

निर्मल ने कहा—"तब चलो, घोड़े पर सवार होऊँ।"

तब माणिकलाल ने बड़ी प्रसन्नता से उसे घोड़े पर चढ़ाकर सावधानी के साथ घोड़े को आगे बढ़ाया।

शायद यह कोर्टशिप पाठकों को अच्छी न लगे। इसके लिए हम क्या करें! प्रेम और प्रेमी की तो बात ही नहीं हुई—बहुत दिन से चलती हुई प्रेम की कोई कहानी थी ही नहीं न यह सब कुछ था—धिक! हे प्राण, प्राणाधिक!"

पाँचवाँ परिच्छेद

फलभोगी राणा

युद्धक्षेत्र के समीप एक एकांत स्थान में निर्मल को उतारकर और उसे वहीं बैठी रहने का उपदेश देकर माणिकलाल, जहाँ राजसिंह के साथ मुबारक का युद्ध हो रहा था, बिलकुल उसी जगह मुबारक के पीछे जा उपस्थित हुआ।

माणिकलाल ने जाने के समय यह यह नहीं देखा था कि वहाँ युद्ध हो रहा है। किन्तु राजसिंह गलियारे में घुसे थे; एकाएक उसे शंका हुई कि मुगल लोग इस गलियारे का मुँह बंद कर राजसिंह को विनष्ट कर सकते हैं। इसलिए वह रूपनगर सैन्य-संग्रह करने आया था। और इसी से वह पहले ही रूपनगर की सेना लेकर इधर आ पहुँचा। आते ही समझ गया कि राजपूतों की साँस बंद है—मरने में अब देर नहीं। तब माणिकलाल ने मुबारक की सेना की ओर उँगली से इशारा कर कहा—"यही सब डाकू हैं! इन्हें मार डालो।"

सिपाहियों में किसी-किसी ने कहा—"यह सब तो मुसलमान हैं।"

माणिकलाल ने कहा—"तो क्या मुसलमान लुटेरे नहीं होते? क्या हिन्दू ही सब दुष्कर्म करने वाले होते हैं? मारो!"

माणिकलाल की आज्ञा से एक बार में एक हजार बन्दूकें दग गईं।

मुबारक ने पलटकर देखा कि कहीं से एक हजार सवार आकर उसके पीके से आक्रमण कर रहे हैं। तब मुगलों ने डरकर फिर युद्ध नहीं किया। जिसे जिधर राह मिली, उधर ही भागा। मुबारक उन्हें संभाल न सका। तब राजपूत लोग "माताजी की जय!" कहकर उनके पीछे लगे।

मुबारक की सेना छिन्न-भिन्न होकर पहाड़ से भागने लगी। रूपनगर की सेना उनका पीछा करती हुई पर्वत पर चढ़ने लगी। मुबारक सेना को लौटाने गए, लेकिन खुद न जाने कहाँ गायब हो गए।

इसी अवसर में माणिकलाल ने आश्चर्य में पड़े राजसिंह के पास उपस्थित होकर उन्हें प्रणाम किया। राणा ने पूछा—"यह कैसा काण्ड है, माणिकलाल ? मेरी समझ में कुछ नहीं आता; तुम कुछ जानते हो?"

माणिकलाल ने हँसकर कहा—"जानता हूँ। जब मैंने देखा कि महाराज गलियारे में उतरे हैं, तभी समझ गया कि सर्वनाश हुआ। प्रभु की रक्षा के लिए मुझे एक नये प्रकार की जालसाजी करनी पड़ी।"

यह कहकर माणिकलाल ने जो कुछ किया था, उसे संक्षेप में महाराणा को कह सुनाया। प्रसन्न होकर राणा ने माणिकलाल का आलिंगन कर कहा—"माणिकलाल! तुम सच्चे प्रभुभक्त हो। तुम ने जो काम किया, उसका पुरस्कार मैं उदयपुर लौटकर दूँगा। किन्तु तुमने हमारी जान बचा दी, नहीं तो आज मैं मुसलमानों को सिखा देता कि राजपूत लोग कैसे मरते हैं।"

माणिकलाल ने कहा—"महाराज, मुगलों को यह शिक्षा देने के लिए महाराज के अनेक सेवक हैं। यह राजकाज में गिना नहीं जाता। अब उदयपुर की राह साफ है। राजधानी छोड़कर पहाड़-पहाड़ फिरना उचित नहीं। अब राजकुमारी को लेकर अपने देश चलिये।"

"मेरे कुछ साथी अब भी उधर के पहाड़ पर हैं उन्हें उतार लाता, राजसिंह ने कहा—चलिए।"

माणिकलाल ने कहा—"मैं उन्हें ले आता हूँ। आप आगे बढ़ें। राह में हम लोग मिलेंगे।" राणा राजी हुए। उन्होंने चंचल-कुमारी के साथ उदयपुर की यात्रा की।

छठवाँ परिच्छेद

स्नेहमयी फूफी

माणिकलाल राणा को विदा कर रूपनगर की सेना के पीछे-पीछे पहाड़ पर चढ़ गए। भागने वाली मुगल सेना उन लोगों द्वारा खदेड़ी गई तब जाकर इधर-उधर भागी। तब माणिकलाल ने रूपनगर के सैनिकों से कहा—"शत्रु भाग गए, अब थाड़ा परिश्रम क्यों नहीं करते हो? काम सिद्ध हो गया, अब रूपनगर लौट जाए!" सैनिकों ने भी देखा कि ऐसा ही है, अब सामने कोई नहीं। माणिकलाल ने जो कारसाजी की, उसे भी ये लोग समझ गए। एकाएक जो गया, उसके लिए कोई उपाय न देख वे सब लूट-पाट में लग गए और इच्छानुसार धन-सम्पत्ति हरण कर प्रसन्न चित्त से हँसते हुए बादशाह की जय-जयकार करते हुए, रण में विजय के गर्व से घर की ओर चल दिए। क्षण भर में पर्वत जनशून्य हो गया केवल मरे और घायल मनुष्य तथा घोड़े रह गए यह देखकर पहाड़ के ऊपर से पत्थर लुढ़काने में जो राजपूत नियुक्त थे, वे उतर आए। कहीं किसी को न देख यह विचारकर कि राणा बाकी लोगों के साथ उदयपुर गए, ये लोग भी उनकी स्रोत्र में बढ़े। राह में राजसिंह से मुलाकात हो गई। सब लोग इकट्ठे होकर उदयपुर की ओर चले।

सब आ गए—"केवल माणिकलाल नहीं है। माणिकलाल निर्मल में पड़ा था। सबको इकट्ठा कर और विदाकर वह निर्मल के पास आ पहुँचा। उसे कुछ खिलाया। गाँव से कहार और पालकी ले आया। पालकी में निर्मल को सवार करा, जिस राह से राणा गए थे, उसे छोड़ दूसरी राह से चला। वह नहीं चाहता था कि माल के साथ पकड़ा जाए।

माणिकलाल निर्मल को लेकर अपनी फूफी के घर आया। उसने फूफी को बुलाकर कहा—"फूफी जी, मैं एक बहु ले आया हूँ।" बहु को देखकर फूफी कुछ दुःखी हुई उसने सोचा कि मैंने लाभ की जो आशा की थी, उसमें बहु बाधा होगी। पर क्या करे, नकद दो अशर्फियाँ मिली थीं; इसलिए बिना खिलाये बहु को निकाल नहीं सकती थी। उसे कहना पड़ा "बहु अच्छी है!"

माणिकलाल ने कहा—"फूफी, अभी बहु के साथ मेरा विवाह हुआ नहीं है।"

तब फूफी समझी कि यह कोई रखेली है। अवसर पाकर उन्होंने कहा—"तब मेरे मकान में।"

माणिकलाल ने कहा—"इसकी चिन्ता क्या है? विवाह हो जाएगा।" निर्मल ने लज्जा से सिर झुका लिया।

फूफी को फिर मौका मिला, उन्होंने कहा—"यह बड़े आनंद की बात है लेकिन विवाह के लिए कुछ खर्च तो चाहिये!" तुम्हारा विवाह न करूँगी तो और किसका करूँगी?

माणिकलाल ने कहा—"इसकी क्या चिन्ता है?"

पाठकों को मालूम हो सकता है कि युद्ध के बाद लूट होती है। माणिकलाल युद्धक्षेत्र से आने के समय मरे हुए मुगल सवारों के वस्त्रों की तलाशी लेकर कुछ संग्रह कर लया था। उसने ठनाठन फूफी के आगे कई अशर्फियाँ फेंक दीं। फूफी प्रसन्नता से उन्हें उठाकर पिटारे में रख विवाह की तैयारी के लिए बाहर निकली। विवाह के लिए फूल, चन्दने और पुरोहित जुटाना था। इसलिए फूफी को पिटारी से अशर्फी निकालने की जरूरत न पड़ी। माणिकलाल को यह लाभ हुआ कि वह यथाशास्त्र निर्मल-कुमारी का स्वामी बना। यह कहने की जरूरत नहीं कि माणिकलाल ने राणा के सैनिकों में विशेष ऊँचा पद पाया और उससे सब जगह सम्मान पाया।

पाँचवाँ खंड

पहला परिच्छेद

शाहजादी से दुखिया अच्छी

पहले ही कहा गया है कि मुबारक रणभूमि में पहाड़ के निचले हिस्से में एकाएक गायब हो गया। गायब होने का कारण यह था कि वह जिस राह में घोड़े पर सवार जा रहा था, उस राह में एक कुआँ था। किसी ने पर्वत पर निवास करने के अभिप्राय से पानी के लिए कुआँ खुदवाया था। इस समय चारों ओर से जंगल ने कुएँ का मुँह ढँक रखा था। मुबारक ने उसे न देखकर उस पर घोड़ा चला दिया और घोड़े समेत उसके भीतर गिरकर गायब हो गया। उसमें पानी नहीं था, किन्तु गिरने की चोट से घोड़ा मर गया। गिरते समय मुबारक होशियार हो गया था, लेकिन उसे अधिक चोट नहीं लगी; किन्तु कुएँ से निकलने को कोई उपाय दिखाई न दिया। शायद कोई आवाज सुनकर निकाले, इसलिए चिल्लाने लगा। किन्तु युद्ध के कोलाहल में उसे कोई आवाज सुनाई नहीं दी। केवल एक बार किसी ने दूर से आवाज दी निकालता हूँ।" इसमें भी सन्देह ही था।

रणक्षेत्र में सन्नाटा होने और युद्ध समाप्त होने पर किसी ने कुएँ के ऊपर से आवाज दी—"जीते हो?"

मुबारक ने कहा—"हाँ, तुम कौन!"

उसने कहा—"मैं चाहे जो हूँ। क्या अधिक चोट आई है?"

"नहीं मामूली।"

"मैंने एक लकड़ी में दो-चार धातियाँ लपेटकर लंबी डोरी के जैसा बना लिया है। बाँधकर मजबूत कर लिया है। उसे कुएँ में लटकाता हूँ। दोनों हाथ से लकड़ी पकड़ो, मैं खीच लूँगा।"

मुबारक ने विस्मय से कहा—"यह तो स्त्री जैसी आवाज है; तुम कौन हो?"

स्त्री ने कहा—"इस आवाज को पहचानते नहीं?"

मुबारक—"पहचानता हूँ। दरिया, यहाँ कहाँ?"

दरिया ने कहा—"तुम्हारे ही लिए। अब खींचती हूँ, पकड़ो!"

यह कहते हुए दरिया ने कपड़े से बँधी लकड़ी को कुएँ के भीतर डाल दिया, तलवार से कुएँ के मुँह पर छाये जंगल को साफ कर दिया। मुबारक ने लकड़ी के दोनों किनारे पकड़ लिये दरिया खींचने लगी। कम जोर नहीं लगा था रुलाई आने लगी। तब दरिया एक वृक्ष की झुकी हुई शाखा पर कपड़े की बँधी रस्सी रखकर स्वयं लेटकर खींचने लगी। मुबारक बाहर निकला। दरिया को देख मुबारक बड़े आश्चर्य में आया। उसने कहा—"यह क्या, यह वेश कैसा?"

दरिया ने कहा—"मैं शाही सवार हूँ।"

मुबारक—"क्यों?"

दरिया—"तुम्हारे ही लिए।"

मुबारक—"क्यों?" इसीलिए दिल्ली से यहाँ आयी हो? क्या इसीलिए तुमने सवार का वेश धारण किया है? यह खूब रहा! तुम जख्मी हुई हो। ऐसा क्यों किया?"

दरिया—"तुम्हारे लिए ही सब किया। नहीं तो तुम बचते? शाहजादी भी ऐसा प्रेम करती है?"

मुबारक ने उदास हो सिर झुकाकर कहा—"शाहजादियाँ प्रेम नहीं करतीं।"

दरिया ने कहा—"हम लोग दुखिया हैं तुम्हें मालूम नहीं।" हम प्रेम करती हैं। अब बैठो, मैंने पालकी ले रखी है। जो पालकियाँ मुगल सेना के साथ थीं. उसे लेकर अभी आती हूँ, तुम्हारे लिए तुम्हें बहुत चोट लगी है, युद्ध से डरकर उनके कहार पालकी लेकर भागे थे। दरिया युद्ध-क्षेत्र में मुबारक को कुएँ में गिरते देख पहले ही पालकी की खोज में गई थी। भागे हुए कहारों का पता लगाकर उसने दो पालकियाँ ठीक कर रखी थीं। इसके बाद वह उन्हें वहीं ले आई। एक में उसने घायल मुबारक को लिटाया और दूसरी में अपने चढ़ी।

उसके बाद मुबारक को लेकर दरिया दिल्ली की ओर चली। पालकी पर चढ़ने के समय मुबारक ने दरिया का मुँह चूमकर कहा—अब कभी तुम्हारा त्याग न करूँगा।"

उपयुक्त स्थान पर पहुँचकर दरिया ने मुबारक की सेवा की। दरिया की चिकित्सा से ही मुबारक ने आरोग्य-लाभ किया।

दिल्ली पहुँचने पर मुबारक दरिया का हाथ पकड़कर अपने घर ले आया। इससे कुछ दिन दोनों बहुत सुखी रहें। इसके बाद इसका जो फल हुआ, वह बहुत भयानक था दरिया के लिए भयानक, मुबारक के लिए भयानक, जेबुन्निसा के लिए भयानक तथा औरंगजेब

के लिए भी भयानक हुआ। इस अपूर्व रहस्य को हम बाद में कहेंगे। अब चंचल-कुमारी के बारे में कुछ कहना जरूरी है।

दूसरा परिच्छेद

राजसिंह का पराभव

यह कहा जा चुका है कि राजसिंह उदयपुर लौट आए। चंचल-कुमारी के उद्धार के लिए युद्ध हुआ, इसलिए चंचल-कुमारी को लाकर उन्होंने महल में बैठाया। किन्तु यह फैसला करना उनके लिए कठिन हुआ कि उन्हें उदयपुर में रहने दें या रूपनगर में उनके पिता के पास पहुँचा दें। वे जब तक इसका फैसला न कर पाए, तब तक उन्होंने चंचल-कुमारी से मुलाकात नहीं की।

इधर चंचल-कुमारी राजा के भाव को देखकर बहुत विस्मित हुई। वह सोचने लगी—भाव को देखकर यह नहीं मालूम हो रहा है कि राजा मुझसे विवाह कर मुझे ग्रहण करेंगे। अगर विवाह न करें, तो उनके अन्तःपुर में क्यों निवास करूँ? जाऊँ भी तो कहाँ।

राजसिंह कुछ भी निर्णय कर नहीं सकने के कारण, कुछ दिन बाद चंचल-कुमारी के मन का भाव जानने के लिए उनके पास उपस्थित हुए। जाने के समय जो पत्र चंचल-कुमारी ने अनंत मिश्र के हाथ भेजा था और जिसे राजसिंह ने माणिकलाल से पाया था, उसे साथ लेते गए।

राणा के आसन ग्रहण करने पर चंचल-कुमारी उन्हें प्रणाम कर सरल और विनीत भाव से एक किनारे खड़ी रहीं। उनकी लोकमनोमोहिनी मूर्ति देखकर राजा कुछ मुग्ध हुए। किन्तु उसी समय मोह को रखकर उन्होंने कहा—"राजकुमारी! अब तुम्हारी क्या इच्छा है, यह जानने के लिए मैं आया हूँ। तुम्हें अपने पिता के घर जाने की इच्छा है या यहाँ रहने की?"

यह सुनकर चंचल-कुमारी का हृदय मानो टूट गया। वह कुछ बोल न सकी, चुप रही।

तब राणा ने चंचल-कुमारी का पत्र निकालकर उसे दिखाया। पूछा—"यह तुम्हारा ही पत्र है?"

चंचल ने कहा—"जी हाँ!"

राणा—"किन्तु सारे पत्र में एक हाथ की लिखावट नहीं है, दो हाथों का लिखा दिखाई देता है। तुम्हारे अपने हाथ का लिखा कौन-सा अंश है?"

चंचल—"पहला हिस्सा मेरे हाथ का लिखा है।"

राणा—"तब अंतिम हिस्सा दूसरे का लिखा है?"

पाठकों को याद होगा कि आखिरी हिस्से में ही विवाह का प्रस्ताव था। चंचल-कुमारी ने जवाब दिया—"वह मेरे हाथ की लिखावट नहीं है।"

राजसिंह ने पूछा—"किन्तु तुम्हारी राय से ही लिखा गया था?

यह प्रश्न बहुत ही निर्दय था। किन्तु चंचल-कुमारी ने अपने उन्नत स्वभाव के उपयुक्त उत्तर दिया। कहा—"महाराज! क्षत्रिय लोग विवाह के लिए ही कन्या हरण करते हैं और किसी कारण से कन्या-हरण महापाप है। मैं महापाप करने के लिए आपसे अनुरोध क्यों करती!"

राणा—"मैंने तुम्हारा हरण नहीं किया है; तुम्हारी जाति और कुल की रक्षा के लिए मुसलमान के हाथ से तुम्हारा उद्धार किया है। अब तुम्हें तुम्हारे पिता के पास पहुँचवा देना ही राजधर्म है।"

चंचल-कुमारी कुछ ही बातचीत से युवती-सुलभ लज्जा के वश हो रही थी। अब उन्होंने सिर उठाकर राजसिंह की ओर देखकर कहा—"महाराज! अपने राजधर्म को आप जानते हैं और मैं भी अपने धर्म को जानती हूँ। मैं जानती हूँ कि जब मैंने अपने को आपके चरणों में समर्पित किया है, तब मैं धर्मत: आपकी रानी हूँ। आप मुझे ग्रहण करें, धर्मत: मैं किसी अन्य को वरण कर नहीं सकती। धर्मत: आप मेरे पति है, तब आपकी आज्ञा ही मुझे शिरोधार्य है; अगर आप रूपनगर लौट जाने को कहेंगे, तो मैं अवश्य ही जाऊँगी। वहाँ जाने पर पिता मुझे फिर बादशाह के पास भेजने को बाध्य होंगे, क्योंकि मेरी रक्षा करने की उनमें सामर्थ्य नहीं। अगर आपकी यही इच्छा थी तो रणक्षेत्र में जब मैंने कहा था कि महाराज, मैं दिल्ली जाऊँगी तब आपने क्यों जाने नहीं दिया?"

राजसिंह—"वह मैंने अपनी प्राण-रक्षा के लिए किया था।"

चचल—"तब जिसने आपकी शरण ली है, उसे अब दिल्ली जाने देंगे?"

राजसिंह—"यह भी नहीं हो सकता। तब तुम यहाँ ही रहो!"

चंचल—"क्या अतिथि के रूप में रहूँ या दासी होकर? रूपनगर की राजकन्या यहाँ सिवा रानी के और किसी रूप में रह नहीं सकती।

राजसिंह—"तुम्हारी जैसी लोक-मनमोहिनी सुन्दरी जिस राजा की रानी होगी, उसे सभी भाग्यवान कहेंगे। तुम्हारे इतनी अद्वितीय रूपवती होने के कारण ही मैं तुम्हें राजरानी बनाने में संकुचित होता हूँ। सुना है, शास्त्र में लिखा है कि रुपवती भार्या शत्रु के समान होती है—

"ऋणकर्ता पिता शत्रु,
माता च व्यभिचारिणी।
भार्या रूपवती शत्रु:
पुत्रःशत्रुपण्डितः।।"

चंचल-कुमारी ने हँसकर कुछ कहा—"मुझे बालिका की वाचालता के लिए क्षमा कीजियेगा क्या उदयपुर की सभी राज-रानियाँ कुरूपा है?"

राजसिंह ने कहा—"तुम्हारे जैसी सुरूपा कोई नहीं।"

चंचल-कुमारी ने कहा—"मेरा विनीत निवेदन है कि यह बात रानियों के सामने न कहियेगा। यह महाराणा राजसिंह के लिए भी डर का कारण हो सकता है!"

राजसिंह जोर से हँस पड़े। चंचल-कुमारी अब तक खड़ी थीं अब डटकर बैठ गई; उन्होंने मन ही मन कहा—"अब यह मेरे आगे महाराणा नहीं, मेरे पति हैं!"

आसन ग्रहण कर राजकुमारी ने कहा—"महाराज, बिना आज्ञा मैंने महाराज के सामने आसन ग्रहण किया, यह अपराध आपको क्षमा करना चाहिये क्योंकि मैं आपके सामने ज्ञान प्राप्त करने के लिए बैठी हूँ और शिष्य को आसन का अधिकार होता है। महाराज, मैं अभी तक समझ न सकी कि रूपवतीभार्या शत्रु कैसे होती हो सकती है?"

राजसिंह—"यह तो सहज ही समझाया जा सकता है। भार्या के रूपवती होने से उसके लिए झगड़ा-लड़ाई खड़ा होता है। यही देखो, तुम अब तक मेरी भार्या नहीं हुई हो। तब भी तुम्हारे लिए औरंगजेब से मेरा झगड़ा शुरू हो गया है। हमारे वंश की महारानी पद्मिनी की बात सुनी है?"

चंचल—"क्या सुन्दरी रानी न होने से राजा लोग कभी झगड़े से बच सकते हैं? फिर मुझ अधर्म के लिए महाराज क्यों ऐसी बात उठाते हैं? मैं सुरुपा होऊँ या कुरूपा, मेरे लिए जो झगड़ा होना चाहिये, वह तो हो चुका है।"

राजसिंह—"और भी बातें हैं। रूपवती भार्या पर पुरुष बहुत आसक्त होता है। यह राजा के लिए बहुत ही निन्दनीय है क्योंकि उससे राज-काज में बाधा पड़ती है।"

चंचल—"राजा लोग कई सौ रानियों से घिरे रहने पर भी राज-काज से मन नहीं हटाते, तो बड़ी ही अश्रद्धा की बात है कि मेरे जैसी बालिका के प्रणय में महाराणा राजसिंह को राज-काज से विराग होना पड़ेगा।"

राजसिंह—"यह बात उतनी अश्रद्धेय नहीं। शास्त्र में उल्लेख है कि—"वृद्धस्य तरुणी विषम्।"

चंचल—"क्या महाराज वृद्ध है?"

राजसिंह—"तो युवक भी तो नहीं!

चंचल—"जिसके बाहु में बल है, राजपूत कन्या के लिए वही युवा है। दुर्बल युवक को भी राजपूत कन्याएँ वृद्धों में गिनती हैं।"

राजसिंह—"मैं रूपवान भी तो नहीं हूँ।"

चंचल—"कीर्ति ही राजाओं का रूप है।"

राजसिंह—"रूपवान, बलवान युवक राजपूतों का अभाव नहीं है।"

चंचल—"आपको मैंने आत्मसमर्पण किया है। अब दूसरे की पत्नी होने से द्विचारिणी हो जाऊँगी। मैं बहुत ही निर्लज्ज जैसी बातें कर रही हूँ। किन्तु याद कीजिए, दुष्यन्त के द्वारा परित्याग करने पर शकुन्तला लज्जा का त्याग करने को

बाध्य हुई थी। मेरी लाज की भी प्राय: वही दशा है। आपके परित्याग करने पर मैं राज समुन्दर (राजसिंह के बनवाये तालाब) में डूब मरूँगी।"

राजसिंह ने वाग्युद्ध में इस प्रकार पराभव प्राप्त कर कहा—"मेरे लायक रानी तुम्हीं हो, किन्तु तुमने विपद् में पड़कर मुझे पति वरण किया था। अब मेरे हाथ से उद्धार पाना चाहती हो या नहीं, अथवा मेरी इस उम्र में तुम मुझ पर अनुराग रख सकोगी या नहीं—मेरे मन में संशय था। वह सब संशय मात्र था और आज की बातचीत से वह सब दूर हो गया। अब तुम मेरी रानी होगी। फिर भी मैं एक बात की अपेक्षा करूँगा। क्या इसमें तुम्हारे पिता की भी राय होगी? उनकी राय न होने से मैं विवाह नहीं करना चाहता। इसका कारण है। यद्यपि तुम्हारे पिता का छोटा-सा राज्य है और उनकी सेना भी थोड़ी है; किन्तु विक्रम सोलंकी एक वीर पुरुष हैं और योग्य सेनानायक के नाम से प्रसिद्ध हैं। मुगलों से तो मेरा युद्ध होगा ही। युद्ध होने पर उनकी सहायता मेरे लिए मंगलजनक होगी। बिना उनकी अनुमति के विवाह करने पर वे कभी मेरे सहायक न होंगे बल्कि उनकी राय से विवाह न करने पर वे मुगलों के सहायक और मेरे शत्रु हो सकते हैं। मैं यह नहीं चाहता, इसलिए मेरी इच्छा है कि मैं उनको पत्र लिखकर उनकी सम्मति लेकर ही विवाह करूँ। क्या वे राजी होंगे?"

चंचल—"राजी न होने का कोई कारण दिखाई नहीं देता! मेरी भी इच्छा है कि माता-पिता का आशीर्वाद लेकर ही आपकी चरणसेवा का व्रत ग्रहण करूँ। मेरी भी इच्छा है कि उनके पास आदमी भेजूँ।"

तब राजसिंह ने एक सविनय पत्र लिखकर विक्रम सोलंकी के पास दूत के हाथों भेजा। चंचल-कुमारी ने भी माता के आशीर्वाद की कामना से एक पत्र लिखा!

तीसरा परिच्छेद

आग लगाने का प्रयोजन

रूपनगर के अधिपति का उत्तर उपयुक्त समय पर पहुँचा। उत्तर भयानक था। उसका मर्म इस प्रकार था; अर्थात राजसिंह को लिखा था—"आप राजपूताने में सबसे प्रधान हैं—राजपूताने के मुकुट स्वरूप है। पर इस समय आप राजपूतों का नाम कलंकित करने को तैयार हैं—आपने जबर्दस्ती मेरा अपमान कर मेरी कन्या का हरण किया है। मेरी कन्या पृथ्वीश्वरी होती; आपने उसमें झगड़ा खड़ा कर दिया है। मेरा भी कर्तव्य है कि मैं आपसे शत्रुता करूँ। बिना मेरी मर्जी के आप मेरी कन्या का पाणिग्रहण नहीं कर सकते।

आप कह सकते हैं कि पहले क्षत्रिय लोग कन्या-हरण करके विवाह करते थे। भीष्म, अर्जुन और स्वयं श्रीकृष्ण ने कन्या-हरण किया था। किन्तु आप में वह बलवीर्य है कहाँ? अगर आपके बाहु में बल है, तब हिन्दुस्तान में मुगल बादशाह क्यों हैं? श्रृंगाल होकर सिंह की चाल चलना उचित नहीं। मैं भी राजपूत हूँ, जानता हूँ कि मुसलमान को कन्यादान करने से मेरा गौरव बढ़ेगा नहीं; किन्तु न देने से मुगल रूपनगर के पहाड़ों का एक पत्थर भी बाकी न छोड़ेंगे। यदि मैं आत्मरक्षा कर सकता या यह जानता कि कोई मेरी रक्षा करेगा, तो क्या मैं इस पर राजी हो जाता? जब समझ लूँगा कि आप में वह क्षमता है, तब हो सकता है कि आपको कन्यादान करूँ।

"यह सही है कि पहले क्षत्रिय राजकन्या हरण करके विवाह करते थे। किन्तु इस तरह चतुरता से धोखा नहीं देते थे। आपने मेरे पास आदमी भेजकर झूठी बात बताकर मेरी ही सेना ले जाकर मेरी कन्या का हरण किया—नहीं तो आप में सामर्थ्य नहीं थी। इसी से आपने जो मेरा अनिष्ट किया है, उसे विचारकर देखिए! मुगल बादशाह समझेंगे कि जब मेरी ही सेना ने युद्ध किया है, तब मेरे ही कुचक्र से कन्या भी हरण की गई है। इसलिए निश्चय ही वह पहले रूपनगर का ध्वंस कर तब आपको दण्ड देंगे। मैं भी युद्ध करना जानता हूँ, किन्तु मुगलों की लाख-लाख फौज के आगे किसकी मजाल है जो आगे बढ़े? इसी से प्राय: सभी राजपूत उनके कदमबोस हैं मैं तो सामन्य हूँ।

"नहीं जानता कि उनके आगे सत्य कहकर छुटकारा होगा या नहीं। किन्तु यदि आप मेरी कन्या से विवाह करेंगे और उन्हें कन्या देने की कोई राह न रहेगी, तो मेरे या मेरी कन्या के छुटकारे का कोई उपाय न रहेगा।

"आप मेरी कन्या से विवाह नहीं करेंगे। ऐसा करने से आपको मेरा अभिशाप लगेगा। मैं श्राप देता हूँ कि ऐसा करने से मेरी कन्या विधवा, सहगमन से वंचिता, मृतपुत्रा और चिरदु:खिनी होगी और आपकी राजधानी श्रृंगाल और कुत्तों की निवास-भूमि बनेगी!"

विक्रम सोलंकी ने इस भीषण अभिशाप के बाद नीचे और एक पंक्ति लिख दी थी—"यदि आपको कभी उपर्युक्त बात समझने का कारण दिखाई देगा, तो मैं इच्छापूर्वक आपको कन्यादान करूँगा।"

चंचल-कुमारी की माता ने पत्र का कोई जवाब नहीं दिया। उनके पिता के पत्र को राजसिंह ने पढ़कर चंचल-कुमारी को सुनाया। चंचल-कुमारी को चारों ओर अँधेरा दिखाई देने लगा।

चंचल-कुमारी को बहुत देर से चुप बैठी देखकर राणा ने पूछा—"अब क्या करोगी? विवाह करना ठीक है या नहीं?"

चंचल-कुमारी ने आँख से एक बूँद, केवल एक बूँद आँसू पोंछकर कहा—"पिता के अभिशाप को सिर पर लेकर कौन कन्या विवाह करने का साहस करेगी!"

राणा—"तब यदि पिता के घर लौट जाने की इच्छा हो तो मैं भेज सकता हूँ।"

चंचल—"यही करना पड़ेगा! किन्तु जैसे पिता के घर जाना, वैसे ही दिल्ली जाना बराबर है; इसकी अपेक्षा जहर खा लेना अच्छा है।"

राणा—"मेरी एक सलाह सुनो तुम्हीं मेरे योग्य महारानी हो, मैं एकाएक तुम्हें त्यागना नहीं चाहता; किन्तु तुम्हारे पिता के आशीर्वाद बिना तुमसे विवाह भी नहीं कर सकता। उस आशीर्वाद का भरोसा मैं बिलकुल ही छोड़ नहीं रहा हूँ। मुगलों के साथ युद्ध निश्चित है। एकलिंग (राणाओं के कुलदेवता, शिव) मेरे सहायक हैं। मैं इस युद्ध में या तो मरूँगा या मुगलों को पराजित करूँगा।"

चंचल—"मुझे पूरा विश्वास है कि मुगल आपसे पराजित होंगे!"

राणा—"यह काम बहुत ही कठिन है। यदि सफल हुआ तो निश्चय ही तुम्हारे पिता से आशीर्वाद लूँगा।"

चंचल—"तब तक?"

राणा—"तब तक तुम मेरे अन्तःपुर में रहो। महारानियों की तरह तुम्हारा अलग महल होगा। महारानियों की तरह तुम्हारे लिए भी दास-दासियों की सेवा का बन्दोबस्त करवा दूँगा। मैं प्रचार कर दूँगा कि शीघ्र ही तुम मेरी महारानी बनोगी और यही समझकर सब लोग

तुम्हें रानियों की भाँति ही महारानी कहकर बुलायेंगे। केवल जब तक तुम्हारे साथ मेरा यह यथाशास्त्र विवाह नहीं होता, तब तक मैं मुलाकात न करूँगा। क्या कहती हो?"

चंचल-कुमारी ने विचारकर देखा कि इस समय इससे अच्छी और कोई व्यवस्था नहीं हो सकती। लाचार चंचल राजी हो गई। राजसिंह ने भी वैसा ही बन्दोबस्त किया, जैसा वचन दिया था।

चौथा परिच्छेद

और भी आग लगाने का प्रयोजन

निर्मल ने माणिकलाल से सुना कि चंचल-कुमारी महारानी हो गई है। किन्तु कब विवाह हुआ, विवाह हुआ है या नहीं—यह माणिकलाल कुछ भी कह न सका। तब निर्मल स्वयं चंचल-कुमारी को देखने गई।

निर्मल को बहुत दिन के बाद देखकर चंचल-कुमारी बहुत खुश हुई। उस दिन उन्होंने निर्मल को जाने न दिया। रूपनगर छोड़ने के बाद जो-जो हुआ था, उसे एक-दूसरे ने विस्तार के साथ कहा। निर्मल का सुख सुन चंचल-कुमारी प्रसन्न हुई। खुश क्योंकि माणिकलाल ने राणा से बहुत पुरस्कार पाया था और उसके पास बहुत रुपये हो गए हैं। इसके अतिरिक्त माणिकलाल ने राणा की कृपा से उनकी सेना में बहुत ऊँचा पद पाया है और राजसम्मान से गौरवान्वित भी हुआ है। निर्मल के पास ऊँचा महल, धन-दौलत, दास-दासी सब हैं, और माणिकलाल भी निर्मल का खरीदा हुआ गुलाम हो गया। एक प्रकार से निर्मल चंचल-कुमारी का दुःख सुनकर बहुत ही मर्माहत हुई। उधर चंचल-कुमारी के माता-पिता और राजसिंह पर निर्मल बहुत नाराज हुई। चंचल-कुमारी को उसने महारानी कहकर पुकारना मंजूर नहीं किया। उसने यह प्रतिज्ञा की कि महाराणा से मुलाकात होने पर वह उन्हें दो—एक बातें सुनाये बिना न रहेगी। चंचल-कुमारी ने कहा—"यह सब बातें अभी रहने दो! मेरे साथ मेरी जान-पहचान का कोई आदमी नहीं—कोई भी अपना नहीं। ऐसी हालात में यहाँ रह नहीं सकती। यदि भगवान् ने तुम्हें मिलाया है तो मैं अब तुम्हें न छोड़ूगी तुम्हें मेरे पास रहना होगा!"

यह सुनकर पहले तो निर्मल को लगा कि उसकी छाती पर पहाड़ टूट पड़ा, अभी हाल में उसने पति पाया है—नया प्रेम, नया सुख, यह सब छोड़कर फिर क्या चंचल-

कुमारी के साथ रहा जा सकता है? निर्मल-कुमारी एकाएक राजी न हो सकी; किन्तु उसने झूठा बहाना भी नहीं किया और असल बात खोलकर कह भी न सकी। उसने कहा—"बाद में कहूँगी।"

चंचल-कुमारी की आँखों में आँसू आ गए। उसने मन में कहा—"निर्मल ने भी मुझे छोड़ दिया। हे भगवान्! तुम मुझे न त्याग देना।" इसके बाद चंचल-कुमारी ने कुछ हँसकर कहा—"निर्मल, तुम मेरे लिए अकेली पैदल रूपनगर से चलकर आने के लिए मरने बैठी थी, और आज! आज तुमने पति पाया है।"

निर्मल ने सिर झुका लिया। उसने अपने को सैकड़ों बार धिक्कारा। उसने कहा—"जिसे पति बनाया है, उससे जरा पूछना भी चाहिये, एक लड़की मेरे गले पड़ी है, उसकी भी कोई व्यवस्था करनी होगी।"

चंचल—"चाहो तो लड़की को यहीं लेती आतओ।"

निर्मल—"उस चेचे-पेपे करने की यहाँ जरूरत नहीं। एक फूफी है उसी को बुलाकर घर में बैठा आऊँगी।"

इन सब सलाहों के बाद निर्मल वहाँ से विदा हुई। घर आकर उसने माणिकलाल से सब हाल कहा। माणिकलाल को भी निर्मल को विदा करते कष्ट जान पड़ा। किन्तु वह बहुत ही प्रभुभक्त था, इसलिए अस्वीकार नहीं किया। फूफी ने आकर कन्या को संभाला।

पाँचवाँ परिच्छेद

इसकी आवश्यकता?

निर्मल पालकी पर सवार होकर दास-दासियों के साथ राणा के अंत:पुर की ओर चली। रास्ते में बड़ा चौक है। चौक के एक मकान में लोगों की बड़ी भीड़ लगी थी। निर्मल की पालकी पर बहुमूल्य वस्त्र का ओहार पड़ा था। किन्तु लोगों के कोलाहल से कौतूहलवश उसने ओहार उठाकर देखा। एक परिचारिका को इशारे से बुलाकर पूछा "यह क्या है?" उसने सुना कि एक विख्यात ज्योतिषी इस मकान में रहते हैं। हजारों आदमी नित्य उनके यहाँ गणना कराने आते हैं। जो लोग गणना कराने आते हैं, उनकी ही यह भीड़ है। निर्मल ने और भी सुना कि ये लोगों के सब प्रकार के प्रश्न बता सकते हैं

और जिसे जो बताया है, वह ठीक उत्तरा है। तब निर्मल ने वासियूँ से कहा—"साथ के सिपाहियों से कहो कि सब लोगों को हटा दें। मैं भीतर जाकर गणना कराऊँगी किन्तु मेरा परिचय देने की आवश्यकता नहीं।"

सिपाहियों की बल्लम की नोक से सब लोट हट गए। निर्मल की पालकी ज्योतिषी के घर में गई। जो गणना करा रहे थे, उनके उठ जाने पर निर्मल प्रश्नकर्ता के आसन पर बैठी। उसने ज्योतिषी को प्रणाम कर कुछ अग्रिम दक्षिणा भेंट की। ज्योतिषी ने पूछा—"माँ जी, आप क्या पूछना चाहती हैं?"

निर्मल ने कहा—"मैं जो पूछना चाहती हूँ, उसे आप गणना करके बताएँ।"

ज्योतिषी—"प्रश्न? अच्छा, कहो!"

निर्मल ने कहा—"मेरी एक प्रिय सखी है।"

ज्योतिषी ने कुछ लिखा, फिर पूछा—"इसके बाद?"

निर्मल ने कहा—"वह अविवाहित है।"

ज्योतिषी ने फिर लिखा और कहा—"इसके बाद?"

निर्मल—"उनका विवाह कब होगा?"

ज्योतिषी ने फिर लिखा। इसके बाद हिसाब करने लगा। लग्नसारिणी देखी, शंकूपट्ट देखा। फिर निर्मल से कई प्रश्न किये और बहुतेरे अंक लिखे। कई किताबें खोलकर देखीं। अंत में निर्मल की ओर देखकर उसने सिर हिलाया।

निर्मल ने पूछा—"विवाह न होगा?"

ज्योतिषी—"प्राय: ऐसा ही उत्तर शास्त्र में लिखा है!"

निर्मल—"प्राय: क्यों?"

ज्योतिषी—"अगर ससागरा पृथ्वीपति की महिषी आकर कभी तुम्हारी सखी की सेवा करें, तब *विवाह होगा, नहीं तो न होगा। इसे असम्भव समझकर ही कहता है कि विवाह न होगा।"

"असम्भव है!" कहकर निर्मल ने ज्योतिषी को और भी कुछ दिया और चली गई।

छठवाँ परिच्छेद

आग लगाने का प्रस्ताव

चंचल-कुमारी के हरण से भारतवर्ष में जो आग लगी, उससे मुगल साम्राज्य या राजपूताना ध्वंस हो जाता। केवल महाराणा राजसिंह के दया-दाक्षिण्य के कारण इतना हो नहीं सका। इस आश्चर्यजनक घटना की परम्परा का वर्णन करना उपन्यास ग्रन्थ का उद्देश्य नहीं हो सकता, फिर भी कुछ न कहने से इस ग्रन्थ का परिशिष्ट समझ में नहीं आएगा।

रूपनगर की राजकुमारी के हरण का समाचार दिल्ली में आ पहुँचा। दिल्ली में बड़ा शोर मचा। बादशाह ने क्रोध से अपनी सेना के अधिकारियों में किसी को पदच्युत, किसी को कैद किया और किसी को मरवा डाला। किन्तु जो लोग प्रधान अपराधी थे चंचल-कुमारी और राजसिंह उन्हें इतनी जल्दी दण्डित करना शक्ति से बाहर था। यद्यपि मेवाड़ छोटा राज्य है, तथापि बहुत दुर्गम स्थान है। चारों ओर से अलंघनीय पर्वतमाला की प्राचीर है। राजपूतों में सभी वीर पुरुष हैं औ राजसिंह हिन्दू-वीर चूड़ामणि हैं। ऐसी हाल में राजपूत क्या कर सकते हैं, इसे प्रतापसिंह ने अकबर को ही सिखाया था दुनिया के बादशाह को घूंसे खाकर कुछ दिन तक घूसे की मार को छिपाना ही पड़ा था।

किन्तु औरंगजेब किसी का घमंड बर्दाश्त करने वाला नहीं था। हिन्दू के अनिष्ट के लिए ही उसका जन्म हुआ, हिन्दुओं का अपराध उसके लिए असहनीय था। एक तो हिन्दू मरहठों ने बराबर उसका अपमान किया। मराठे विशेष कुछ कर नहीं सके राजपूत भी एकाएक कुछ कर नहीं पाए फिर भी विष डालना ही होगा। इसलिए उसने राजसिंह के अपराध पर समस्त हिन्दू जाति को सताने की इच्छा की।

हम लोग आजकल इनकमटेक्स को असह्य समझते हैं, उससे अधिक असह्य एक टेक्स मुसलमानों के अमल में था इससे अधिक असह्, क्योंकि यह टेक्स मुसलमानों को नहीं देना पड़ता था, केवल हिन्दुओं को ही देना पड़ता था। इसका नाम 'जजिया' था। परम राजनीतिज्ञ बादशाह अकबर ने इसकी खराबियाँ समझकर इसे उठा दिया था। तब से यह बंद था। अब हिन्दू-द्वेषी औरंगजेब ने इसे फिर स्थापित कर हिन्दुओं की यन्त्रणा को बढ़ाना शुरू कर दिया था।

जजिया को फिर से जारी करने की बादशाह ने आज्ञा दी। जब बहुत ज्यादती हो गई, तो हिन्दुओं ने डरभीत, अत्याचारग्रस्त और पीड़ित हो हाथ जोड़कर हजार हजार बार बादशाह से क्षमा-भिक्षा माँगी; किन्तु औरंगजेब के पास क्षमा थी ही नहीं। शुक्रवार को जब बादशाह मस्जिद में ईश्वर की याद करने गया, तब एक लाख हिन्दू एकत्र होकर उसके सामने रोने लगे। दुनिया के बादशाह ने दूसरे हिरण्यकशिपु की तरह आज्ञा दी हाथियों के पैर के नीचे इन्हें कुचलवा दो। इतनी बड़ी भीड़ हाथी के पैर के नीचे कुचले जाने पर हटी।

औरंगजेब के अधीन भारतवर्ष में जजिया लग गया। ब्रह्मपुत्र से सिन्धु के किनार तक हिन्दुओं की देवमूर्तियाँ तोड़ी गई। बहुत पुराने गगनस्पर्शी देवमन्दिर टूटने और विलुप्त होने लगे, उनकी जगह मुसलमानों की मस्जिदें बनने लगीं। काशी में विश्वेश्वर मन्दिर टूटा, मथुरा में केशव का मन्दिर गया बंगाल में बंगालियों की जो कुछ स्थापित कीर्ति थी, वह सदा के लिए अंतर्हित हो गई।

औरंगजेब ने आज्ञा दी कि राजपूतान के राजपूत लोग भी जजिया दें। राजपूताने की प्रजा पर हिन्दू होने के कारण यह दण्डाज्ञा लागू हुई। पहले तो राजपूतों ने अस्वीकार किया किन्तु उदयपुर के अतिरिक्त सारा राजपूताना पतवार-विहीन नौका की तरह चंचल था। जयपुर के जयसिंह जिनका बाहुबल मुगल-साम्राज्य का प्रधान अवलम्ब था इस समय मर चुके थे। विश्वासघाती, भाई के हत्यारे औरंगजेब के कौशल से विष देकर उनकी मृत्यु हुई थी। उनके युवक पुत्र केंद्र हुए इसलिए जयपुर ने जजिया नहीं दिया।

जोधपुर के यशवन्तसिंह भी अब इस लाक में नहीं थे। इस समय उनकी रानी प्रतिनिधि है। स्त्री होकर भी उन्होंने बादशाह के कर्मचारियों को निकाल बाहर किया। औरंगजेब उनके विरुद्ध युद्ध करने को तैयार हुआ। स्त्री ही तो ठहरी, युद्ध की धमकी से डरभीत हुई। रानी ने जजिया तो नहीं दिया, किन्तु उसके बदले राज्य का कुछ अंश छोड़ दिया।

राजसिंह ने जजिया नहीं दिया, किसी तरह भी नहीं दिया उन्होंने इसके लिए सर्वस्व की बाजी लगा दी। उन्होंने जजिया के बारे में औरंगजेब को एक पत्र लिखा। राजपूताने के इतिहास लेखक ने इस पत्र के बारे में लिखा हे—

"The Kana remonstrated by letter, in the name of the nation of which he was the head, in a style of such uncompromising dignity, such lofty yet temperate resolve, so much of soul—starring rebuke mingled with a boundless and tolerating benevolence, such elevating excess of the Divinity with such pure philanthropy, that it may challenge competition with any epistolary production of any age, elime or condition, (Tod's Rajasthan Vol. I. Page 381) इस पत्र ने बादशाह की क्रोधाग्नि में घृत की आहुति दी।

बादशाह ने राजसिंह पर हुक्म जारी किया कि जजिया देना ही पड़ेगा, इसके अलावा राज्य में गोहत्या करने देनी होगी और सब मन्दिर तोड़ देने पड़ेंगे। राजसिंह युद्ध की तैयारी करने लगे।

औरंगजेब भी युद्ध की तैयारी करने लगा और ऐसे भयानक युद्ध का आयोजन किया, जो अभी तक नहीं किया था। चीन के साम्राज्य या फारस के राजा के प्रतिद्वन्द्वी होने पर भी वैसी तैयारी न होती, जैसी इस छोटे-से राज्य के विरुद्ध की गई। आधे एशिया के अधिपति जरेसेस ने जैसे छोटे-से ग्रीस राज्य को जीतने के लिए तैयारी की थी, सत्रहवीं शताब्दी के जरेसेस ने छोटे राजा राजसिंह को पराजित करने के लिए वैसी ही तैयारी की। यह दोनों घटनाएँ आपस में तुलना करने योग्य हैं, इसके लिए अन्य कोई तुलना नहीं। हम लोग ग्रीस के इतिहास को रटकर मरते हैं, किन्तु राजसिंह के इतिहास के बारे में कुछ जानते ही नहीं यह आधुनिक शिक्षा का फल है!

छठवाँ खंड

पहला परिच्छेद

अग्नि का उत्पादन

राजसिंह ने औरंगजेब को तो तीव्रघाती पत्र लिखा था। उसके बाद से यह अग्नि-उत्पादन खंड आरंभ करना पड़ेगा। इसके विचार में कठिनाई हुई कि इस पत्र को औरंगजेब के पास कौन ले जाए; क्योंकि यद्यपि वृत्त अवध्य होता है। तथापि पाप से कुण्ठित न होने वाले औरंगजेब ने अनेक दूतों का वध करा दिया था, यह प्रसिद्ध है। अतएव राजसिंह ऐसे आदमी को भेजना नहीं चाहते थे, जिसके प्राण को शंका हो; वह ऐसा चतुर हो जो अपने प्राण स्वयं बचा सके। तब माणिकलाल ने आकर प्रार्थना की कि मुझे इस काम में नियुक्त किया जाए। राजसिंह ने उपयुक्त पात्र पाकर उसे ही इस काम में नियुक्त किया।

यह समाचार सुनकर चंचल-कुमारी ने निर्मल-कुमारी को बुलवाया और कहा—"तुम भी अपने पति के साथ क्यों नहीं जाती?"

निर्मल ने आश्चर्य होकर कहा—"कहाँ जाऊँ? दिल्ली! क्यों?"

चंचल—"जरा बादशाह के रंगमहल की हवा खा आओ!"

निर्मल—"मैं सुन चुकी हूँ कि वह नरक है।"

चंचल—"क्या, नरक? तुम्हें क्या वहाँ कभी जाना न पड़ेगा? तुम बेचारे गरीब माणिकलाल घर अत्याचार करती हो, उस नरक से तुम्हारा छुटकारा नहीं!"

निर्मल—"तब उसने खूबसूरत देखकर क्यों विवाह किया था?"

चंचल—"पेड़ के नीचे पड़ी मरते देखकर शायद उसने विचार कर लिया हो!"

निर्मल—"मैं तो उसे बुलाने गई नहीं!,अब यह बताओ कि उस भूत के बोझ को ढोकर मैं दिल्ली जाकर क्या करूँगी?"

चंचल—"उदयपुरी बेगम को निमन्त्रण-पत्र दे आना।"

निर्मल—"काहे का?"

चंचल—"तम्बाकू भरने का।"

निर्मल—"ठीक है, यह बात याद नहीं थी। पृथ्वीश्वरी के सेवा करने से तुम्हें भी भूत का ओझा न मिलेगा!"

चंचल—"भाग पापिष्ठा! इस समय मैं स्वयं ही भूत के लिए बोझ हूँ। या तो बादशाह की बेगम मेरी दासी होगी, या मुझे विष खाना पड़ेगा। ज्योतिषी की गणना ऐसी ही है।"

निर्मल—"तो क्या चिट्ठी से निमन्त्रण भेजने से ही बेगम चली आएगी?"

चंचल—"नहीं, मेरा उद्देश्य झगड़ा लगाना है। मेरा विश्वास है कि झगड़ा लगाने में ही महाराणा की विजय होगी और बेगम मेरी बांदी होगी। दूसरा उद्देश्य यह है कि तुम बेगमों को पहचान आओगी।

निर्मल—"तब तो बता दो कि यह काम कैसे करूँगी?"

चंचल—"मैं बताती हूँ। तुम तो जानती ही हो कि जोधपुरी बाई का पंजा मेरे पास है। उस पंजे को तुम ले जाओ। उसके बल से तुम रंगमहल में प्रवेश कर सकोगी और उसके बल से तुम जोधपुरी से मुलाकात भी कर सकोगी? उनसे सब हाल कहना। मैं उदयपुरी के नाम जो पत्र देती हूँ, उसे उन्हें दिखाना। वह उस पत्र को किसी प्रकार उदयपुरी के पास भेज देंगी। जहाँ तुम्हारी अपनी बुद्धि काम न करे, वहाँ अपने पति से कुछ बुद्धि उधार ले लेना।"

निर्मल—"ऊँह मेरी ही बुद्धि से तो उसका संसार चलता है।"

हँसती हुई निर्मल पत्र लेकर चली गई और ठीक समय पर पति के साथ, योग्य मनुष्यों के संग दिल्ली जाने का उपाय करने लगी।

दूसरा परिच्छेद

अरणिकाष्ठ-पुरुरवा

उद्योग माणिकलाल का ही अधिक है, इसका एक नमूना उसने निर्मल-कुमारी को दिखाया। निर्मल ने आश्चर्य के साथ देखा कि उसकी कटी उँगली की जगह नई उँगली लगी हुई है। उसने माणिकलाल से पूछा—"यह कैसे?"

माणिकलाल ने कहा—"बनवायी है।"

निर्मल—"किस चीज से?"

माणिक—"हाथी-दाँत से। इसके पुर्जे बेमालूम लगे हुए हैं, उस पर बकरे का पतला चमड़ा मढ़कर अपने शरीर जैसा रंग किया है। इच्छानुसार निकाल और लगा सकता हूँ।"

निर्मल—"इसकी क्या जरूरत है?"

माणिक—"इसका मतलब दिल्ली में समझ सकोगी। दिल्ली में वेश बदलने की जरूरत हो सकती है। अँगुली-कट्टे का वेश बदलना चल नहीं सकता। किन्तु दो प्रकार होने से खूब काम देता है।"

निर्मल हँसी। इसके बाद माणिकलाल ने पिंजरे में एक कबूतर रखा। यह कबूतर बहुत ही सुशिक्षित था दूत के काम में बहुत निपुण था। जो लोग आधुनिक यूरोपीय युद्ध में 'Carrier Pigeon' को जानते हैं, वे इसे समझ सकते हैं। पहले भारतवर्ष में इस जाति के शिक्षित कबूतरों का व्यवहार होता था। कबूतर के बारे में माणिकलाल ने निर्मल-कुमारी को विशेष रूप से समझा दिया।

नियम था कि दिल्ली के बादशाह के पास दूत भेजने के लिए कुछ नजर की जाने वालीं चीजें भी भेजी जाती थीं। इंगलैण्ड और पुर्तगाल आदि के राज्य भी ऐसी नजरें भेजते थे। राजसिंह ने भी कुछ चीजें माणिकलाल के साथ भेजीं। फिर भी प्रणय का दौत्य नहीं था, इसलिए अधिक चीजें नहीं भेजी गयीं।

अन्यान्य चीजों में संगमरमर की बनी, जवाहरातों से जड़ी कारीगरी की भी कुछ चीजें भेजीं। माणिकलाल ने उन सबको अलग सवारी पर लदवा दिया।

निर्धारित दिन राणा का आज्ञापत्र और पत्र लेकर, निर्मल-कुमारी के साथ दास-दासी, हाथी, घोड़े, ऊँट, बैल, गाड़ी, इक्का, पालकी, रिसाला आदि सहित बड़ी तैयारी के साथ माणिकलाल ने यात्रा की। उन्हें पहुँचने में बहुत दिन लगे। दिल्ली कई कोस बाकी रही, तब माणिकलाल खेमा डाल, निर्मल-कुमारी और अन्य लोगों को वहाँ छोड़ सिर्फ एक विश्वासी आदमी को साथ लेकर दिल्ली चला। साथ ही पत्थर की चीजें भी ले लीं। अपनी नकली उँगली को निकालकर वह उसे निर्मल-कुमारी के पास छोड़ गया; और कहा—"कल आऊँगा।

निर्मल ने पूछा—"मामला क्या है?"

माणिकलाल ने पत्थर की बनी एक चीज दिखाकर उसमें लगाये गए एक छोटे-से निशान को दिखाया। कहा—"सब चीजों पर ऐसा ही निशान लगाया है।"

निर्मल—"क्यों?"

माणिक—"दिल्ली में हमारा तुम्हारा अलगाव अवश्य होगा। इसके बाद यदि मुगलों के प्रतिनिध से हम एक-दूसरे का पता न पावें, तो तुम पत्थर की चीजें खरीदने के लिए बाजार में आदमी भेजना। जिस दुकान की चीज में तुम यह निशान देखना, उसी दुकान से मेरा पता लगाना।

ऐसी ही सलाह कर माणिकलाल अपने विश्वासी आदमी और पत्थर की चीजें लेकर दिल्ली चला गया। वहाँ जाकर उसने एक मकान किराये पर लिया, जिसके नीचे एक दुकान में पत्थर की चीजें बनाकर और उसमें साथ के विश्वासी आदमी को दुकानदार बनाकर छावनी में लौट आया।

उसके बाद वह सब फौज, रिसाले और निर्मल-कुमारी को साथ लेकर फिर दिल्ली गया और वहाँ नियमानुसार खेमा गाड़कर बादशाह के यहाँ खबर भेजी।

तीसरा परिच्छेद

अग्निचयन

तीसरे पहर में औरंगजेब का दरबार लगने पर माणिकलाल वहाँ आ गया। दिल्ली के बादशाही आम-खास दरबार का वर्णन अनेक ग्रन्थों में लिखा गया है, यहाँ हम उसका विस्तृत वर्णन करना नहीं चाहते। माणिकलाल ने पहली सीढ़ी चढ़कर एक सलाम किया। इसके बाद आगे चढ़ना पड़ा। एक कदम उठाने के बाद फिर सलाम, फिर दूसरा कदम बढ़ाने पर सलाम इस तरह तीन सीढ़ियाँ चढ़कर वह तख्ते-ताऊस के पास पहुँचा। माणिकलाल ने सलाम कर राजसिंह के भेजे मामूली उपहार को बादशाह के सामने नजर किया। भेंट की कमी देख औरंगजेब नाराज हुआ किन्तु उसने मुँह से कुछ कहा नहीं। भेजी हुई चीजों में दो तलवारें थीं; एक म्यान में रखी हुई और दूसरी नंगी। औरंगजेब ने नंगी तलवार ग्रहण कर और सब उपहार लौटा दिये।

माणिकलाल इसके बाद राजसिंह का पत्र दिया। पत्र का मतलब समझने पर औरंगजेब को क्रोध से अँधेरा दिखाई देने लगा। किन्तु वह शूद्र होने पर भी अपना क्रोध प्रकट नहीं होने देता था। उसने माणिकलाल से बड़े आदर के साथ बातें की। उसे अच्छा स्थान देने

के लिए बक्षी की आजादी और दूसरे दिन महाराणा के पत्र का जवाब देने का वादा कर माणिकलाल को विदा किया।

उसी समय दरवार बर्खास्त हो गया। दरबार उठते ही औरंगजेब ने माणिकलाल के वध की आज्ञा दी। वध की आज्ञा तो हुई, लेकिन माणिकलाल का वध करने वालों को माणिकलाल का पता नहीं मिला। जिन्हें माणिकलाल की खातिरदारी की आज्ञा हुई थी, उनके ढूँढ़ने पर भी माणिकलाल नहीं मिला। दिल्ली में सर्वत्र खोज हुई, किन्तु कहीं भी माणिकलाल का पता नहीं मिगा। अपने वध की आज्ञा प्रचारित होने से पहले ही माणिकलाल खिसक गया। यह कहने की आवश्यकता नहीं कि जिस समय माणिकलाल की खोज हो रही थी, उस समय वह अपनी पत्थर की दूकान पर बनावटी वेश में दुकानदारी कर रहा या। सिपाही लोग माणिकलाल को न पाने पर उसके खेमे में जो-जो लोग मिले, उन्हें पकड़कर कोतवाल के पास ले गए। साथ में निर्मल-कुमारी को भी पकड़ ले गए।

कोतवाल ने इन सब लोगों से भी कोई पता न पाया। धमकाने और मारपीट से भी कोई पता न लगा। वह सब पता जानते ही नहीं थे तो बताते क्या?

अंत में कोतवाल ने निर्मल-कुमारी से पूछना आरंभ किया। पर्दानशीन होने की वजह से अब तक उसे अलग रखा गया था। कोतवाल ने जब निर्मल-कुमारी से पूछा तो उसने जवाब दिया कि राणा के दूत को वह पहचानती ही नहीं।

कोतवाल—"उसका नाम माणिकलाल सिंह हैं।"

निर्मल—"किसी माणिकलाल सिंह को मैं नहीं जानती।"

कोतवाल—"तुम राणा के साथ उदयपुर में नहीं आई।

निर्मल—"उदयपुर तो मैंने कभी देखा भी नहीं।"

कोतवाल—"तब तुम कौन हो?"

निर्मल—"मैं हुजूर जोधपुरी बेगम की हिन्दू बाँदी हूँ।"

कोतवाल—"हुजुर जोधपुरी बेगम साहिबा की बॉदियाँ महल से बाहर नहीं आतीं।"

निर्मल—"मैं भी कभी बाहर नहीं आती। हिन्दू एलची का आना सुनकर बेगम साहिबा ने मुझे उसके प्रेम में भेजा था।"

कोतवाल—"वह किसलिए?"

निर्मल—"किसनजी के चरणामृत के लिए, जिसे सब राजपूत रखते हैं।"

कोतवाल—"तुम तो अकेली दिखाई देती हो तुम महल के बाहर कैसे आई?"

निर्मल—"इसके बल से।"

यह कहकर निर्मल-कुमारी ने जोधपुरी बेगम का पंजा अपने कपड़ों के भीतर से निकालकर दिखाया। देखकर कोतवाल ने उसे तीन बार सलाम किया और निर्मल से कहा—"तुम जाओ तुम्हें कोई कुछ नहीं बोल सकता।"

निर्मल ने कहा—"कोतवाल साहब, और कुछ मेहरबानी कीजिए! मैं कभी महल से बाहर नहीं निकली। आज धर-पकड़ देखकर मैं बहुत दूर रहीं हूँ। अगर आप दया कर कोई आदमी या सिपाही कर दे, जो मुझे महल तक पहुँचा आए।"

कोतवाल ने उसी समय एक अश्वारोही राजपुरुष को समझाकर निर्मल के साथ बादशाही महल की आर भेज दिया। बादशाह की प्रधान बेगम का पंजा देखकर किसी ने कुछ पुछा नहीं। निर्मल-कुमारी जग चातूरी के साथ पूछ-ताछ करती हुई जोधपुरी बेगम के पास पहुँची। उन्हें प्रणाम कर अपना पंजा दिखाया। देखते ही होशियार होकर बेगम उसे एकांत में ले जाकर बात-चीत करने लगीं। पूछा—"तुमने यह कहाँ पाया?"

निर्मल-कुमारी ने कहा—"मैं विस्तार में सब बताती हूँ।

निर्मल-कुमारी ने पहले अपना परिचय दिया। इसके बाद देवी के रूपनगर पहुँचने, उसकी कही बात और पंजा देने का हाल कहा फिर चंचल और निर्मल पर जो-जो बीती थी, वह सब कह सुनाया। उसने माणिकलाल का भी परिचय दिया। यह भी कहा कि वह माणिकलाल के साथ आई है और चंचल-कुमारी का पत्र भी लेकर आई है। इसक बाद दिल्ली पहुँचने पर जिस विपद् में पड़ी वह भी कहा। फिर जिस तरह उसने छुटकारा पाया और जिस कौशल से महल में प्रवेश किया वह भी सुनाया। इसके बाद चंचल-कुमारी ने उदयपुरी के लिए दो पत्र दिया था, उसे दिखाया और अंत में कहा—"इस पत्र को मैं कैसे उदयपुरी के पास पहुँचा सकूँगी इसी सलाह के लिए आप के पास आई हूँ।"

महारानी ने कहा—"इसकी तरकीब है जेबुन्निसा के हुक्म की आवश्यकता। जब यह पापिन शराब पीकर बदहवास होती है, तब इसका उपाय होगा। इस समय तुम मेरी हिन्दू बॉदियों के साथ रहो। हिन्दुओं का अन्न पानी मिलेगा।

निर्मल-कुमारी राजी हो गई। बेगम ने भी ऐसी ही आज्ञा दी।

चौथा परिच्छेद

समिधा-संग्रह-उदयपुरी

कुछ अधिक रात बीत जाने पर जोधपुरी बेगम ने निर्मल को उपयुक्त उपदेश देकर एक तातारी पहरेदारिन के साथ जेबुन्निसा के पास भेज दिया। निर्मल जेबुन्निसा के कमरे में प्रवेश कर इत्र-गुलाब और फलों के ढेर तथा तम्बाकू की सुगन्ध से विमुग्ध हो गई। तरह-तरह के रत्नों से जड़ी महल की दीवारें, शय्या और घर की सजावट देख वह बहुत ही आश्चर्य में पड़ गई। सबसे अधिक जेबुन्निसा के विचित्र, रत्न-पुष्प-मिश्रित अलंकारों के प्रभाव से, चन्द्र-सूर्य के समान उज्ज्वल सौन्दर्य की प्रभा से वह चौंक पड़ी। इन सब से सजी-सजाई पापिष्ठा जेबुन्निसा देवलोक वासिनी अप्सरा के जैसी जान पड़ी।

किन्तु उस समय अप्सरा की आँखें झपक रही थी, मुँह लाल हो रहा था, चित बेचैन था।

निर्मल-कुमारी उसके सामने जा खड़ी हुई उसने लड़खड़ाती जुबान से पूछा—"तुम कौन हो?"

निर्मल-कुमारी ने कहा—"मैं उदयपुर की महारानी की दूती हूँ।"

जेबुन्निसा मुगल बादशाहों का तख्ते-ताऊस ले जाने को आई हो?"

निर्मल—"नहीं, चिट्ठी लेकर आई हूँ।"

जेबुन्निसा—"चिट्ठी क्या होगी? जलाकर रोशनाई बनाओगी?"

निर्मल—"नहीं, उदयपुरी बेगम साहिबा को दूँगी!"

जेबुन्निसा—"वह जीती है या मर गई?"

निर्मल—"शायद जीती हैं।"

जेबुन्निसा—"नहीं, वह मर गई! इस दासी को भी कोई उसके पास ले जाओ।"

जेबुन्निसा की उन्मत्त बंकवास का मतलब यह था कि इसे यमराज के घर भेज दो! किन्तु तातारी पहरेदारिन इसे समझ न सकी। सीधा मतलब समझकर वह निर्मल-कुमारी को उदयपुरी बेगम के पास ले गई।

वहाँ जाकर निर्मल ने देखा कि उदयपुरी की आँखें चमक रही है, खूब हँस रही है और मिजाज बहुत प्रसन्न है। निर्मल ने खूब झुककर सलाम किया। उदयपुरी ने पूछा—"आप कौन है?"

निर्मल ने कहा—“मैं जोधपुर की महारानी की दूती हूँ।”

उदयपुरी ने कहा छीन ले जाने को आई हो। “नहीं-नहीं, तुम फारिस की बादशाह हो! मुगल बादशाह के हाथ से मुझे निर्मल-कुमारी ने हँसी रोककर चंचल-कुमारी का पत्र उदयपुरी बेगम के हाथ में दिया। उदयपुरी उसे पढ़ने का बहाना कर कहने लगी, क्या लिखती है “ते नाजनी, मेरी प्यारी! तुम्हारी सूरत और दौलत सुनकर मैं बिलकुल ही बेहोश और दीवाना हुई हूँ। तुम जल्दी आकर मेरा कलेजा ठण्डा करो। अच्छा करूँगी! हुजूर के साथ जरूर चलूँगी। आप जरा ठहरें, मैं थोड़ी-सी शराब पी लूँ। आप भी थोड़ी शराब मुलाहिजा फर्माएँगी! अच्छी शराब है। फिरंगी के एलची ने इसे नजर किया है। ऐसी शराब आपके महल में पैदा नहीं होती।”

उदयपुरी ने प्याला मुह से लगाया। इसी मौके पर निर्मल-कुमारी बाहर निकलकर जोधपुरी बेगम के पास जा पहुँची। उससे जो-जो बातें हुई, वह सब जोधपुरी से कह दी। बात सुनकर जोधपुरी ने हँसकर कहा—“कल वह चिट्ठी को ठीक तरह से पढ़ेगी। अब तुम भागो, नहीं तो कल बड़ा झमेला खड़ा होगा; मैं तुम्हारे साथ एक विश्वासी खोजा किये देती हूँ, वह तुम्हें महल से बाहर कर तुम्हारे पति के खेमे तक पहुँचा देगा। वहाँ अपने-पराये जिसको चाहों, उसके साथ दिल्ली से बाहर चली जाओ! अगर खेमे में कोई न मिले, तो किसी के साथ दिल्ली से बाहर निकल भाग जाओ, तुम्हारे पति दिल्ली छोड़कर कहीं तुम्हारे ही आसरे में होंगे। अगर उनसे मुलाकात न हो तो यह खोजा ही तुम्हें उदयपुर तक पहुँचा देगा। अगर तुम्हारे पास खर्चा न हो तो मैं देती हूँ। किन्तु सावधान, मेरी खबर न हो!”

निर्मल ने कहा—“हुजूर इस बारे में निश्चिन्त रहें, मैं राजपूत की लड़की हूँ!”

जोधपुरी ने बनवासी नाम के अपने विश्वासी खोजे को बुलाकर, जो करना चाहिये, यह समझाकर पूछा—“तुम अभी जा सकोगे?”

बनवासी ने कहा—“जा सकूँगा, किन्तु आपका एक दस्तखती परवाना न मिलने से हिम्मत नहीं होगी।”

जोधपुरी ने कहा—“जैसा परवाना चाहिये, लिखवा लो मैं बेगम साहिबा का दस्तखत करा दूँगी।”

खोज परवाना लिखा ले आया। उसे उसी तातारिन पहरेदारिन को देकर बेगम ने कहा—“इस पर बेगम साहिबा का दस्तखत करा ले आओ!”

पहरेदारिन ने पूछा—“अगर पूछे कि कैसा परवाना है?”

जोधपुरी ने कहा—"कहना कि मेरे कत्ल का परवाना है। लेकिन कलम-दावात लेती जाना। पंजे की छाप लगाना मत भूलना!"

पहरेदारिन ने कलम-दावात के साथ परवाना ले जाकर जेबुन्निसा के सामने रखा। जेबुन्निसा ने पूछा—"कैसा परवाना है?"

पहरेदारिन ने कहा—"मेरे कत्ल का परवाना है।"

जेबुन्निसा—"क्या नृगया था?"

पहरेदारिन—"बेगम उदयपुरी का पेशवाला।"

जेबुन्निसा—"अच्छा, कत्ल होने के बाद परवाना।"

यह कहकर जेबुन्निसा ने परवाने पर दस्तखत कर दिया। पहरेदारिन ने मुहर छपवाकर जोधपुरी को लाकर दिया। बनवासी उस पनि के साथ निर्मल को साथ लेकर महल से बाहर निकला। निर्मल-कुमारी बहुत ही प्रसन्नता के साथ खोजा के साथ चली।

किन्तु एकाएक यह प्रसन्नता गायब हो गई। रंगमहल के फाटक के पास जाकर खोजा जरा स्तम्भित हो खड़ा रह गया। उसने कहा—"आफत, आफत! भागो-भागो!" यह कहता हुआ महामंत्री के साथ भाग गया।

पाँचवाँ परिच्छेद

समिधा-संग्रह-स्वयं यम!

निर्मल समझ न सकी कि क्यों भागना चाहिये? उसने इधर-उधर देखा लेकिन उसे भागने का कोई कारण दिखाई नहीं दिया। केवल उसने देखा कि फाटक के पास अधेड़ उम्र का सफेदपोश एक आदमी खड़ा है। उसके मन में आया कि क्या कोई भूत-प्रेत है, जिसके डर से खोजा भागा? निर्मल स्वयं भूत से डरती नहीं थी, इसलिए वह बिना भागे इधर-उधर करने लगी। इसी समय वह सफेदपोश आदमी आकर निर्मल के सामने खड़ा हो गया। निर्मल को देखकर उसने पूछा—"तुम कौन हो?"

निर्मल—"मैं चाहे कोई भी क्यों न होऊँ!

सफेदपोश पुरुष ने पूछा—"तुम कौन हो? कहाँ जा रही थी?"

निर्मल—बाहर।"

पुरुष—"क्यों?"

निर्मल—"मुझे जरूरत है।"

पुरुष—"बिना जरूरत के कोई कुछ नहीं करता, यह मैं जानता हूँ। क्या जरूरत है?"

निर्मल—"मैं न बताऊँगी।"

पुरुष—"तुम्हारे साथ कौन जा रहा था?"

निर्मल—"मैं न बनाऊँगी।"

पुरुष—"तुम हिन्दू जान पड़नी हो कौन जाति की हो?"

निर्मल—"रजपूतानी!"

पुरुष—"क्या तुम जोधपुरी बेगम के पास रहती हो?"

निर्मल ने दृढप्रतिज्ञा की थी कि जोधपुरी बेगम का नाम किसी के सामने न लेगी, क्योंकि क्या जाने उनका कोई अनिष्ट हो! इसलिए उसने कहा—"मैं यहाँ नहीं रहती, आज ही आई हूँ।"

उस पुरुष ने पूछा—"कहाँ से आई हो?"

निर्मल ने मन में सोचा कि झूठ क्यों बोलू, यह आदमी मेरा क्या करेगा? किसी के डर से राजपूत की कन्या झूठ क्यों बोले! इसलिए उसने कहा—"मैं उदयपुर से आई हूँ।"

तब पुरुष ने पूछा—"किसलिए आई?"

निर्मल ने सोचा कि इसे इतना परिचय क्यों दूँ? उसने कहा—"आपको इतना परिचय देने से मतलब? इतनी पूछ-ताछ न कर यदि आप मुझे फाटक से बाहर कर दें तो विशेष उपकार होगा।"

पुरुष ने कहा—"तुमसे पूछ-ताछ कर अगर मैं तुम्हारे जवाब से सन्तुष्ट होऊँ तो तुम्हें फाटक से बाहर जाने दे सकता हूँ।"

निर्मल—"यह बिना जाने कि आप कौन हैं, मैं आपसे कोई बात न कहूँगी।"

पुरुष ने उत्तर दिया—"मैं बादशाह आलमगीर हूँ!"

तब यह तस्वीर, चंचल-कुमारी ने पैर से कुचलकर तोड़ा था, निर्मल-कुमारी को याद आई। निर्मल ने जरा दाँतों तले जीभ दबाकर मन ही मन कहा—"हाँ, हैं तो वही।"

तब निर्मल-कुमारी ने जमीन छूकर कायदे के साथ उन्हें सलाम किया और हाथ जोड़कर कहा—"हुक्म फर्माएँ!"

बादशाह—"तुम यहाँ किसके पास आई हो"

निर्मल—हुजूर उदयपुरी बेगम साहिब के पास।"

बादशाह—"क्या कहा! उदयपुर से उदयपुरी के पास क्यों?"

निर्मल—"एक चिट्ठी थी।"

बादशाह—"किसकी चिट्ठी?"

निर्मल—"महाराणा की महारानी की।"

बादशाह—"वह चिट्ठी कहाँ है।"

निर्मल—"उसे में बेगम साहिवा को दे आई।"

बादशाह बहुत ही विस्मित हुए। कहा—"यहाँ मेरे साथ आओ!"

निर्मल को साथ लेकर बादशाह उदयपुरी-भवन में गए। दरवाजे पर निर्मल को खड़ा कराके उन्होंने तातारी पहरेदारिन से कहा—"इसे जाने न देना!" स्वयं उदयपुरी के सोने के कमरे में प्रवेश कर देखा कि उदयपुरी गहरी नींद में हैं, उसके बिस्तर पर चिट्ठी पड़ी है। औरंगजेब ने उसे उठाकर पढ़ा। यह पत्र उस समय के कायदे के मुताबिक फारसी में लिखा था।

पत्र को पढ़कर ग्रीष्म की संध्या की कादम्बिनी के समान भीषण कालिमा लिये औरंगजेब बाहर जाये। उन्होंने निर्मल से कहा—"तू इस महल में कैसे आई?"

निर्मल ने हाथ जोड़कर कहा—"बाँदी का अपराध क्षमा करें, मैं इस बात का जवाब न दूँगी।"

औरंगजेब आश्चर्य में आए। उन्होंने कहा—"इतनी हिमाकत में दुनिया का बादशाह है मैं पूछता हूँ और तुम जवाब न दोगी?"

निर्मल ने हाथ जोड़कर कहा—"दुनिया हुजूर की है, लेकिन जीभ मेरी है। मैं जो न कहना चाहूँ, उसे दुनिया के बादशाह कहला नहीं सकते।"

औरंगजेब—"अगर ऐसा न कर सकूँ तो तू जिस पहरेदारिन की बड़ाई करती है उसे अभी तातारी से कटवाकर कुत्ते को खिलवा सकता हूँ!"

निर्मल—"किलीश्वर की मर्जी! किन्तु ऐसा होने से जो समाचार आप ढूँढ रहे हैं, उसे प्रकट होने की राह हमेशा के लिए बंद हो जाएगी।"

औरंगजेब—"इसी से तुम्हारी जीभ को छोड़ देता हूँ। तुम्हारे लिए यही हुक्म देता हूँ कि आग जलाकर और तुम्हें कपड़े में लपेटकर जरा-जरा-सा तातारियों से जलवा दूँ। तुम मेरी बातों को जो कबूल न करोगी, उसे आग की जलन से कबूल कर लोगी!"

निर्मल-कुमारी हँसी। उसने कहा—"हिन्दू औरतें आग में जलकर मरने से नहीं डरती, बादशाह सलामत! क्या आपने कभी नहीं सुना कि हिन्दू औरतें हँसती हुई अपने स्वामी के साथ जलती चिता में जीवित जल मरती हैं? आप जो मरने का डर दिखाते हैं, मेरी माँ,

नानी आदि वंश-परम्परा से उसी आग में मरी हैं, मैं भी कामना करती हूँ कि ईश्वर की कृपा से स्वामी के बगल में स्थान पाकर आग में जीती जल मरुँ।"

बादशाह ने मन ही मन कहा—"वाह-वाह! वाह-वाह!!" फिर खुलकर कहा—"इस बात का फैसला भी होगा। अभी तू इस महल की एक कोठरी के अन्दर बंद हो जा, भूख-प्यास से तड़पने पर भी जब कुछ न पाएगी और जब समझेगी कि सब प्राण वाले हैं तब किवाड़ स्वटखटाने पर पहुँचकर दरवाजा खोलकर तुझे मेरे पास ले आएंगे, तत्र तू मेरी बातों का जवाब देने पर दाना-पानी पाएगी।"

निर्मल—"शाहंशाह! क्या आपने कभी सुना नहीं कि हिन्दु स्त्रियाँ व्रत रखती हैं। भोजन और जल के बिना एक दिन, दो दिन, तीन दिन उपवास करती हैं व्रत-नियम, अशरण-शरण के लिए अनिश्चित काल तक उपवास करती हैं। वे कभी-कभी उपवास करके इच्छापूर्वक प्राण त्याग भी करती हैं। जहाँपनाह! यह दासी भी वैसा कर सकती है। इच्छा हो तो मृत्यु तक परीक्षा कर देखें!"

औरंगजेब ने देखा कि इस लड़की को डराने से कुछ नहीं होगा, मार डालने से भी कुछ नहीं होगा। तकलीफ देने से क्या होगा, कुछ कहा नहीं जा सकता किन्तु इससे पहले एक बार प्रलोभन की शक्ति की परीक्षा करनी चाहिये। इसलिए उन्होंने कहा—"अच्छा, मान लिया कि तुम्हें तकलीफ न दी जाएगी। तुम्हें धन-दौलत देकर विदा करूँगा। तुम यह सब बातें सही-सही कह दो।"

निर्मल—"राजपूत कन्याएँ जैसे मृत्यु से घृणा करती हैं, वैसे ही घन-दौलत से भी। मैं मामूली औरत हूँ, आप मुझे विदा कर दें!"

औरंगजेब—"दिल्ली के बादशाह के लिए भी क्या कुछ अदेय है? क्या उससे माँगने की तुम्हारी कुछ इच्छा नहीं?"

निर्मल—"यही इच्छा है कि मुझे निर्विघ्न विदा कर दें!"

औरंगजेब—"इस समय यह कामना पूरी नहीं होगी। क्या इसके अलावा संसार में तुम्हारी और कोई प्रार्थना नहीं?"

निर्मल—"प्रार्थना है क्यों नहीं, किन्तु दिल्ली के बादशाह के खजाने में वह रत्न नहीं है।"

औरंगजेब—"ऐसी कौन-सी चीज है?"

निर्मल—"हम हिंदू, संसार में केवल धर्म से ही डरते हैं और धर्म की ही कामना करते हैं। दिल्ली के बादशाह अच्छे और ऐश्वर्यशाली हैं। पर दिल्ली के बादशाह में यह सामर्थ्य कहाँ, जो मेरी इच्छित वस्तु दे सकें!"

दिल्लीश्वर, निर्मल-कुमारी के साहस और चतुरता को देख क्रोध परित्याग कर विस्मय में पड़ गए; किन्तु इस कटु वचन से फिर क्रोधित होकर बोले—"सही है, सही है! मैं एक बात तो भूल ही गया था।" इसके बाद एक तातारी का हुक्म हुए कहा—"जा, बावर्चीखाने में थोड़ा गोमाँस लाकर दो-तीन औरतों द्वारा पकड़कर इसके मुँह में भर दो।"

निर्मल तब भी न हिली, उसने कहा—"मैं जानती हूँ कि आपलोगों में यह एक गुण है। इसी गुण के जोर से इस सोने के हिन्दुस्तान को छीन लिया है। मैं जानती हूँ कि गौओं को सामने करके ही मुसलमानों ने हिन्दुओं को पराजित किया। नहीं तो राजपूतों के बाहुबल के आगे मुसलमानों का बाहुबल समुद्र के सामने गड्ढे के समान है। किन्तु एक बात की याद दिलाती हूँ। आपने क्या यह नहीं सुना कि राजपूत औरतें बिना जहर लिए एक कदम भी बाहर नहीं रखती? मेरे पास ऐसा तेज जहर है कि आपके नौकर अगर गोमाँस लेकर इस कमर में पहुँच भी जाएँ, तब भी मेरे जीते-जी गोमाँस कोई मेरे मुँह में डाल नहीं सकता। जहाँपनाह! आप अपने बड़े भाई दार्गाशिकोह को मारकर उनकी दो स्त्रियों पर बल जमाने गए थे, किन्तु क्या कर सके? हाँ, मालूम है कि अधर्म सृष्टानी आपके हाथ आएगी। किन्तु राजपूतानी आपके मुँह पर सात पैजार मारकर स्वर्ग नहीं चली जाए। मैं भी अभी आपके मुँह पर सान पैजार मार स्वर्ग चली जाऊँगी!"

बादशाह चुप!

पृथ्वीपति के नाम से जो विख्यात है, जिनके गौरव का बोलबाला पृथ्वी भर में है, जो सारे भारतवर्ष के नाथ हैं, ये आज इस अनार्थ, असहाया, अबला के आगे अपमानित और परास्त हुए। औरंगजेब ने स्वीकार की। उन्होंने मन ही मन कहा—"यह अमूल्य रत्न है में इसे अपने वश में ले आऊँगा।" प्रकट में उन्होंने मधुर स्वर में कहा—प्यारी?" इसे बर्बाद न करना चाहिये। "तुम्हारा नाम क्या है, निर्मल-कुमारी ने हँसकर कहा—"यह क्या जहाँपनाह! क्या अभी और राजपूत रानियों का शौक है? अब इस शौक को भी परित्याग करना होगा! मैं विवाहिता हूँ, हिन्दू पति जीवित हैं।"

औरंगजेब—"यह बातें अब रहने दो। अभी कुछ दिन मेरे इस रंगमहल में रहो। शायद इस हुक्म को तुम मानोगी!"

निर्मल-कुमारी—"मुझे क्यों रोक रहे हो?"

औरंगजेब—"तुम अभी अपने देश जाकर मेरी बहुत बदनामी करोगी। मैं तुमसे ऐसा बर्ताव करना चाहता हूँ, जिससे तुम मेरी तारीफ करो। इसके बाद तुम्हें छोड़ दूँगा।"

निर्मल-कुमारी—“अगर आप न छोड़ें तो मेरी मजाल नहीं कि यहाँ से चली जाऊँ; किन्तु आप कई बातों की प्रतिज्ञा करें, तो मैं कुछ दिन यहाँ रह सकती हूँ।”

औरंगजेब—“क्या प्रतिज्ञा!”

निर्मल कुमार—“हिन्दू के हाथों अन्न-जल के अलावा मैं कुछ और ग्रहण नहीं करूँगी।”

औरंगजेब—“यह मुझे मंजूर है!”

निर्मल-कुमारी—“कोई मुसलमान मुझे छू न सकेगा।”

औरंगजेब—“यह भी मंजूर है।”

निर्मल-कुमारी—“मैं किसी राजपूत बेगम के पास रहूँगी।”

औरंगजेब—“ऐसा ही होगा मैं तुम्हें जोधपुरी बेगम के पास रखूँगा।”

निर्मल-कुमारी के लिए बादशाह ने ऐसा ही बन्दोबस्त कर दिया।

छठवाँ परिच्छेद

फिर समिधा-संग्रह के लिए

दूसरे दिन औरंगजेब ने जेबुन्निसा और निर्मल-कुमारी को साथ ले रंगमहल में इस बात की जाँच की कि उसे रंगमहल में किसने आने दिया। उन्होंने महल में रहने वाली समस्त तातारिनों को बुलाकर पूछ। उन्होंने ही निर्मल को आने दिया था। उन्होंने उसे पहचाना, लेकिन बहुत खराब काम हो जाने के खयाल से किसी ने अपराध स्वीकार नहीं किया। औरंगजेब और जेबुन्निसा को जब कोई पता न चला, तब उन्होंने अन्यान्य दास-दासियों को आज्ञा दी कि इसे आने देने से ऐसा कोई नुकसान नहीं; किन्तु इसे कोई मेरे हुक्म के बिना जाने न दें। कोई तकलीफ न दे और न अपमान करे। बेगम जैसा ही इज्जत की जाय। यह जोधपुरी बेगम की हिन्दू बाँदियों के हाथ का भोजन करेगी और पानी पियेगी कोई मुसलमान इसे छू न सकेगा।

निर्मल-कुमारी को सब ने सलाम किया जेबुन्निसा ने आदर के साथ उसे अपने कमरे में बैठाया और उसमें तरह-तरह की बातें की। लेकिन निर्मल के भीतर की कोई बात यह जान न सकी।

उसी दिन तीसरे पहर एक तातारी पहरेदारिन ने जोधपुरी बेगम को खबर दी—"एक सौदागर पत्थर की चीजें महल में बेचने आया है। कितनी ही चीजें उसने महल में भेज दी है। जो अच्छी नहीं है।

किसी बेगम ने उन्हें पसंद नहीं किया। क्या आप कुछ लेगी?"

माणिकलाल चुन-चुनकर खराब चीजे ले आया था, वह इसलिए कि बेगमें उसे खरीद न लें। जिस समय पहरेदारिन ने यह बात कहीं, उस समय निर्मल-कुमारी जोधपुरी बेगम के पास थी। उसने बेगम को कुछ आँख का इशारा देकर कहा—"मैं खरीदूँगी।"

बीती रात को निर्मल-कुमारी से बादशाह की जैसे मुलकात और बातचीत हुई थी, निर्मल ने वह सब जोधपुरी बेगम से कह दिया था। यह सुनकर जोधपुरी बेगम ने निर्मल की बहुत प्रशंसा की और उसे आशीर्वाद दिया। वह उसका बहुत आदर करती थीं। अब निर्मल का मतलब समझकर उसने पत्थर की चीजें ले आने की आज्ञा दी।

पहरेदारिन के बाहर जाने पर निर्मल ने संक्षेप में जोधपुरी बेगम से माणिकलाल के निशान कौशल को समझा दिया। तब बेगम ने कहा—"तब तक तुम अपने पति के लिए एक पत्र लिख डालो। मैं पत्थर की चीजें देखती रहूँगी।" ठीक समय पर पत्थर की सब चीजें आकर हाजिर हुई।

निर्मल ने देखा कि सभी चित्रों पर माणिकलाल के निशान लगे हैं। यह देखकर निर्मल चिट्ठी लेने बैठी। जब तक निर्मल ने पत्र लिखा, तब तक जोधपुरी बेगम चीजें पसंद करती रहीं। इन सब चीजों में पत्थर के बने रत्नों से बड़ा नक्काशीदार एक डिब्बा था। उसमें चाबी-ताला लगाने के लिए सोने की सिकड़ी लगी हुई थी। पत्र लिखे जाने पर निर्मल-कुमारी ने जोधपुरी बेगम आदि सबकी निगाह बचाकर उस पत्र को डिब्बे में रखकर चाबी बंद कर दी।

बेगम ने सब चीजें पसंद करके रख ली, केवल उसी डिब्बे को नापसंद करके लौटा दिया। वापस करने के समय जान-बूझकर चाबी वापस करना भूल गई।

बनावटी सौदागार माणिकलाल केवल डिब्बे को वापस पाकर और चाबी के न आने पर आशान्वित हुआ। वह रुपये-पैसे और डिब्बा लेकर अपनी दुकान पर वापस चला गया। वहाँ उसने एकांत में निर्मल-कुमारी का पत्र पाया।

पाठकों को उस पत्र में लिखी बातों को विस्तार के साथ जानने की जरूरत नहीं। जो मोटी बात है, उसे पाठक समझ ही गए होंगे! चिट्ठी पाकर निर्मल के सम्बन्ध में निश्चिन्त होकर माणिकलाल अपने देश लौट जाने की तैयारी करने लगा। लेकिन उसी

दिन दुकान उठाने से शायद कोई सन्देह करे, इसलिए कई दिन की देर करना उसने ठीक समझा।

सातवाँ परिच्छेद

समिधा-संग्रह जेबुन्निसा

निर्मल-कुमारी को छोड़कर अब जरा मुगल वीर मुबारक की खबर लेनी चाहिये। पहले ही कहा जा चुका है कि जो लोग रूपनगर से मुँह फेरकर लौट आए थे। औरंगजेब ने उनमें किसी को पदच्युत और किसी को कैद कर लिया था; किन्तु मुबारक उस दल में गिने नहीं गए थे। औरंगजेब ने सब लोगों से उनकी बहादुरी की बातें सुनकर उन्हें बहाल कर रखा था।

जेबुन्निसा ने भी उनकी तारीफ सुनी। वह समझी कि मुबारक खुद उनके पास हाजिर होकर उसे अपना सब परिचय देंगे, किन्तु मुबारक आए नहीं।

मुबारक, दरिया को अपने घर लेकर आए थे। उसके लिए खोजे और बाँदियाँ नियुक्त कर दी गई थीं। वह किमखाब की पोशाक से सुसज्जित की गई थी। यथासाध्य अलंकारों से भी भूषित की गई थी। मुबारक पवित्र विवाहिता पत्नी के साथ अपनी गृहस्थी चला रहे थे।

भूधारक का अपनी इच्छा से न आते देख जबुन्निसा ने विश्वासी खोजा असीरुद्दीन से उसे बुलवाया। तब भी मुबारक न आए। जबुन्निसा को बहुत क्रोध आया इतनी बड़ी हिमाकत! शाहजादी मेहरबानी फरमाकर याद करती हैं, फिर भी हाजिर नहीं हुआ इतनी गुस्ताखी!!

कई दिनों तक जेबुन्निसा क्रोध में ही रही। मन में सोचा कि मेरे लिए तो सभी समान है।* किन्तु जेबुन्निसा तब भी समझ नहीं सकी कि शाहजादी से भी भूल होती है। हे खुदा शाहजादी और खेतिहारिन को एक ही साँच में ढाला है। धन-दौलत, तख्ते-ताऊस आदि सभी कर्म-भोग हैं इनमें और कोई प्रभेद नहीं।

सब एक समान नहीं; जेबुन्निसा के लिए भी सब एक समान नहीं। कुछ दिन क्रोध में रहने के बाद जेबुन्निसा मुबारक के लिए व्याकुल हुई। मान खोकर शाहजादी की इज्जत, नायिका की इज्जत, दोनों ही गवाकर उन्होंने फिर मुबारक को बुलावा भेजा। मुबारक ने

कहलवा दिया—"मेरी बहुत-बहुत तसलीमात! शाहजादी से बेशकीमत मेरे लिए कोई नहीं सिर्फ एक खुदा है, दीन है। अब मुझसे गुनाह न होगा। अब मैं महल के अन्दर न आऊँगा। मैं दरिया को घर ले आया हूँ।

जवाब सुनकर जेबुन्निसा क्रोध के मारे फूलकर अठगुनी हो गई और मुबारक तथा दरिया को मार डालने को तैयार हुई। यही बादशाही दस्तूर है!

महल में निर्मल-कुमारी के रहने से जेबुन्निसा का इस मतलब को साधने का अच्छा मौका मिला। निर्मल-कुमारी औरंगजेब से धीरे-धीरे आदर पाने लगीं। इसमें कन्दर्प महाराज की कोई कारसाती नहीं थी; यह काम शैतान का था। औरंगजेब नित्य मौका मिलने पर आराम और पेश के समय "रूपनगरी नाजनीन" को बुलाकर बातचीत करते थे। बातचीत का प्रधान उद्देश्य होता था राजसिंह की राज्य-सम्बन्धी अवस्था का समाचार लेना फिर भी चतुर-चूड़ामणि औरंगजेब इस प्रकार बातचीत करते थे कि कोई समझ न पाता था कि वह युद्ध के समय काम आने लायक समाचारों का संग्रह कर रहे हैं। किन्तु निर्मल भी चतुरता में पीछे नहीं थी वह सब बातों का मतलब समझती थी और प्रयोजनीय बातों का झूठा उवाच देती थी।

औरंगजेब इसलिए उसकी बातचीत से पूरी तरह सन्तुष्ट नहीं होते थे। उन्होंने मन में यह विचार किया था कि मेवाड़ को सैन्य-सागर में डुबा दूँगा। इसके बाद बादशाह के इशारे से जेबुन्निसा ने निर्मल-कुमारी को रत्नालंकारों से विभूषित किया। उसको पहनावे में बेगमों जैसी पोशाक मिली। निर्मल जो कहती, वही होता जो माँगती, वही पाती। केवल बाहर नहीं जा सकती थी।

इन सब बातों पर जोधपुरी के साथ निर्मल का मजाक चलता था। एक दिन हँसकर निर्मल ने जोधपुरी से कहा—"सोने का पिंजरा सोने की चिड़िया, सोने की जंजीर पैरों में। सोने का चना सोने का बना फिर मिट्टी क्यों है पैरों में।।"

जोधपुरी ने कहा—"तब तुम लेती क्यों हो?"

निर्मल ने कहा—"उदयपुर में जाकर दिखाऊँगी कि मुगल बादशाह को ठगकर ले आई हूँ।"

औरंगजेब का दाहिना हाथ थी जेबुन्निसा। औरंगजेब की आज्ञा से जेबुन्निसा निर्मल को संभालने लगी। निर्मल के साथ हँसी-दिल्लगी होती, लेकिन वह भी बादशाही ढंग से सजी हुई। निर्मल क्रोध न कर सकती, केवल जवाब देती थी, वह भी औरत के ढंग से, पर रूपनगर के पहाड़ों की कर्कशता से शून्य नहीं।

जेबुन्निसा के सामने जो बात कहने में निर्मल को कोई आपत्ति न होती, उसे वह अकसर कहती थी। अन्यान्य बातों के सिलसिले में यह बात भी उठी कि रूपनगर का युद्ध कैसे हुआ था। निर्मल ने युद्ध का भाग देखा नहीं था, किन्तु चंचल-कुमारी से उसने सब हाल सुना था। जैसा सुना था, जेबुन्निसा को वैसा ही सुना दिया। उसने यह भी कहा कि मुबारक ने मुगल सैन्य को आवाज देकर चंचल-कुमारी के सामन पराभव स्वीकार कर रण में विजय परित्याग करने को कहा था। यह भी कहा कि चंचल-कुमारी राजपूतों की रक्षा की इच्छा से दिल्ली जाना चाहती थीं। उसने उनके विष खाने की भी बात कही।

यह सुनकर जेबुन्निसा ने मन में कहा—"मुबारक साहब, इसी अस्त्र से तुम्हारे धड़ से सिर जुदा कराऊँगी।" मौका पाकर जेबुन्निसा ने औरंगजेब को उस युद्ध का इतिहास सुनाया।

औरंगजेब ने सुनकर कहा अगर वह नीच ऐसा विश्वास-धातक है, तो आज वह जहन्नुम पहुँचा दिया जाएगा।" यह बात नहीं कि औरंगजेब उस कांड को नहीं समझे। जेबुन्निसा के कुचरित्र का हाल वे अकसर सुना करते थे। कितने ही लोग हैं जो कुत्ते को तो मारते हैं, लेकिन हड्डी नहीं फेंकते। मुगल बादशाह भी ऐसे ही सम्प्रदाय के आदमी थे। वे लोग अपनी कन्या, बहन के दुश्चरित्र को जानकर भी उनको कुछ नहीं कहते थे, किन्तु जो आदमी कन्या और बहन का प्रेमी होता, उसका पता पाते ही किसी छल या कौशल से उसे मार डालते थे। औरंगजेब बहुत दिनों से मुबारक को जेबुन्निसा का प्रेमी समझकर सन्देह करते थे, किन्तु ठीक न समझ सके थे। इस समय कन्या की बातों से अच्छी तरह समझ गए कि शायद झगड़ा हुआ है। इसी से शाहजादी को जिस चींटी ने काटा है, उसे वह मसलकर मार डालना चाहती है। औरंगजेब इसके लिए अच्छी तरह राजी थे। किन्तु एक बार निर्मल के मुँह से इन सब बाता को सुनना चाहिये, इसलिए उन्होंने निर्मल को बुलाया। भीतरी की बात निर्मल कुछ नहीं जानती समझती थी, इसलिए उसने सब ठीक बातें कह दीं।

ठीक समय पर बख्शी को बुलाकर बादशाह ने मुबारक के बारे में आज्ञा जारी की। बख्शी की आज्ञा पर आठ सिपाही मुबारक को पकड़कर ले आए। मुबारक हँसते हुए बख्शी के पास आया। देखा कि बख्शी के आगे लोहे के दो पिंजरे रखें हैं, जिनमें एक-एक विषधर साँप फुंकार रहे हैं।

आजकल जो लोग राजदण्ड से मारे जाते हैं, उन्हें फाँसी पर चढ़ना पड़ता है। मुगलों के राज्य में वध के अनेक उपाय थे किसी का सिर काटा जाता कोई सूली पर चढ़ाया जाता कोई हाथी के पैरों-तले फेंका जाता; कोई विषधर साँप से डँसवाकर मारा जाता जिसे छिपकर मारना होता, उसके लिए विष का प्रयोग होता था।

बख्शी के दो किनारे, दो विषधर साँपों के पिंजरे देख, हँसकर मुबारक ने कहा—"क्या मुझे जाना हागा?"

बख्शी ने दु:खित होकर कहा—"बादशाह का हुक्म!"

मुबारक ने पूछा—"यह हुक्म क्यों हुआ, कुछ मालूम है।"

बख्शी—"नहीं, क्या आप कुछ नहीं जानते?"

मुबारक—"एक प्रकार का अन्दाज ही अन्दाज है! तब अब देर क्यों?"

बख्शी—"कुछ नहीं!"

तब मुबारक ने जूता उतारकर एक पिंजरे पर पैर रख दिया। साँप ने फुंकारकर पिंजरे के छेदों से डँस लिया।

डँसने की ज्वाला से मुबारक का मुख विवर्ण हुआ। फिर बख्शी से उसने कहा—"साहब, अगर कोई पूछे कि मुबारक क्यों मरा, तो मेहरबानी करके बोलना कि शाहवादीए साहिबा की इच्छा से!"

बख्शी ने डर से घबड़ाकर कहा—"चुपचुप! ऐसा भी, यदि एक साँप में विष न हो, तो दूसरे साँप से वध किये जाने वाले आदमी को कटाने का नियम।। मुबारक इसे जानते थे, उन्होंने दूसरे पिंजरे पर भी पैर रखा था दूसरे महासर्प ने भी डँसकर तेज जहर उगल दिया।

तब मुबारक विशेष जलन से जर्जर होकर नीले पड़ गए और जमीन पर घुटने टेककर कहने लगे—"अल्लाहो अकबर! अगर कभी तुम्हारी दया पाने के लायक काम किया हो, तो इस समय दया करो!"

इस प्रकार जगदीश्वर का ध्यान करते-करते तीव्र सर्प-विष से जर्जर होकर मुगल वीर मुबारक ने प्राण त्याग किया।

आठवाँ परिच्छेद

सब समान

सभी समाचार रंगमहल में आते हैं। सभी समाचार जेबुन्निसा को मिलते हैं। वह नायब बादशाह है। मुबारक के वध का समाचार भी आ पहुँचा।

जेबुन्निसा को आशा थी कि वह इस समाचार से बहुत खुश होगी, किन्तु एकाएक उसके ठीक विपरीत हुआ। समाचार पहुँचते ही उसके आँखों में आँसू भर आए, गालों पर से आँसुओं की धारा बहने लगी। उसने देखा कि चिल्लाकर रोने की इच्छा हो रही है। जेबुन्निसा दरवाजा बंद कर हाथी दाँत के रत्न-जटित पलंग पर लेटकर रोने लगी।

क्यों शाहजादी? हाथी-दाँत के बने, रत्नों से सुशोभित पलंग पर लेटने से भी तो आँखों के आँसू रुक नहीं रहे हैं। तुम अगर बाहर निकलकर दिल्ली शहर की टूटी-फूटी कुटियों में प्रवेश करती तो दिखाई देता कि कितने ही लोग फटी-कथरी पर सोकर कितना हँस रहे हैं, तुम्हारी तरह कोई रो नहीं रहा है।

जेबुन्निसा को पहले कुछ समझ हुई कि उसने अपने सुख की हानि आप ही की है। धीरे-धीरे समझ में आया कि सब समान नहीं है बादशाहजादियाँ भी प्रेम करती हैं जाने या अनजाने में नारी-शरीर धारण करने से ही इस पाप को हृदय में आश्रय देना पड़ता है। जेबुन्निसा ने अपने से ही पूछा—"मैं उससे इतना प्रेम करती थी, इस बात को अब तक क्यों न जान सकी?" किसी ने मेरे से नहीं कहा कि तुम ऐश्वर्य के मद से अन्धी हो रही थी, रूप के गर्व से तुम अन्धी हो रही थी; इन्द्रियों की दासी होकर तुम प्रेम को पहचान न सकीं। तुम्हें उपयुक्त दण्ड मिला है—कोई तुम पर दया न करे!

जेबुन्निसा के मन में यह सब बातें आप ही आप चलने लगीं। साथ ही साथ यह भी मन में आया कि शायद यही धर्माधर्म है। यदि है, तो बड़े अधर्म का काम हो गया! अंत में डर हुआ कि धर्माधर्म का पुरस्कार यदि दण्ड हो? अगर उसके पाप का कोई दण्डदाता हो, तो क्या बादशाहजादी समझकर वह जेबुन्निसा को क्षमा करेंगे? सम्भव नहीं!

जेबुन्निसा के मन में डर हुआ। दुःख, शोक और डर से जेबुन्निसा ने दरवाजा खोलकर अपने विश्वासी खोजा असीरुद्दीन को बुलाया। उसके आने पर उसने पूछा—"साँप के जहर से मरने वाले आदमी की दवा है?"

असीरुद्दीन ने कहा—"मरने के बाद दवा कहाँ!"

जेबुन्निसा—"तुमने कभी सुना नहीं?"

असीरुद्दीन—"हातिममल ने ऐसे ही एक आदमी का इलाज किया था, कानों से सुना है, आँखों से देखा नहीं!"

जेबुन्निसा ने एक गहरी साँस ली और कहा—"हातिममल को पहचानते हो?"

असीरुद्दीन—"हाँ पहचानता हूँ।"

जेबुन्निसा—"वह कहाँ रहता है?

असीरुद्दीन—“दिल्ली में ही रहता है।”

जेबुन्निसा—“उसका मकान जानते हो?”

असीरुद्दीन—“जानता हूँ।”

जेबुन्निसा—“वहाँ जा सकोगे? इस समय”

असीरुद्दीन—“हुक्म होने से जाऊँगा।”

जेबुन्निसा—“आज मुबारक अली (जरा गला काँपा) सर्प के काटने से मर गए, जानते हो?”

असीरुद्दीन—“जानता हूँ।”

जेबुन्निसा—“यह जानते हो कि उन्हें कहाँ कब्र दी गई है?”

असीरुद्दीन—“वह मैं जानता हूँ। कई कब्र का पता लगा सकता हूँ।”

जेबुन्निसा—“मैं तुम्हें दो सौ अशर्फियाँ देती हूँ। एक सौ हातिममल को देना, एक सौ खुद लेना। मुबारक अली की कब्र खोद कर मुर्दा निकालकर इलाज करके उन्हें बचाओ अगर जिये तो मेरे पास ले आओ! अभी जाओ!”

अशर्फी लेकर खोजा असीरुद्दीन उसी समय चला गया।

नवाँ परिच्छेद

समिधा-संग्रह-दरिया!

आज फिर रंगमहल में एक बार पत्थर के सामान बेचकर माणिकलाल निर्मल-कुमारी की खबर ले आया। इस बार भी वही पत्थर का डिब्बा चाबी बंद करके आया था। डिब्बा खोलने पर निर्मल को एक दूत कबूतर मिला। उसे निर्मल ने रख लिया। चिट्ठी में पहले की तरह समाचार भेज दिया। लिखा—“सब का मंगल है? अब तुम जाओ। मैंने पहले ही कहा है कि मैं बादशाह के साथ आऊँगी।”

माणिकलाल ने सब दुकानदारी उठाकर उदयपुर की यात्रा की। रात बीत रही है सबेरा होने में कुछ ही विलंब है। दिल्ली में अनेक दरवाजे हैं। कहीं कोई सन्देह न करे, इसलिए माणिकलाल अजमेरी दरवाजे से न जाकर दूसरे दरवाजे से चला। राह में एक छोटा-सा कब्रिस्तान है। एक कब्र के पास दो आदमी खड़े हैं। माणिकलाल और उसके साथ के अन्य आदमियों को देखकर वे दोनों दौड़कर भागे। तब माणिकलाल ने घोड़े से उतरकर नजदीक

जाकर देखा कि उन लोगों ने कब्र की मिट्टी हटाकर लाश बाहर निकाल ली है। माणिकलाल ने उस लाश को खूब ध्यान देकर, उदय होती हुई उषा की रोशनी में अच्छी तरह देखा।

इसके बाद न जाने क्या समझकर वह उस लाश को अपने घोड़े पर लादकर, एक कपडे से ढँककर स्वयं पैदल चला।

माणिकलाल दिल्ली के दरवाजे से बाहर निकल गया। कुछ समय बाद सूर्योदय हुआ, तब* माणिकलाल ने उस लाश को थोड़े से उतारकर जंगल की छाया में ले जाकर रखा और अपने पिटारे से दवा की एक टिकिया निकालकर उसे कोई अनुपान देकर घोंटाया। इसके बाद लाश को जगह-जगह चीरकर छेदों में उस दवा को भर दिया और जीभ तथा आँखों में कुछ-कुछ लगा दिया। कुछ घण्टे बाद उसने फिर ऐसा ही किया। इस तरह तीन बार औषधि प्रयोग करने पर मरे पड़े आदमी की साँस आई। चार बार उसने आँखें खोलकर देखा और धीरे-धीरे होश में आया। पाँचवी बार वह उठकर बैठ गया और बातें करने लगा।

माणिकलाल ने थोड़ा दूध मंगवा लिया था। उसे उसने मुबारक को पिलाया। दूध पीने से धीरे-धीरे सबल होने पर उसे सब बातें याद आईं। उसने माणिकलाल से पूछा—" किसने मुझे बचाया? आप कौन है?"

माणिकलाल ने सिर्फ कहा—"हाँ!"

मुबारक ने कहा—"क्यों बचाया? आप को मैं पहचान गया हूँ। आपके साथ मैने रूपनगर के पहाड़ पर युद्ध किया था। आपने मुझे पराजित किया था।"

माणिक—"मैंने भी आपको पहचान लिया। आप ही ने महाराणा को पराजित किया था। आपकी यह हालत कैसे हुई?"

मुबारक—"अभी कहने लायक बात नहीं, समय पर सब कहूँगा। आप कहाँ जा रहे हैं, उदयपुर?"

माणिक—"हाँ!"

मुबारक—"मुझे साथ ले चलेंगे? दिल्ली में मेरे लिए ठिकाना नहीं, शायद आप इसे समझते होंगे। मैं राज-दण्डित हूँ!"

माणिक—"मैं साथ ले जा सकता हूँ किन्तु आप अभी बहुत कमजोर है।"

मुबारक—"संध्या होते ही ताकत आ जाएगी तब तक आप ठहर सकेंगे?"

माणिक—"ठहरूँगा!"

उन्होंने मुबारक को और थोड़ा दूध पिलाया। गाँव से माणिकलाल एक टट्टू खरीद लाया। उसी पर मुबारक को बैठाकर उदयपुर की ओर चले।

राह में जाते-जाते घोड़े की बगल में लाकर मुबारक ने जेबुन्निसा की सब बातें माणिकलाल से कहीं। माणिकलाल समझ गया कि जेबुन्निसा के कोप से मुबारक भस्म हुआ!

इधर असीरुद्दीन ने लौटकर जेबुन्निसा को बतलाया कि वह किसी तरह बच न सके। जेबुन्निसा ने इत्र से भरा रुमाल आँखों पर रखा और लोट-पोट कर खेतिहरों की औरतों की तरह माथा पीटने लगी।

जो दुःख किसी के आगे प्रकट नहीं किया जाता, उसको सहन करने में बड़ा कष्ट होता है। शाहजादी को भी असह्य दुःख हुआ। उसने सोचा मैं किसी खेतिहार के घर पैदा हुई होती!

कमरे के दरवाजे पर इसी समय बड़ा शोर मचा। कोई कोठरी में आने के लिए जिद्द कर रही थी—पहरेदारिन उसे आने नहीं देती थी। जेबुन्निसा को दरिया की-सी आवाज सुनाई दी। पहरेदारिन उसे रोक न सकी। दरिया ने पहरेदारिन को ढकेलकर कोठरी में प्रवेश किया। उसके हाथ में तलवार थी, जेबुन्निसा को काटने के लिए तलवार उठायी। किन्तु एकाएक तलवार फेंककर जेबुन्निसा के सामने नाचने लगी। कहा—बहुत अच्छा! आँखों में आँसू भरकर वह ऊँचे स्वर में हँसने लगी। जेबुन्निसा ने पहरेदारिन को बुलाकर उसे पकड़ लेने की आज्ञा दी। लेकिन पहरेदारिन उसे पकड़ न सकी। वह तेजी के साथ भागी। पहरेदारिन ने उसके पीछे दौड़कर उसका कपड़ा पकड़ा। दरिया वस्त्र उतारकर नंगी भागी। वह उस समय उन्माद में थी—मुबारक के मरने का समाचार उसने सुन लिया था।

सातवाँ खंड

पहला परिच्छेद

आग जली

औरंगजेब की यात्रा में जो विलंब हुआ, राजसिंह का राज्य ध्वंस करने में, उसका कारण यह था कि उसने अधिक सेना के लिए उद्योग किया था। दुर्योधन और युधिष्ठिर की तरह उसने ब्रह्मपुत्र के पास से वाणीक तक और काश्मीर से केरल और पाण्ड्य तक, जहाँ जितनी सेना थी, वह सभी महायुद्ध के लिए बुलाई। दक्षिण की महासेना गोलकुण्डा, बीजापुर, महाराष्ट्र के समर में लगातार वज्रपात से दूसरे वृत्रासुर की तरह जिसकी पीठ वज्र दुर्भेद्य हो रही थी, उसे लेकर बादशाह के बड़े पुत्र शाह-आलम दक्षिण से उदयपुर को गारत करने के लिए आए। दूसरे पुत्र शाह-आजम बंगाल के राजप्रतिनिधि सूबेदार पूर्व-भारतवर्ष की बहुत बड़ी सेना लेकर मेवाड़ की पर्वतमाला के द्वार पर आ उपस्थित हुए। पश्चिम मुलतान से, पंजाब, काबुल, काश्मीर के अजेय योद्धाओं को लेकर तीसरे पुत्र शाह अकबर ने आकर, सैन्य-सागर के अतन तीर में अपनी सैन्य को मिला दिया। उत्तर में स्वयं शाहंशाह ने दिल्ली से अपराजित बादशाही सेना लेकर उदयपुर का नाम पृथ्वी से मिटा देने के लिए मेवाड़ में दर्शन दिया। अनंत मुगल-सैन्य-सागर के बीच घिरा उदयपुर शोभा पाने लगा।

अनल-सर्पों की श्रेणी से घिरे हुए गरुड़ के जहाँ तक शत्रु से भीत होने की संभावना है, राजसिंह भी उस सागर-जैसी मुगल-सेना को देखकर उतने ही भीत हुए। नहीं कहा जा सकता कि भारतवर्ष में इस प्रकार का सैन्य-समावेश कुरुक्षेत्र के युद्ध के बाद हुआ था या नहीं। जितनी सेना चीन या रूस को जीतने के लिए भी आवश्यक न थी, उतनी बड़ी सेना बादशाह औरंगजेब ने छोटे-से उदयपुर को जीतने के लिए राजपूताने में लाकर जमा कर दी थी सिर्फ एक बार संसार में ऐसी घटना हुई थी। जिस समय फारस संसार में बड़ा राज्य था, उस समय उसके अधिपति जेरविसस पचास लाख सिपाही लेकर ग्रीस नामक छोटे-से भू-खंड को जीतने गए। थर्मोपली में लियोनिदास, सलामी में थेमिस्टोकल्स और प्लाटियों में पॉसानियास ने उसके

गर्व को खत्म कर उन्हें दूर भगा दिया था—स्यार-कुत्ते की तरह शेर भाग गए। ऐसी घटना इस पृथ्वी पर इस बार दूसरी हुई थी कई लाख सेना लेकर शेर से भी प्रभावशाली राजा-राजपूताने के एक छोटे-से भू-खंड को जीतने के लिए गए थे। राजसिंह ने उनका क्या किया?

युद्ध-विद्या, यूरोपीय विद्या है। एशिया-खंड के भारतवर्ष में इसका विकास किसी समय नहीं था। पुराणों और इतिहास में वर्णित आर्य वीरों की ख्याति सुनाई देती है, किन्तु उनका कौशल केवल तीरंदाजी और लठेती में था। इतिहास-लेखक ब्राह्मण लोग नहीं जानते थे कि युद्ध-विद्या क्या है चाहे इस कारण, या प्राचीन भारत में युद्ध-विद्या न होने के कारण, रामचन्द्र, अर्जुन के सेनापतित्व का कोई परिचय नहीं मिलता। अशोक, चन्द्रगुप्त, विक्रमादित्य, शिलादित्य आदि किसी के भी सेनापतित्व का परिचय नहीं मिलता, जिन्होंने संपूर्ण भारतवर्ष क जीता था। मुहम्मद कासिम, गजनवी, शहाबुद्दीन, अलाउद्दीन, बाबर, तैमूर, नादिरशाह किसी के भी सेनापतित्व का कोई परिचय नहीं मिलता। शायद मुसलमान लेखकगण भी इसे समझते नहीं थे। अकबर के समय से ही ऐसे सेनापतित्व का कुछ-कुछ परिचय मिलता है। अकबर, शिवाजी, अहमदशाह अब्दाली, हैदरअली, हरीसिंह आदि में सेनापतित्व और रण-पाण्डित्य के लक्षण दिखाई दिये है। भारतवर्ष के इतिहास में जितने रणपण्डितों की बातें हैं, उनमें राजसिंह किसी से कम नहीं थे। यूरोप में भी ऐसे रणपण्डित बहुत कम पैदा हुए। थोड़ी-सी सेना की सहायता से ऐसा महान कार्य वीर विलियम के बाद संसार में और किसी ने नहीं किया।

यहाँ ऐसे अपूर्व सेनापतित्य का परिचय देने को स्थान नहीं, संक्षेप में कहा जाएगा। अनेक भागों में विभक्त औरंगजेब की बहुत बड़ी सेना के आने पर रणपण्डित को जो करना चाहिये, उसे राजसिंह ने पहले ही कर दिया। पर्वतमाला के बाहर राज्य का तो समतल भाग है, उसे छोड़कर पर्वत के ऊपर चढ़कर वहाँ उन्होंने अपनी सेना स्थापित की। उन्होंने अपनी सेना को तीन भागों में विभक्तकर एक हिस्से को अपने बड़े पुत्र जयसिंह के अधीन पर्वत के शिखर पर संस्थापित किया। दूसरे हिस्से को द्वितीय पुत्र भीमसिंह के अधीन परिसर में स्थापित किया। मतलब यह था कि उपर की राह खुली रहे और अन्यान्य राजपूतगण उस राह से प्रवेश कर सहायता कर सकें। स्वयं तीसरा हिस्सा लेकर पूर्व की ओर नयन नाम पहाड़ी पर जमकर बैठ गए।

आजमशाह सैन्य लेकर जहाँ पहुँचे, उधर पर्वतमाला से उनकी राह रोकी गई। चढ़ने की हिम्मत नहीं, क्योंकि ऊपर से गोलों और शिलाओं की पुष्टि होती थी। मकान का दरवाजा बंद रहने पर जैसे कुत्ता दरवाजे पर ठेला-ठेली करता है, वैसे ही दशा उनकी भी थी।

अजमेर में औरंगजेब और शाहजादा अकबर का भेट हुआ। पिता और पुत्र अपनी सेनाएँ मिलाकर पर्वतमाला के पास जहाँ तीन रास्ते थे, वहाँ आए यह तीनों रास्ते संकुचित थे। एक का नाम दोवारी, दूसरे का कावेलबरा और तीसरे का दर्रा था। दोबारी में पहुँचने पर औरंगजेब ने अकबर को उसी राह से पचास हजार सैन्य लेकर आगे-आगे चलने की आज्ञा दी। उसने स्वयं उदयपुर-सागर के नाम से विख्यात सरोवर के किनारे छावनी डालकर कुछ आराम करने की इच्छा की। शाहजादा अकबर पहाड़ी राह से उदयपुर में प्रवेश करने को आगे बढ़ा। किसी आदमी ने उसे रोका नहीं। उसने राजप्रासाद-माला, उपवन-श्रेणी, सरोवर और उसके बीच के उपद्वीपों को देखा, किन्तु उसे कहीं भी आदमी दिखाई नहीं दिये सभी तरफ सन्नाटा था। तब अकबर ने छावनी डाल दी और अपने मन में समझा कि उसकी फौज के डर से यहाँ के सब लोग भाग गए। मुगल-छावनी में आमोद-प्रमोद होने लगा। कोई भोजन में, कोई खेल में और कोई नमाज में लग गया। इसी समय जैसे सोये मुसाफिर पर बाघ आक्रमण करता है, वैसे ही कुमार जयसिंह शाहजादा अकबर पर टूट पड़े। इस बाघ ने सभी मुगलों को दाँतों में भर लिया कोई न बच पाया। पचास हजार मुगलों में थोड़े-से लौटे। शाहजादा गुजरात की ओर भागा।

मुअज्जमशाह, जिसका दूसरा नाम शाह-आलम था। दक्षिण से सेना लेकर अहमदाबाद का चक्कर काटते हुए पर्वत-माला के पश्चिम प्रान्त में आ उपस्थित हुआ। इस राह में गणराव नामक पहाड़ी दर्रा है। उसने उसी राह से उत्तर काँकरोली के समीपवर्ती सरोवर और राजप्रासाद-माला के पास पहुँचकर देखा कि अब आगे रास्ता नहीं है—रास्ता बनाकर भी आगे बढ़ा नहीं जा सकता। ऐसा करने से राजपूत लोग पीछे से रास्ता बंद कर देंगे; तब रसद ले जाने की भी कोई राह न मिलेगी, सब बिना खाये मर जाएँगे। जो यथार्थ सेनापति हैं, वे जानते हैं कि हाथ से मारने से युद्ध में जीत नहीं होती पेट की मार मारनी चहिये। सिख लोग आज भी रोकर कहते हैं कि यवन सेनापतियों ने रसद बंद कर दी, जिससे सिखों की हार हुई। सर वार्टले फ्रियर ने एक दिन कहा था—यह समझकर घृणा न करना कि बंगाली युद्ध करना नहीं जानते शाह-आलम युद्ध करना जानते थे, इसलिए आगे बढ़े।

राजसिंह के सेना-संस्थापन के गुण से बंगाल और दाक्षिणात्य की सेनाएँ बरसात में भीगे बंदरों के दल की तरह केवल जड़ होकर बैठी रह गई। सुलतान की सेना छिन्न-भिन्न होकर आँधी के आगे धूल की तरह न जाने कहाँ उड़ गई। बाकी रहे खुद बादशाह आलमगीर।

दूसरा परिच्छेद

नवन-वन्हि भी शायद जली थी

बादशाह ने स्वयं शाहजादा अकबर को आगे भेजकर उदयसागर के किनारे छावनी डाल दी थी। एक छावनी पाश्चात्य परिव्राजक ने मुगलों की दिल्ली देखकर कहा था—दिल्ली एक बहुत बड़ी छावनी-मात्र है। दूसरे प्रकार से यह कहा जा सकता है कि मुगल बादशाहों की एक छावनी दिल्ली नगरी है। जैसा नगर का चौक होता है, वैसा ही बड़ा चौक बनाकर तम्बू गाड़े जाते थे। ऐसे असंख्य चौकों की श्रेणी में कपड़ों की बनी एक महानगरी की सृष्टि होती थी। सबके बीच में बादशाह के तम्बू का चौक था। जैसे दिल्ली में बड़े-बड़े महलों की श्रेणियों में बादशाह निवास करते थे, वैसे ही दरबार आम-खास, गुसलखाना और रंगमहल था। यह सब बादशाह के तम्बू केवल वस्त्रों के ही बने नहीं थे, इनमें लोहे और पीतल की भी सजावट थी और इनमें दो मंजिले तिमंजिले कमरे भी रहते थे। सामने दिल्ली के दुर्ग के फाटक-जैसा फाटक था। बादशाही तम्बुओं की कपड़े की दीवार या पट, आधे कोस की लम्बाई के कारचोबी के काम किये वस्त्रों से बने थे। जैसे किले की दीवार रक्षित होती थी, उसी तरह यहाँ भी पहरा होता था। कमरों के बाहर हरे लाल रंग के कपड़े की शोभा और भीतर सब दीवारों पर तस्वीरें टंगी होती थीं। आजकल हम लोग जिसे चित्र कहते हैं, वही अर्थात शीशे के पीछे जड़ी तस्वीर। दरबार के तम्बू के सिरे पर सोने से मढ़ा चंदवा था; नीचे विभिन्न रंग के गलीचे पर रत्न-जटित सिंहासन। चारों ओर अस्त्रधारिणी तातार-सुन्दरियों का पहरा होता था।

राज-प्रासादवाली के बाद अमीर-उमरावों के पट-मण्डपों की शोभा थी। यह शोभा कई कोस तक थी। किसी पट-मंडप का महल लाल, किसी का पीला, किसी का सफेद, किसी का हरा, किसी का नीला था। उनके सोने के कलश चन्द्रमा और सूर्य की किरणों में चमकती थी। इन सबके चारों और दिल्ली के चौक की तरह विभिन्न बाजार थे। बाजार पर बाजार। एकाएक बादशाह के आगमन से उदयसागर के किनारे इस रमणीय महानगरी की सृष्टि देख लोग विस्मय में आए।

जब बादशाह छावनी में आते, तो अंत:पुरवासिनी सभी बेगमें उनके साथ आती थी। 'जोधपुरी' 'उदयपुरी', जेबुन्निसा आदि के साथ निर्मल-कुमारी भी आई थीं। दिल्ली के

राजमहल में जैसे इनके अलग-अलग महल थे, छावनी के रंगमहल में भी वैसे ही इनके पृथक-पृथक आवास थे।

इस सुन्दर छावनी में औरंगजेब रात के समय जोधपुरी बेगम के महल में आकर बात-चीत कर रहे थे। निर्मल-कुमारी भी वहाँ बैठी थी।

"इमली बेगम" नाम से बादशाह ने निर्मल को बुलाया। इससे पहले वह निर्मल को 'निर्मली बेगम' कहते थे; किन्तु अब इमली बेगम कहना आरंभ किया। बादशाह ने निर्मल से कहा बेगम! तुम मेरी हो या राजपूतों की?"

निर्मल ने हाथ जोड़कर कहा—"दुनिया के बादशाह पूरी दुनिया का विचार करते हैं। इस बात का विचार भी वही करें!"

औरंगजेब—"मेरे विचार में तो यह आता है कि तुम राजपूत की कन्या हो, राजपूत तुम्हारा पति है; तुम राजपूत महारानी की सखी हो तुम राजपूतों की ही हो!"

निर्मल—"जहाँपनाह! क्या यह विचार ठीक हुआ? मैं राजपूत कन्या हूँ सही, किन्तु बेगम जोधपुरी भी वही है; आपकी दादी और परदादी भी वहीं थीं—क्या वे मुगल बादशाहों की हितकारिणी नहीं थीं।

औरंगजेब—"यह सब मुगल बादशाह की बेगमें हैं, तुम राजपूत की स्त्री हो।"

निर्मल (हँसकर)—"मैं तो आलमगीर बादशाह की इमली बेगम हूँ।"

औरंगजेब—"तुम रूपनगरी की सखी हो।"

निर्मल—"जोधपुरी की भी वही हूँ!"

औरंगजेब—"तब तुम मेरी हो?"

निर्मल—"आप जैसा विचार करें!"

औरंगजेब—"मैं तुम्हें एक काम में नियुक्त करना चाहता हूँ। इसमें मेरा उपकार है और राजसिंह का अनिष्ट हैं। तुम्हें ऐसे काम में नियुक्त करना चाहता हूँ जिसे तुम ही कर सकोगी।

निर्मल—"किस काम में, बिना जाने मैं कुछ नहीं कह सकती। मैं देवता और ब्राह्मण का अनिष्ट न कर सकूँगी!"

औरंगजेब—"मैं तुम्हे यह सब कुछ करने को न कहूँगा। मैं उदयपुर पर दखल जमाऊँगा—राजसिंह को राजपुरी पर दखल करूँगा, इस बारे में मुझे कोई सन्दहे नहीं; किन्तु राजपुरी पर दखल होने पर भी इसमें सन्देह है कि रूपनगरी को हस्तगत कर सकूँगा या नहीं। तुम इस विषय में मेरी सहायता करोगी?

निर्मल—"आपके सामने मैं गंगा जी और यमुना जी की शपथ करती हूँ कि आप यदि उदयपुर के राजमहल पर दखल करेंगे, तो मैं चंचल-कुमारी को लाकर आपको समर्पित करूँगी!"

औरंगजेब—"मैं इस बात पर विश्वास करता हूँ, क्योंकि तुम निश्चय जानती हो कि जो मुझसे विश्वासघात करे, उसे मैं टुकड़े-टुकड़े कर कुत्तों को खिलवा सकता हूँ!"

निर्मल—"आप क्या नहीं कर सकते! इस विषय में विचार हो गया है; किन्तु मैं शपथ लेके कह रही हूँ कि आपको धोखा न होगा। मुझे इतना ही सन्देह है कि नगर पर आपका पूरा अधिकार होने पर मैं उन्हें जीवित पा सकूँगी या नहीं। राजपूत महारानियों की यह रीति है कि शत्रु के हाथ पकड़े जाने से पहले वे चिता में जल मरती है। उनको जीवित न पा सकने के कारण ही मैं यह बात स्वीकार करती हूँ—नहीं तो मेरे द्वारा चंचल-कुमारी का कोई अनिष्ट न होगा!"

औरंगजेब—"इस में अनिष्ट काहे का? वह तो बादशाह की बेगम होंगी।"

निर्मल जवाब देना ही चाहती थी, इसी समय खोजा ने आकर निवेदन किया—"पेशकार दरबार में हाजिर है, जरूरी अर्जी पेश करेगा। शाहजादा अकबर का समाचार आया है।"

औरंगजेब बहुत ही घबराहट के साथ दरबार में गए। पेशकार ने अर्जी पेश की औरंगजेब ने सुना कि अकबर की पचास हजार मुगल सेना छिन्न-भिन्न होकर मारी गई। कोई नहीं जानता की मरने से जो बचे हैं, वे किधर भाग गए।

औरंगजेब ने उसी समय छावनी भंग करने की आज्ञा दी।

शाहजादा अकबर का समाचार रंगमहल में भी पहुँचा। सुनकर निर्मल-कुमारी ने पेशवाज पहन, दरवाजे बंद कर, जोधपुरी बेगम के सामने रूपनगरी नाच का समा बाँध दिया।

पेशवाज उतारकर साधारण कपड़े पहनकर बैठने पर औरंगजेब ने निर्मल-कुमारी को बुलाया। निर्मल के हाजिर होने पर बादशाह ने कहा—"हम लोग तम्बू उखाड़ रहे हैं—लड़ाई पर जाएँगे। क्या अब तुम उदयपुर जाना चाहती हो?"

निर्मल—"नहीं, अभी मैं फौज के साथ ही रहूँगी। जहाँ मौका देखूँगी, वहाँ चली जाऊँगी।"

औरंगजेब ने कुछ दुःखी होकर कहा—"क्यों जाओगी?"

निर्मल—"शाहंशाह के हुक्म से।"

औरंगजेब ने प्रसन्न होकर कहा—"अगर मैं जाने न दूँगा, तो क्या तुम हमेशा के लिए मेरे रंगमहल में रहने को राजी होगी?"

निर्मल-कुमारी ने हाथ जोड़कर कहा—"मेरे पति हैं।"

औरंगजेब ने थोड़ा इधर-उधर करके कहा—"अगर तुम इस्लाम धर्म ग्रहण करो, अगर उस पति को त्याग दो तो मैं उदयपुरी बेगम से बढ़कर गौरव के साथ तुम्हें रखूँगा।"

निर्मल ने कुछ हँसकर, फिर भी आदर के साथ कहा—"यह न होगा, जहाँपनाह!"

औरंगजेब—"क्यों न होगा? कितनी ही राजपूत कन्याएँ तो मुगलों के घर आयीं हैं।"

निर्मल—"उनमें कोई अपने पति को छोड़कर नहीं आई हैं।"

औरंगजेब—"अगर तुम्हारा पति न होता तो तुम आती?"

निर्मल—"ऐसा क्यों कहते हैं?"

औरंगजेब—"यह कहते भी लज्जा लगती है मैंने ऐसी बात कभी किसी को नहीं कही। मैं बूढ़ा हो चला, लेकिन मैंने कभी किसी से प्रेम नहीं किया। इस जन्म में केवल तुमसे ही प्रेम किया है। इसलिए अगर तुम कहती कि पति के न होने पर तुम मेरी बेगम होती, तो यह स्नेह शुन्य हृदय—जले हुए पहाड़-जैसा हृदय कुछ ठण्डा होता!"

निर्मल ने औरंगजेब की बात का विश्वास किया, क्योंकि औरंगजेब के गले की आवाज विश्वास के योग्य जान पड़ी। निर्मल ने औरंगजेब के लिए कुछ दुःखी होकर कहा—"जहाँपनाह! इस बाँदी ने ऐसा कौन-सा काम किया है, जिससे आपके प्रेम के योग्य हुई?"

औरंगजेब—" मैं यह कह नहीं सकता। तुम सुन्दरी हो सही किन्तु अब मेरी उम्र सौन्दर्य पर मुग्ध होने की नहीं। फिर तुम सुन्दरी होने पर भी उदयपुरी के बराबर नहीं हो। शायद मुझे तुम्हारे अलावा औरों से सच्ची बात कभी सुनाई नहीं दी तुम्हारी बुद्धि, चतुरता और हिम्मत देखकर मैं तुम्हें अपनी उपयुक्त रानी समझ बैठा हूँ। जो हो, आलमगीर बादशाह सिवा तुम्हारे और कभी किसी के वशीभूत नहीं हुआ और कभी किसी की आँखों के कटाक्ष से मोहित नहीं हुआ।"

निर्मल—"शाहंशाह! मुझसे एक बार रूपनगर की राज-कन्या ने पूछा था कि तुम किससे विवाह करना चाहती हो। तब मैंने कहा कि आलमगीर बादशाह से। उन्होंने पूछा कि क्यों, तो मैने उन्हें समझाया कि मैंने बचपन में बाघ पाला था, बाघ को वश में रखने में ही मुझे आनंद आता था। बादशाह को वश में करने से मुझे वही आनंद मिलेगा। मेरे अभाग्यवश अविवाहित अवस्था में आपसे मेरी मुलाकात नहीं हुई। मैंने जिस दीन—दरिद्र को पति के रूप में वरण किया है, अब मैं उसी में सुखी हूँ। अब मुझे विदा कर दीजिये।

औरंगजेब ने दुःखी होकर कहा—"दुनिया के बादशाह होने पर भी कोई सुखी नहीं होता! किसी का शौक मिटता नहीं, इस पृथ्वी पर मैंने केवल तुमसे प्रेम किया; किन्तु तुम्हें पाया नहीं! तुमसे प्रेम किया है, इसलिए तुम्हें रोकूँगा नहीं, छोड़ दूँगा। मैं वही करूँगा, जिससे तुम सुखी हो वह न करूँगा, जिससे दुःखी हो। तुम जाओ! मुझे याद रखना। अगर कभी मुझसे तुम्हारा उपकार हो सके, तो मुझे खबर देना—मैं वैसा ही करूँगा।"

निर्मल ने सलाम किया और कहा "मेरी केवल एक ही भिक्षा है। जब दोनों पक्षों में सन्धि के लिए मैं अनुरोध करूँ, तब मेरी बात पर ध्यान दीजिएगा।"

औरंगजेब ने कहा—"इस बात का विचार उसी समय होगा।"

तब निर्मल ने औरंगजेब को अपनी कबूतर दिखाया और कहा—"इस शिक्षित कबूतर को आप रखें। जब इस दासी को आप याद करें तब इस कबूतर को उड़ा दीजियेगा। इसके द्वारा अपना निवेदन मैं आपसे प्रकट करूँगी। अभी मैं आपकी सेना के साथ ही हूँ। जब मेरी विदाई का समय होगा, तब यह आज्ञा दें कि बेगम साहिबा मुझे विदा कर देंगी।"

तब औरंगजेब सैन्य-परिचालन की व्यवस्था में लगे।

किन्तु उनके मन में बहुत ही विषाद हुआ। निर्मल जैसी बातचीत में साहसी, वाक-पटू और स्पष्ट बोलने वाली युवती मुगल बादशाह ने और कभी नहीं देखी। यदि कोई राजा शिवाजी या राजसिंह; यदि कोई सेनापति हो कहीं का, यदि कोई शाहजादा साहस के साथ ऐसा स्पष्ट वचन बोलता तो औरंगजेब उसे न सहते। किन्तु रूपवती युवती, सहायहीना निर्मल में यह गुण उन्हें मीठे लगे। जहाँ तक कामदेव का अत्याचार हो सकता है, शायद वही हुआ था। इसलिए वह प्रेमान्ध की तरह विच्छेद के शोक से शोकाकुल न होकर, सिर्फ कुछ दुःखी हुए। औरंगजेब अग्नि-वर्ण नहीं थे; किन्तु मनुष्य कभी-कभी पत्थर भी नहीं हो पाता।

तीसरा परिच्छेद

बादशाह वन्हि-चक्र में

सुबह बादशाही सेना ने कूच करना प्रारंभ किया। सबसे पहले रास्ता साफ करने वाली सेना राह की सफाई के लिए सशस्त्र होकर चली। उसके साथ कुदाल, फरसा, दाब और कटार थे। वे सब सामने के पेड़ों को काटकर, गड्ढों को भरकर मिट्टी को दबाकर सेना के

लिए चौड़ी राह बनाते हुए आगे-आगे चले। इस चौड़ी सड़क से तोपों की कतार गाड़ियों पर लदकर हड़हड़ाती हुई चलीं। साथ में गोलन्दाज सेना थी। असंख्य गोलन्दाजों की गाड़ियों की घड़घड़ाहट से कान बहरे हो गए—उनके हजारों पहियों से घूम-घूमकर उड़ती हुई धूलि की तह से आँखें अन्धी हो गई। कालान्तक यमरात्र के समान मुँह बाये तोपों के आकार। देख हृदय काँप उठा। इस गोलन्दाज सेना के पीछे राज-कोषागार था। बादशाही कोषागार सेना के साथ ही चलता था। दिल्ली में किसी पर भी विश्वास कर औरंगजेब इस धनराशि को छोड़ न जाते थे। औरंगजेब के साम्राज्य-शासन में मूलमन्त्र था, सब पर अविश्वास। यह भी याद रखना चाहिये कि इस बार दिल्ली से यात्रा कर औरंगजेब फिर कभी दिल्ली नहीं लौटे, शताब्दी के एक चरण तक छावनी में ही घूमते हुए दक्षिण में उन्होंने प्राण त्याग दिये।

अनंत धन के ढेरों से परिपूर्ण हाथियों पर राजकोष और बादशाही दफ्तरखाना चला। असंख्य रथ-गाड़ी, हाथी और उसके ऊपर लदी हुई खाते-बहियाँ चलीं; कतार पर कतार, श्रेणी पर श्रेणी थी। असंख्य अनंत गंगाजल ढोने वालों की श्रेणी थी। गंगाजल जैसा स्वादिष्ट और किसी नदी का पानी नहीं, इसलिए बादशाहों के साथ अधिक से अधिक गंगाजल चलता था। जल के बाद भोजन, आटा, घी, चावल, मसाला, चीनी, तरह-तरह के पक्षी और चौपाए, तैयार, बे-तैयार, पक्के, कच्चे भोजन चले। इसके साथ हजारों बावर्ची चले। इसके बाद तोप, किमखाब की पोशाकें, जवाहरातों के छकड़े इसके बाद असंख्य घुड़सवार सेना थी।

सेना का इस तरह प्रथम भाग गया। द्वितीय भाग मों खुद बादशाह थे। आगे-आगे असंख्य ऊँटों की श्रेणी पर जलती हुई आग पर बड़े-बड़े कड़ाहों में धूना, गुग्गुल, चन्दन, कस्तूरी आदि सुगन्धित द्रव्य जल रहे थे, जिनकी सुगन्ध से कोसों तक पृथ्वी और आकाश आमोदित था इसके बाद बादशाही खास अहदी सेना, निर्दोष सुन्दर घोड़ों पर आरूढ़ होकर चली। बीच में स्वयं बादशाह मणिरत्न और किंकिणी-जाल की शोभा से शोभित इन्द्र के समान उच्च श्रवा घोड़े पर आरूढ़ थे। उनके सिर पर सुंदर श्वेत क्षत्र था। इसके बाद सिपाहियों का दल, दिल्ली का दल, बादशाही दल, औरंगजेब की महल-निवासिनी सुन्दरियों का समूह था। कोई ऐरावत जैसे हाथी की पीठ पर, सुवर्ण-निर्मित कारीगरी वाले मखमल के ओहार-मोतियों की झालरों से विभूषित बहुत ही सूक्ष्म मकड़ी के जाले जैसे रेशमी ओहारदार हौदे के भीतर, बहुत हल्की बदली से घिरे पूर्ण मंद्र के समान झलकती थी। रत्नों की माला से जटित काली नागिन जैसी वेणी पीठ पर झूल रही थी काली पुतली-सी बड़ी-बड़ी आँखें कालाग्नि की तरह झुक रही थीं ऊपर काले भ्रयुगल, नीचे सुरम की रेखा,

उसके नीचे बिजली के समान चमकदार कटाक्षों से समस्त सेना विश्रृंखलित हो रही थी। मधुर पानों की लाली से लाल अधरवाली सुन्दरियाँ मधुर-मधुर मुस्कुरा रही थीं। इसी तरह एक नहीं दो भी नहीं, हाथी के बगल में हाथी, हाथी के पीछे हाथी, इसके बाद भी हाथी थे। सबके ऊपर वैसे ही हौदे, हौदे के भीतर वैसी ही सुन्दरियाँ। सब सुन्दरियाँ के नयनों में दो बादलों के बीच बिजली के खेल थे। काली पृथ्वी डगमग हो उठी। कोई-कोई पालकी में चली—पालकी के बाहर किमखात्र, भीतर जरदोजी का कामदार मखमल, ऊपर मोतियों की झालर, चाँदी के डण्डे, सोने के मगरमुँहा उसके भीतर रत्न-मण्डिताँ सुन्दरियाँ। जोधपुरी और निर्मल-कुमारी, उदयपुरी और जेबुन्निसा, ये सब अपने-अपने हाथियों की पीठ पर थीं। उदयपुरी हास्यमयी, जोधपुरी अप्रसन्ना, निर्मल-कुमारी रहस्यमयी। जेबुन्निसा ग्रीष्मकाल में उखड़ी हुई लता की तरह छिन्न-विछिन्न, सूखी मुरझाई हुई-सी। जेबुन्निसा सोच रही थी—"क्या इस समय मेरे मरने का कोई उपाय नहीं?"

इस मनमोहिनी वाहिनी के पीछे कुटुम्बिनी स्त्रियाँ और दासियाँ थी—सभी घोड़ों पर सवार, लंबी वेणी, लाल होठों वाली और बिजली-सी कटाक्षवालियाँ थी। उनके अलंकारों की झुनझुनाहट से घोड़े नाच उठते थे। यह अश्वारोहिणी वाहिनी भी बहुत ही लोकमोहिनी थी। इनके पीछे फिर गोलन्दाज सेना थी, किन्तु इनकी तोपें अपेक्षाकृत छोटी थीं। शायद बादशाह ने यही विचार किया था कि कामिनी के कमनीय कटाक्ष के आगे बड़ी तोपों की जरूरत नहीं।

तृतीय भाग में पैदल सेना थी। उसके पीछे दास-दासी, मजदूर, चाकर, नाचने वाली आदि मामूली लोग, खाली घोड़े, तम्बुओं के ढेर और बोझ ढोने वाले थे।

जैसे वन जगत ग्राम प्रदेश को बहाती हुई मगर, घड़ियाल और भँवर आदि से भंयकर, वर्षा से उमड़ी हुई नदी, छोटे-से बालू के मैदान को डुबाती हुई बहती जाती है, वैसे ही महाकोलाहल और महावेग से यह परिमाण-रहिता विस्मयकारिणी मुगल-वाहनी उदयपुर राज्य को डुबाने चली।

किन्तु एकाएक बाधा उपस्थित हुई। जिस राह से औरंगजेब अपनी सेना ले जा थे, उसी राह से अकबर भी अपनी सेना ले जा रहे थे। उनका मतलब यह था कि अकबर की सेना के साथ अपनी सेना मिला दें। बीच में यदि कुमार जयसिंह की सेना को पायें, तो उसे बीच में दबाकर मार डालें। बाद में दोनो उदयपुर में घुसकर राज्य को ध्वंस करें। किन्तु पहाड़ी राह में चढ़ने से पहले उन्होंने विस्मय के साथ देखा कि राजसिंह ऊपर पहाड़ की उपत्यका में, उनकी राह के किनारे अपनी सेना लिए बैठे हैं। राजसिंह नयन नामक पहाड़ी की सँकरी

राह में पहाड़ी रास्ते को रोके हुए थे किन्तु बहुत खबर पहुँचाने वाले दूतों के मुँह से अकबर का समाचार सुनकर रण-पाण्डित्य की अद्भुत प्रतिभा का विकास करते हुए माँस के भूखे बाज की तरह तेजी के साथ सेना-सहित पूर्वपरिचित पहाड़ी पथ को पार कर उस पहाड़ के निचले प्रदेश में सेना के साथ जा बैठे थे।

मुगलों ने देखा कि राजसिंह के इस अद्भुत रण-पाण्डित्य से उन लोगों का सर्वनाश निश्चत है; क्योंकि मुगल सेना जिस राह से जा रही थी, उस राह से चलने पर राजसिंह को बगल में छोड़कर जाना पड़ता था। शत्रु सेना को बगल में रखकर और आगे बढ़कर कौन विपद् ले? जो बगल से आक्रमण करता है, उसे रण से विमुख नहीं किया जा सकता, बल्कि वही विजयी होकर विपक्ष को छिन्न-भिन्न कर डालता है। शलामिका और औस्तरलीज में ऐसा ही हुआ था। औरंगजेब भी इस स्वतः सिद्धः रणतत्य को जानते थे। वह यह भी जानते थे कि बगल में बैठी शत्रु की सेना से युद्ध किया जा सकता है, किन्तु ऐसा करने में अपनी सेना को लौटाकर शत्रु के सामने लाना पड़ता है। उस पहाड़ी राह में इतनी बड़ी सेना को घुमाने-फिराने का स्थान नहीं और समय भी नहीं था, क्योकि सेना का मुँह घुमाते-घुमाते राजसिंह पर्वत से उतरकर, उनकी सेना को दो खण्डों में विभक्त कर एक-एक खंड को अलग-अलग विनष्ट कर सकते हैं। ऐसे युद्ध में साहस करना भूल है। इसके बाद यह भी हो सकता है कि राजसिंह युद्ध न भी करें—वे औरंगजेब को निर्विघ्न भी जाने दे सकते हैं। पर इसमें और भी खराबी है। ऐसा होने से औरंगजेब के आगे बढ़ जाने पर राजसिंह पर्वत से उतरकर उसका पीछा कर सकते हैं। ऐसा होने पर यह तो छोटी-सी बात है कि वे मुगलों के पीछे चलने वाले माल-असबाब को लूटकर सेना का ध्वंस कर सकते हैं। असल बात तो यह है कि रसद की राह बंद हो जाएगी। सामने कुमार जयसिंह की सेना है। जयसिंह की और राजसिंह की सेना के बीच में पड़कर, फन्दे में फँसे चूहे की तरह दिल्ली के बादशाह ससैन्य भरे जाएँगे।

दिल्लीश्वर की हालत जाल में फँसी रोहू-मछली जैसी थी—किसी तरह छुटकारा नहीं! वे पलट सकते हैं, किन्तु ऐसी हालत में राजसिंह उनका पीछा करेंगे। वे उदयपुर के राज्य को अथाह पानी में डुबाने आए थे, वह बात तो दूर रही, अब उदयपुर के राजा उनके पीछे ताली बजाते चलेंगे—संसार हँसेगा। मुगल बादशाह के असामान्य सम्मान में इससे बढ़कर

बट्टा और क्या लग सकता है? औरंगजेब ने सोचा कि सिंह होकर चूहे के डर से भागें? भागने का विचार अपने मन में औरंगजेब किसी तरह ला न सका।

अब क्या हो सकता है? एकमात्र भरोसा इसका ही है कि शायद उदयपुर में जाने की कोई दूसरी राह मिले। औरंगजेब ने निर्मल-कुमारी से भी पुछवाया। लेकिन निर्मल-कुमारी ने

कह दिया कि हम पर्दानशीन औरतें राह का हल क्या जानें। किन्तु थोड़ी ही देर में समाचार मिला कि उदयपुर जाने की एक और राह है। एक मुगल सौदागार से मुलाकात हुई है, वह रास्ता बताएगा। एक मनसबदार उस राह को देख भी आया है। वहाँ एक पहाड़ी जैसा गुफा गलियार है जो बहुत ही सँकरी राह जैसा है। जहाँ शीघ्र ही पहुँचा जा सकता है। उधर कोई राजपूत भी दिखाई नहीं देता। जिस मुगल ने समाचार दिया है, उसका कहना है कि उधर कोई राजपूत सेना नहीं है।

औरंगजेब ने विचार करने के बाद कहा—"नहीं है, किन्तु छिपकर तो रह सकते हैं!"

जो मनसबदार रास्ता देख आया था उसका नाम बस्तखाँ है। उसने कहा उसे मैने पहाड़ के ऊपर भेज दिया है। अगर उसे पहले-पहल रास्ता दिखाई देगा तो वह मुझे इशारा देगा।

औरंगजेब ने पूछा—"क्या वह हमारा सिपाही है?"

बस्तखाँ—"नहीं, वह एक सौदागर है। उदयपुर में शाल बेचने गया था। वहाँ से हमारी छावनी में बेचने आया।"

औरंगजेब—"ठीक, तब उसी राह से फौज जाने दो।"

तब बादशाही हुक्म से फौज लौटी, क्योंकि कुछ पीछे हटने पर ही उस गुफा के गलियारे में प्रवेश किया जा सकता है। इसमें भी खराबी है, लेकिन जाल में फँसी बड़ी रोहू किधर जाए? जिस व्यवस्था के साथ मुगल-सेना आई थी, वह अब कायम न रह सकी जो भाग आगे था, वह पीछे हो गया। जो पीछे था, वह आगे चला गया। सेना का तीसरा भाग आगे-आगे चला। बादशाह ने हुक्म दिया कि तम्बू और असबाब तथा फालतू लोग अब उदयसागर की ओर जाएँ वह सेना के पीछे जाएँगे। ऐसा ही हुआ, स्वयं औरंगजेब पैदल सेना और छोटी तोपों के साथ गोलन्दाजों को लिए हुए गुफा की राह में चले। आगे-आगे बस्तखाँ चला।

यह देख राजसिंह हिरन की तरह छलांग मार, पर्वत से उतरकर मुगलसेना पर टूट पड़े। उसी समय मुगल सेना दो टुकड़े हो गई, मानो छुरी की धार से फूलों की माला कट गई। फौज का एक हिस्सा औरंगजेब के साथ गुफा में घुसा, दूसरा हिस्सा पहले रास्ते में रह गया राजसिंह सामने थे।

मुगल-सेना के लिए सबसे बड़ी परेशानी इस बात की थी कि जहाँ हाथी, घोड़े पालकी पर वीरांगनाएँ थी, ठीक वहीं वीरांगनाओं के सामने राजसिंह अपनी सेना के साथ जा पहुँचे। यह देख, जैसे चील्ह के झपेटे से गौरा चिड़ियाँ किलकिला उठती हैं, वैसे ही ससैन्य गरुड़ को देख काली नागिनों का दल चीख उठा। यहाँ नाममात्र को भी युद्ध नहीं हुआ। जो फर्राश बेगमों

की सेवा में नियुक्त थे, उनमें कोई भी अस्त्र चला न सका। उन्हें खयाल था कि कहीं बेगमें आहत न हों। राजपूतों ने बिना युद्ध किये ही सब सिपाहियों को गिरफ्तार कर लिया। सब बेगमें और उनके साथ ही असंख्य घुड़सवार, दासियाँ बिना युद्ध के राजसिंह के हाथ कैद हो गई।

माणिकलाल राजसिंह के साथ ही था वह राजसिंह को बहुत ही प्रिय था। माणिकलाल ने सामने आकर हाथ जोड़कर कहा—"महाराजाधिराज! अब इन बिल्लियों के दल को पकड़कर क्या किया जाए? आज्ञा हो तो सेर भर दूध-दही खिलाने के लिए इन्हें उदयपुर भेज दें।"

राजसिंह ने हँसकर कहा—"इतना दूध-दही उदयपुर में नहीं है। सुना है कि इन बिल्लियों का पेट बहुत भारी है। केवल उदयपुरी बेगम को महारानी चंचल-कुमारी के पास भेज दो उन्होंने विशेष रूप से यही कहा है। बाकी औरंगजेब का धन औरंगजेब को ही लौटा दो!"

माणिकलाल ने हाथ जोड़कर कहा—"लूट का माल कुछ-कुछ सैनिकों को भी मिलता है।"

राजसिंह ने हँसते हुए कहा—"अगर तुम्हें किसी की जरूरत हो तो ले सकते हो; किन्तु मुसलमान औरत हिन्दुओं के लिए अछूत है।"

माणिक—"वह सब नाच-गाना जानती है।"

राजसिंह—"नाच-गाने में लगने से राजपूत क्या फिर वीरता दिखा सकते हैं? सबको छोड़ दो, केवल उदयपुरी को महल में भेज दो!"

माणिक—"इस समुद्र में उस रत्न को कहाँ लगाऊँ? मैंने तो पहचाना नहीं। यदि आज्ञा हो तो हनुमान की तरह दूसरा गन्धमादन लेकर महारानी के पास पहुँचू। वे जिसे रखना चाहें, रखेगी, बाकी को छोड़ देंगी। वे सब उदयपुरी के बाजार में सुर्मा-मिस्सी बेचकर गुजारा करेंगी।"

इसी समय एक बड़े हाथी की पीठ से निर्मल-कुमारी ने राजसिंह और माणिकलाल को देखा और दोनों हाथ जोड़कर सर ऊँचा करके उसने दोनों को प्रणाम किया। यह देख राजसिंह ने माणिकलाल से दोनों हाथ जोड़कर पूछा—"वह कौन बेगम हैं? हिन्दू जान पड़ती हैं, सलाम न करके हम लोगों को प्रणाम कर रही हैं।"

माणिकलाल यह देखकर बहुत जोर से हँसा। कहा—"महाराज! वह तो बाँदी है—यह बेगम कैसे हो गई? हमें पकड़ लाना चाहिये!"

यह कहकर माणिकलाल ने हुक्म देकर निर्मल-कुमारी को हाथी से उतारा और अपने पास बुलवा लिया। निर्मल ने बात न करके हँसना शुरू किया। माणिकलाल ने पूछा—"यह क्या, तुम बेगम कब से हुई?"

निर्मल ने आँख मुँह मटकाकर कहा—"मैं जनाब इमली बेगम हूँ। तस्लीम करती हूँ।"

माणिकलाल—"मैं जानता हूँ तुम बेगम नहीं हो सकती। तुम्हारी माँ, दादी भी कभी बेगम नहीं हुई—किन्तु तुम्हारा यह वेश कैसा?"

निर्मलव—"पहले मेरे हुक्म की तालीम करो! फजूल की बातें अभी रहने दो।"

माणिकलाल—"सीताराम! बेगम साहिबा की धमकी तो देखो।"

निर्मल—"मेरा हुक्म है कि हजरत उदयपुरी बेगम साहिबा सामने के पाँच कलसेदार हौदे वाले हाथी पर तशरीफ रखती हैं। उन्हें मेरे हुजूर में हाजिर करो!"

यह कहते देर न हुई, माणिकलाल ने उसी समय उदयपुरी को हाथी से उतरने को कहा। उदयपुरी घूँघट से मुँह छिपाकर रोती हुई उतरी। माणिकलाल ने एक खाली पालकी उदयपुरी के हाथी के पास भेज दी; पालकी पर बैठाकर उदयपुरी लाई गई। इसके बाद माणिकलाल ने निर्मल-कुमारी से कहा—"जी, इमली बेगम साहिबा! और कोई बात?"

निर्मल—"चुप रहो, बदतमीज! मेरा नाम हजरत इमली बेगम है।"

माणिक—"अच्छा, चाहे कोई बेगम क्यों न हो, जेबुन्निसा बेगम को पहचानती हो?"

निर्मल—"पहचानती क्यों नहीं? वह मेरी बेटी होती है। देखो, सेना के आगे तीन कलश जिस हौदे पर जलवा दिखा रहे हैं, उस पर जेबुन्निसा बेठी हैं।"

माणिकलाल—उन्हें भी हाथी से उतार पालकी में बैठाकर ले आया।

उसी समय एक बेगम ने हौदे के जरी के पर्दे को हटाकर मुँह बाहर निकालकर निर्मल-कुमारी को बुलाया।

माणिकलाल ने निर्मल से पूछा—"तुम्हें अब कौन बुला रहा है?"

निर्मल ने देखकर कहा—"हाँ, जोधपुरी बेगम हैं। किन्तु उन्हें यहाँ लाना नहीं है। मुझे हाथी पर चढ़ाकर उनके पास ले चलो। जरा सुन लूँ!"

माणिकलाल ने ऐसा ही किया। निर्मल-कुमारी ने जोधपुरी बाई के हाथी पर चढ़कर उनके इन्द्रासन जैसे हौदे में प्रवेश किया। जोधपुरी ने कहा—"मुझे ले चलो अपने साथ।"

निर्मल—"यह तो कई बार कह चुकी हूँ। मैं इस म्लेच्छपुरी में, इस महापाप के भीतर अब रहना नहीं चाहती।"

निर्मल—"यह नहीं हो सकता! तुम्हें न चलना पड़ेगा। अगर मुगल साम्राज्य कायम रहा तो तुम्हारा लड़का दिल्ली का बादशाह होगा। हम लोग ऐसी ही चेष्टा भी करेंगी। उनके राजत्व में हम लोग सुखी रहेंगी।"

जोधपुरी—"ऐसी बात जबान पर न लाओ बेटी! बादशाह सुनेंगे, तो मेरा लड़का एक दिन भी बचने न पाएगा जहर देकर उसे मार डाला जाएगा।"

निर्मल—"मैं अभी की बात नहीं कह रही। शाहजादे का जो हक है, उसे वे समय पर पाएँगे ही। आप मुझे आज और कोई आज्ञा न दें! आप अगर मेरे साथ चलेंगी तो आपके पुत्र का अनिष्ट हो सकता है।"

जोधपुरी ने सोचकर कहा—जाओ।" "यह बात सही है! तुम्हारी बात मानती हूँ! मैं न चलूँगी, तब निर्मल-कुमारी उन्हें प्रणाम कर विदा हुई।

उदयपुरी और जेबुन्निसा उपर्युक्त सेना से घिरकर निर्मल-कुमारी के साथ उदयपुर में चंचल-कुमारी के पास भेज दी गई।

चौथा परिच्छेद

अग्निचक्र बहुत ही भीषण हुआ

तब राजसिंह ने और सब वीरांगनाओं को हाथी, पालकी तथा घोड़े पर चढ़ाकर सबको उसी रास्ते से जाने दिया, जिस गुफा से औरंगजेब गए थे। उनके प्रवेश करने पर दोनों ओर की सेना निस्तब्ध हुई। औरंगजेब की बाकी सेना और आगे बढ़ न सकती थी क्योंकि राजसिंह राह बंद किये बैठे थे। किन्तु औरंगजेब की सागर जैसी सेना युद्ध की तैयारी करने लगी। वे सब अपने घोड़ों को घुमाकर राजपूतों के सामने आए। तब राजसिंह ने थोड़ा हटकर उनकी राह छोड़ दी उनके साथ युद्ध नहीं किया। वे सब "दीन-दीन" पुकारते हुए बादशाह जिस सँकरी राह से गए थे, उसी राह में प्रवेश कर गए। राजसिंह फिर आगे बढ़े।

इसके बाद बादशाही तोशखाना उपस्थित हुआ। समझ लीजिये कि उसका कोई रक्षक नहीं; राजपूतों ने उसे लूट लिया। इसके बाद भोजन का सामान था। जी हिन्दुओं के काम लायक था, वह राजसिंह की रसद में मिला लिया गया। जो हिन्दुओं के व्यवहार लायक नहीं था, उसे डोम-चमारों ने ले जाकर कुछ खाया, कुछ पहाड़ों पर फेंक दिया उसे स्यार, कुत्ते और जंगली जानवरों ने भी खाया। राजपूतों ने हाथियों पर लदे दफ्तरखाने को कुछ जला दिया और कुछ छोड़ दिया। इसके बाद खजाना था। उसमें इतने धन-रत्न के ढेर थे, जैसे पृथ्वी में और कहीं नहीं यह जानकर राजपूतों के सेनापति लोभ से उन्मत्त हो गए। उनके पीछे बहुत बड़ी गोलन्दाज सेना थी। राजसिंह ने अपनी सेना को संयत किया और कहा—"तुम लोग घबराओ नहीं, यह सब तुम लोगों का ही है। आज छोड़ दो! आज ऐसे युद्ध का समय नहीं।" आगे राजसिंह ने कोई चेष्टा नहीं की। औरंगजेब की सब सेना गुफा में चली गई।

इसके बाद उन्होंने माणिकलाल को एकांत में ले जाकर कहा—"मैं उस मुगल पर बहुत सन्तुष्ट हुआ हूँ। मैं नहीं समझता था कि इतनी सुविधा होगी। मैंने जो विचार किया था, उससे युद्ध करके मुगलों का विनाश करना पड़ता। अब बिना युद्ध के ही मुगलों को विनष्ट कर सकूँगा। मुबारक को मेरे पास ले आओ, मैं उनका समादर करूँगा।"

पाठकों को याद होगा कि मुबारक माणिकलाल के हाथों जीवन पाकर उसी के साथ उदयपुर आए थे। राजसिंह उनकी वीरता को जानते थे, इसलिए उन्हें अपनी सेवा में उपयुक्त पद पर नियुक्त किया था। किन्तु मुगल होने के कारण उन पर पूरी तरह से विश्वास नहीं करते थे। इससे मुबारक कुछ दुःखी थे। आज उसी दुःखी से उन्होंने यह गुरुतर कार्यभार ले रखा था। पाठकों ने भी देखा कि वह गुरुतर कार्य पूर्ण हो गया। पाठक समझ गए होंगे कि मुबारक ही वेश बदले हुए मुगल सौदागर थे।

आज्ञा पाकर माणिकलाल मुबारक को ले आया। राजसिंह ने मुबारक की बहुत प्रशंसा की। उन्होंने कहा—"अगर तुम साहस और चतुरता पाकर मुगल सौदागर बनकर मुगल सेना को गुफा में न ले जाते तो बहुतेरे आदमियों की हत्या होती। अगर तुम्हें कोई पहचान जाता तो तुम बड़ी आफत में फँस जाते।"

मुबारक ने कहा—"महाराज! जो आदमी सबके सामने मर चुका है, जिसे सबके आगे कब्र दे दी गई, उसे पहचान सकने पर भी कोई न पहचानता—मन में सोचता कि भूल हो रही है। मैं इसी साहस से गया था।"

राजसिंह ने कहा—"इस समय यदि मेरा काम सिद्ध न होता, तो वह मेरा ही दोष होता। तुम जो पुरस्कार चाहो, मैं तुम्हें वही दूँगा।"

मुबारक ने कहा—"महाराज! बेअदबी माफ हो। मैंने मुगल होकर मुगलों के राज्य-ध्वंस का उपाय किया है। मैंने मुसलमान होकर हिन्दू राज्य के संस्थापन का काम किया है। सत्यवादी होकर मैंने मिथ्या प्रवंचना की है। मैंने बादशाह का नमक खाकर नमकहरामी की है। मैं मृत्यु की यन्त्रण से भी अधिक कष्ट पा रहा हूँ। मुझे और किसी पुरस्कार का शौक नहीं, मैं केवल एक पुरस्कार आपसे चाहता हूँ—मुझे तोप के मुँह पर रखकर उड़ा देने की आज्ञा दीजिये। मेरी अब जीने की इच्छा नहीं!"

राजसिंह ने विस्मित होकर कहा—"यदि इस काम से तुम्हें इतना कष्ट हुआ, तो ऐसा तुमने क्यों किया? मुझसे कहा क्यों नहीं? मैं और किसी को नियुक्त करता। मैं किसी के मन को इतना दुःख देना नहीं चाहता।"

मुबारक ने माणिक को दिखाकर कहा—"इस महात्मा ने मुझे जीवनदान दिया है। इन्हीं का अनुरोध था कि मैं इस काम को सिद्ध करूँ। मेरे न होने से यह काम सिद्ध न होता क्योंकि सिवा मुगल के, मुगल लोग किसी हिन्दू पर विश्वास नहीं करते। मैं इसे स्वीकार न करता तो अकृतज्ञता होती। इसी से मैंने इस काम को किया है। अब मैं जीना नहीं चाहता। मुझे तोप के मुँह पर उड़ा देने की आज्ञा दीजिये! या मुझे बाँधकर बादशाह के पास भेज दीजिये ताकि मैं जिस प्रकार चाहता हूँ, मुगल सेना में दाखिल होकर आपके साथ युद्ध करके प्राण त्याग करूँ।"

राजसिंह बहुत ही सन्तुष्ट हुए। उन्होंने कहा—"मैं तुम्हें कल मुगल सेना में जाने की आज्ञा दूँगा। सिर्फ एक दिन और रह जाओ! अब मुझे केवल एक बात पूछनी है—औरंगजेब ने तुम्हें क्यों मरवाया?"

मुबारक—"वो बात महाराज के सामने कहने लायक नहीं।"

राजसिंह—"माणिकलाल के सामने?"

मुबारक—"उनसे कह चुका हूँ।"

राजसिंह—"अच्छा, एक दिन और ठहरो!"

इसके बाद माणिकलाल ने मुबारक को एकांत में ले जाकर पूछा—"साहब! यदि आपकी मरने की ही इच्छा थी, तब आपने शाहजादी को पकड़ने के लिए आज्ञा क्यों दी थी?"

मुबारक—"भूल, सिंह जी भूल में अब शाहजादी को लेकर क्या करूँगा? मन में आया था, जिस शैतान औरत ने मुझे प्रेम के बदले काले साँप के जहरीले दाँतों को अर्पण कर किया था, उसे उसके काम जन बदला हूँ। किन्तु मृतक आज जो चाहता है, उसे कल उसकी इच्छा नहीं रहती। मैंने अब मरने का ही निश्चय किया है—अब शाहजादी बदला पाए या न पाए, इससे मुझे क्या? मैं अब कुछ देखने तो आऊँगा नहीं!"

माणिकलाल—"अगर आप जेबुन्निसा को कैद रखने की आज्ञा न दे तो मैं बादशाह से कुछ हर्जाना लेकर छोड़ दूँ।"

मुबारक—" मुझे उसे एक बार देखने की इच्छा है। एक बार पूछना चाहता हूँ कि संसार में धर्माधर्म पर उसका कुछ विश्वास है या नहीं? एक बार सुनना चाहता हूँ कि वह मुझे देखकर क्या कहती है? एक बार जानना चाहता हूँ कि वह मुझे देखकर क्या कहती है?"

माणिकलाल—"तब आप भी उस पर अनुरक्त है?"

मुबारक—"बिलकुल नहीं! सिर्फ एक बार देख लूँगा। आप से मैं इतना ही चाहता हूँ।

आठवाँ खंड
आग में कौन कौन जला?

पहला परिच्छेद

बादशाह का दहन आरंभ

बादशाह इधर बड़े झमेले में पड़े। उनकी सारी सेना गुफा में प्रवेश करने के कुछ दिन बाद समाप्त हो गई। किन्तु गुफा के दूसरे दिन मुहाने पर कोई न पहुँचा। दूसरे मुहाने का कोई पता ही नहीं था। संध्या के बाद ही उस सँकरी राह में बहुत ही घोर अँधेरा हो गया। सारी सेना के रास्ते में प्रकाश हो सके, ऐसी रोशनी का सामान भी साथ में नहीं था। बादशाह और बेगमों के पास रोशनी हुई, बाकी सारी सेना में घोर अंधकार उस पर तलहटी की पहाड़ी भूमि पत्थर के गिरते ढोकों से और भी भयानक हो पड़ी। घोड़े टक्कर खाने लगे कितने ही घोड़े सवार सहित गिर पड़े। बहुतेरे घोड़ों के पैर से कुचलकर घोड़े और सवार दोनों ही आहत या हत होने लगे। हाथियों के पैर में बड़े-बड़े पत्थर के ढोंके गड़ने लगे—इससे हाथी भी परेशान होकर इधर-उधर भागने लगे। घोड़े पर सवार औरतें जमीन पर गिरकर घोड़ों के टाप और हाथियों के पैर से कुचलकर आर्तनाद करने लगीं। पालकी ढोने वालों के पैर क्षत-विक्षत होकर खूनाखून हो गए। पैदल सेना से तो अब चला ही नहीं जाता वे सब थक गए और पत्थरों की ठोकरों से बहुत पीड़ित हुए। अब औरंगजेब ने रात को सेना का चलना रोककर छावनी डालने की आज्ञा दी। किन्तु तम्बू लगाने लायक जगह नहीं। बड़े कष्ट से बादशाह और बेगमों के तम्बू के लिए जगह मिली, और किसी के लिए नहीं। जो जहाँ था, वहाँ ही रह गया सवार घोड़े की पीठ पर, पीलवान हाथी के ऊपर, पैदल अपने पैरों पर भार देकर खड़े रह गए। कोई-कोई बड़े कष्ट से पहाड़ के निचले हिस्से में पैर लटकाकर बैठे गए। किन्तु पर्वत का वह हिस्सा चढ़ने योग्य नहीं, बिलकुल खड़ी जमीन कोई उस पर चढ़ नहीं सकता। कितने ही लोगों को तो इतने विश्राम का भी स्थान नहीं मिला।

इसके बाद आफत पर आफत, खाने का बिलकुल अभाव साथ में जो कुछ था उसे राजपूतों ने लूट लिया था। जिस गुफा में सेना थी, वहाँ भोजन की तो बात ही क्या, घोड़ों

के लिए घास तक न मिली। सारे दिन परिश्रम के बाद किसी को कुछ भी खाने को न मिला, बादशाह और बेगमों को भी नहीं। भूख और नींद के अभाव से सभी अधमरे हो रहे थे। मुगल सेना बड़ी आफत में पड़ी।

इधर बादशाह को उदयपुरी और जेबुन्निसा के हरण का समाचार मिला। क्रोध से वे आग हो गए। अकेले समस्त सैनिकों को मारा नहीं जा सकता, नहीं तो औरंगजेब वह भी करते। गड़हे में फँसा सिंह, सिंहनी को पिंजरे में बंद देख जैसे गर्जन करता है, औरंगजेब भी वैसे ही गर्जन करने लगे।

अधिक रात होने पर सेना का कोलाहल कुछ कम हुआ। कितनों ने सुना कि समीप ही पहाड़ के ऊपर बहुतेरे वृक्ष गिराये जा रहे हैं। कुछ न समझ सकने पर भूत की करामात समझकर सब लोग चुप हो गए!

दूसरा परिच्छेद

दहन से बादशाह की ज्वाला

औरंगजेब ने सुबह सेना को चलने की आज्ञा दी। वह बहुत बड़ी सेना तोप सहित चतुरंगिणी—बहुत ही तेजी के साथ मुहाने की ओर चली। भूख और प्यास से सभी बेहाल थे, बाहर होते तो खाने-पीने का भरोसा होता! सब लोग श्रेणी भंग कर दौड़े। स्वयं औरगजेब उदयपुरी और जेबुन्निसा को छुड़ाने तथा उदयपुर को बिलकुल ही भस्म कर देने के लिए अपनी क्रोधाग्नि से खुद ही दग्ध होने लगे। यह किसी तरह भी धैर्य धारण कर नहीं सके। बहुत तेजी से बढ़कर मुगल सेना गुफा के मुहाने पर पहुँची। वहा पहुँचकर देखा कि मुगलों के सर्वनाश की तैयारी है। मुहाना बंद है। रात को राजपूतों ने असंख्य बड़े-बड़े वृक्ष काटकर पर्वत के शिखर से गुफा के मुहाने पर फेंक दिया था। पर्वताकार डाल सहित कटे वृक्षों के ढेर से मुहाना बिलकुल ही बंद था! हाथी, घोड़े, पैदल तो दूर, उसमें स्यार और कुत्तों के घुसने की भी राह नहीं थी। मुगल सेना में भयानक आर्तनाद हो उठा। स्त्रियों की रोने की आवाज सुनकर औरंगजेब का पत्थर हृदय भी काँप उठा।

सेना की राह साफ करने वालों का दल आगे रहता है। इस सेना को विपरीत गति से आगे बढ़ना पड़ा था, इसलिए वे सब पीछे रह गए थे। पहले औरंगजेब ने उन सबको आगे आने की आज्ञा दी। किन्तु उनके आने में बहुत देर होने की संभावना थी।

प्रतीक्षा में उनकी तो आज भी उपवास करना पड़ेगा। अत: दिल्लीश्वर ने हुक्म दिया कि पैदल सिपाहियों के साथ दूसरे आदमी भी इस काम में लगाये जाएँ और पेड़ों को इस दीवार पर चढ़कर किनारे फेंक दें। हाथियों से भी यही काम लेने की उसने आज्ञा दी। अत: सैकड़ों हाथी और हजारों पैदल सैनिक पेड़ों को फेंकने में लग गए। उन लोगों ने अभी हाथ ही लगाया था कि ऊपर से शिला-वृष्टि शुरू हुई, जिससे किसी-किसी का हाथ, किसी का सिर, किसी का पैर टूटकर चूर-चूर हो गया। किसी-किसी का तो सारा शरीर ही पिस गया। हाथियों में किसी का सिर फटा, किसी का मेरुदण्ड और पंजर सत्यानाश हो गया। ऐसी हालत में हाथी सैनिकों को कुचलते, पीसते, चिंघाड़ते भाग चले, जिससे औरंगजेब की फौज डरभीत हो गई। सभी ने निगाह दौड़ाकर देखा, पहाड़ों पर हजारों राजपूत कतार बाँधकर खड़े हैं। जो मुगल अभी तक घायल नहीं हुए थे, वे राजपूतों की गोलियों से मरे। औरंगजेब के सिपाही पेड़ों की उस दीवार के पास एक क्षण भी नहीं ठहर सके।

यह देखकर औरंगजेब ने सेनापति को बहुत बुरा-भला कहा और पेड़ों को फिर से हटा फेंकने की आशा दी। तब "दीन-दीन" कहते हुए सारे मुगल इसी काम में लगे और राजपूतों की गोली खाकर गिरने लगे। इस प्रकार बहुत प्रयास करने पर भी मुगल सेना पेड़ों को न हटा सकी। आखिर हताश होकर उसने अपनी सेना को पीछे लौटने की आज्ञा दी। जिस मुँह से वे आए थे, उसी मुँह से उन्हें बाहर को जाना पड़ा। सारी सेना भूख और प्यास तथा परिश्रम से थक-सी गई थी। औरंगजेब के जीवन में यह पहला ही मौका था कि वह भूख और प्यास से अधीर हुआ था। बेगमों की भी यही दशा थी, पर कोई उपाय न था। पहाड़ पर चढ़ना कठिन था, क्योंकि पहाड़ दोनों तरफ खड़े थे और बिलकुल सीधे थे, इसलिए पीछे लौटना ही पड़ा। औरंगजेब जिस रास्ते से दोपहर को गुजारा था, उसी रास्ते से मुँह पर जा उपस्थित हुआ। उसने वहाँ जाकर देखा कि मृत्यु उसकी समूची सेना को अपने मुँह में लेने के लिए तैयार खड़ी है। उस रास्ते का मुँह भी उसी तरह पेड़ों से बंद कर दिया गया था, निकलने का कोई उपाय नहीं। राजपूत पहले की तरह पहाड़ों पर कतार बाँधकर खड़े थे। औरंगजेब ने सोचा कि अगर बाहर नहीं निकल पाए तो काल के गाल में अवश्य ही जाना पड़ेगा। उसने सभी सेनापतियों को बुलाकर विनय, उत्साह, डर आदि दिखाकर रास्ता साफ करने के लिए प्राण तक भी दे देना स्वीकार कर लिया। सेनापतियों ने सेना लेकर फिर से रास्ता साफ करने का काम शुरू कर दिया। इस बार रास्ता साफ करने वाले भी मौजूद थे, इसलिए कुछ सुविधा हो गई थी। मुगल सैनिक अपनी मृत्यु की परवाह न कर पेड़ों को छिन्न-भिन्न करने लगी। अभी थोड़ी देर ही कर पाए थे कि पहाड़ पर से पत्थर और लोहे की असाधारण वर्षा

आरंभ हुई और मुगल सैनिक उसमें डूब गए, जैसे सावन-भादों में वर्षा से धान के खेत डूब जाते हैं। सबसे बड़ी विपद् यह थी कि सामने ही राजसिंह की छावनी थी। उन्होंनें दूर से ही मुगलों को लौटते देखकर उनके सामने तोपों को सजाकर खड़ा कर दिया।

राजसिंह की तोपों ने गर्जन किया। वृक्षों की कतारों को लाँघकर राजसिंह के गोले गड़गड़ा चले। हाथी, घोड़े, पैदल, सेनापति सब चूर होने लगे। गुफा में हटकर क्रूर सर्प की तरह, जो नाग के डर से कुण्डली बाँधकर बिल में छिपा रहता है, वैसे ही मुगल सेना छिपी रही। शाहंशाह बादशाह ने हीरे जड़े श्वेत मुकुट को सिर से उतार कर भूमि पर फेंक दिया और घुटने टेककर पहाड़ी कंकड़ों को उठाकर अपने सिर पर रखा। दिल्ली के बादशाह राजपूत जमींदारों के आगे ससैन्य पिंजरे में फँसे चूहे हो गए। एक चूहे का आहार पाने से भी कम-से-कम उनकी प्राण-रक्षा हो सकती थी।

तब उसने उस क्षुद्र राजपूत-बाला को ही उपाय, उद्धार-कारिणी समझकर उसके कबूतर को उड़ा दिया।

तीसरा परिच्छेद

उदयपुरी का दहन आरंभ

निर्मल-कुमारी ने उदयपुरी बेगम और जेबुन्निसा बेगम को उपयुक्त स्थान में रखकर महारानी चंचल-कुमारी के पास जाकर प्रणाम किया और आद्योपान्त सारा हाल उन्हें कह सुनाया। विशेष रूप से सब बातें सुनकर चंचल-कुमारी ने पहले उदयपुरी को बुलाया। उदयपुरी के आने पर उन्हें एक अलग आसन बैठने को दिया और उनका सम्मान करने के लिए स्वयं उठ खड़ी हुई। उदयपुरी बहुत दुःखी और विनीत भाव से चंचल-कुमारी के सामने आईं, किन्तु अब चंचल-कुमारी के सौजन्य को देखकर समझीं कि छोटी तबीयत के हिन्दू डर से ही सौजन्य दिखाते हैं। तब म्लेच्छ-कन्या ने कहा—"तुम लोग मुगलों से मौत की खाहिश क्यों कर रही हो?"

चंचल-कुमारी ने मुस्कुराकर कहा—"हम लोगों ने उनसे मृत्यु-कामना नहीं की। वह काश उस सामग्री को हम लोगों को दे सकें, इसी आशा से हम आए हैं। हम लोग हिन्दू हैं; यवनों का दान नहीं लेते!"

उदयपुरी ने घृणा के साथ कहा—"उदयपुर ने पुरुषानुक्रम से जमींदारी के रूप में मुसलमानों के इस दान को स्वीकार किया है। सुलतान अलाउद्दीन की बात छोड़ दो, मुगल बादशाह अकबर और उनके पौत्र से भी राणा राजसिंह के पूर्वपुरुषों ने यह दान स्वीकार किया है।"

चंचल—"बेगम साहिबा, भूल कर रही हैं आप, उसे हम लोग दान नहीं मानते, ऋण समझते है! अकबर बादशाह के ऋण को प्रतापसिंह ने स्वयं चुकता कर दिया। आपके श्वसुर के ऋण को अब हम लोग चुका रहे हैं। उसकी पहली किश्त देने के लिए ही आपको बुलाया है। मेरी तम्बाकू खत्म हो गई, कृपाकर मेरे लिए तम्बाकू भर दीजिये!"

चंचल-कुमारी ने पहले बेगम के साथ जैसा सौजन्य प्रकट किया था, उसी के योग्य व्यवहार यदि बेगम भी करतीं तो शायद उन्हें इतना अपमानित न होना पड़ता। किन्तु उन्होंने ताने देकर तेजस्विनी चंचल-कुमारी के गर्व को उकसा दिया। तब उन्हें उसका फल भोगना ही पड़ा। तम्बाकू भरने की बात पर उन्हें 'तम्बाकू भरने के निमन्त्रण-पत्र' की याद आई। उदयपुरी का सारा शरीर पसीने-पसीने हो गया। फिर भी गर्व को हृदय में रखकर उन्होंने कहा—बादशाह की बेगमें तम्बाकू नहीं भरती।"

चंचल—"जब तुम बादशाह की बेगम थी, तब तम्बाकू नहीं भरती थी। इस समय तुम मेरी बाँदी हो। तम्बाकू भरो—यही मेरा हुक्म है!"

उदयपुरी रो दी—दुःख से नहीं, क्रोध से। उन्होंने कहा आलमगीर बादशाह की बेगम को तम्बाकू भरने को कहती हो?" "तुम्हारी इतनी बड़ी हिम्मत कि तुम ऐसा करो।

चंचल—"मुझे भरोसा है कि अब आलमगीर बादशाह स्वयं आकर महाराणा के लिए तम्बाकू भरेंगे। अगर उन्हें यह विद्या न आती होगी तो कल तुम उन्हें सिखा देना। आज खुद सीख लो!"

तब चंचल-कुमारी ने दासियों को आज्ञा दी—"इनसे तम्बाकू भरवाओ!"

उदयपुरी नहीं उठी।

तब दासी ने कहा—"चिलम उठाओ!"

उदयपुरी तब भी न उठी। दासी उनका हाथ पकड़कर खींचने लगी। तब अपमान के डर से कम्पित-हृदय, शाहंशाह की प्यारी बेगम चिलम उठाने चली। अभी वह चिलम के पास पहुँची नहीं थी, आसन छोड़कर एक कदम बढ़ते ही थर-थर कांपकर पत्थर की बनी भूमि पर गिर पड़ी। परिचारिका ने उन्हें पकड़ लिया—चोट नहीं आई। उदयपुरी जमीन पर गिरकर बेहोश हो गई।

चंचल-कुमारी के आज्ञानुसार जो कीमती पलंग और कीमती शय्या उनके लिए तैयार की गई थी, वहीं वह धर-पकड़ के पहुँचाई गई। वहाँ वासियों ने यथाविधि उनकी सेवा की। थोड़ी ही देर में वह होश में आ गई। तब चंचल-कुमारी ने आज्ञा दी कि कोई किसी तरह भी उनका अपमान न करे। भोजन, शयन और सेवा के लिए कुमारी ने दी।

निर्मल ने कहा—"यह तो सब होगा। किन्तु इससे उनकी परितृप्ति न होगी!"

चंचल—"क्यों, और क्या चाहिए?

चंचल—शराब! जब वह शराब माँगे, तब थोड़ा गोमूत्र देना!

उदयपुरी परिचर्या से सन्तुष्ट हुई। किन्तु रात के समय, ठीक डर होने पर निर्मल-कुमारी ने बुलाकर विनीत भाव से कहा—इमली बेगम, थोड़ी शराब के लिए हुक्म दीजिये।"

निर्मल ने कहकर चुपके से राजवैद्य को खबर दी। राजवैद्य ने एक बूँद दवा भेज दी और आज्ञा दी कि एक गिलास शर्बत तैयार कर उसमें इसे मिला कर पीने को दीजिये। निर्मल ने ऐसा ही किया। उसे पीकर उदयपुरी बहुत ही प्रसन्न हुई और देर से नशे में आकर गहरी नींद में सो गई।

चौथा परिच्छेद

जेबुन्निसा का दहन आरंभ

जेबुन्निसा अकेली बैठी है। दो-एक दासियाँ उनकी सेवा में लगी हैं। निर्मल-कुमारी भी बीच-बीच में उनकी खबर लेती रही। धीरे-धीरे उदयपुरी के झमेले की खबर भी उन्हें लगी। सुनकर वह अपने लिए चिन्तित हुई।

अंत में निर्मल-कुमारी उन्हें भी चंचल-कुमारी के पास ले गई। वह न तो विनीत हुई और न गर्व ही दिखलाया, सीधे चंचल-कुमारी के पास उपस्थित हुई। उन्होंने मन में सोचा कि मैं इस बात को कभी न भूलूँगी कि मैं भी आलमगीर बादशाह की कन्या हूँ।

चंचल-कुमारी ने बड़े आदर के साथ उन्हें उनके लायक अलग आसन पर बैठाया और उनसे तरह-तरह की बातें की। जेबुन्निसा ने भी सौजन्य के साथ बातों का जवाब दिया। ऐसी कोई बात किसी ने किसी तरफ से नहीं उठाई, जिससे विद्वेष भाव उत्पन्न हो। अंत में चंचल-कुमारी ने उनके उपयुक्त परिचर्या की आज्ञा दी और जेबुन्निसा को इत्र और पान भी दिया।

किन्तु जेबुन्निसा उठीं नहीं। उन्होंने कहा—"महारानी! मैं यहाँ किस लिए लाई गई हूँ? क्या मैं कुछ सुन सकती हूँ?"

चंचल—"यह बात आपसे नहीं बताई गई। नहीं बताने पर भी कोई हर्ज नहीं। किसी ज्योतिषी के कहने के अनुसार आप बुलाई गई हैं। आज आप अकेली सोएँ और दरवाजा खुला रखें। पहरेदारिने अलग होकर पहरा देंगी, आपको कोई कष्ट न पहुँचेगा। जो स्वप्न देखें, वह कल मुझसे कहेंगी—यही आपसे प्रार्थना है!"

सुनकर चिन्तित भाव से जेबुन्निसा चंचल-कुमारी के पास से विदा हुई। निर्मल-कुमारी की कोशिश से उनके भोजन, बिस्तर आदि की परिपाटी दिल्ली के रंगमहल जैसी ही हुई। वह सोई, किन्तु नींद नहीं आई। चंचल-कुमारी के आज्ञानुसार दरवाजा खोलकर अकेली सोई क्योंकि बात न मानने से उन्हें यह डर था कि जो दशा उदयपुरी की हुई, वैसी ही उनकी भी न हो! किन्तु अकेली सारी रात दरवाजा खुला रखने में भी उन्हें शंका हुई। उन्होंने यह भी सोचा कि शायद चुपके से मुझ पर कोई अत्याचार हो और इसके लिए ही यह बन्दोबस्त किया गया हो। इसलिए उन्होंने स्थिर किया कि वह सोएँगी ही नहीं, सावधान रहेंगी!

किन्तु दिन में बहुत कष्ट मिला था, इसलिए नींद न आने देने की प्रतिज्ञा करने पर भी उन्हें बीच-बीच में नींद आकर उन पर अधिकार जमाने लगी। जो निद्रा न आने की प्रतिज्ञा करता है, वह निद्रा आने पर भी बीच-बीच में चौंक पड़ता है। निद्रा आने पर भी उसे यह याद रहता है कि मैं न सोऊँ। जेबुन्निसा को बीच-बीच में ऐसी ही झपकी आ रही थी किन्तु चौंककर नींद उचट जाती थी। नींद उचटते ही उसे अपनी हालत याद आती थी। कहाँ दिल्ली की बादशाहजादी कहाँ उदयपुर की बन्दिनी! कहाँ मुगल बादशाही की रंगभूमि की प्रधान अभिनेत्री, मुगल बादशाह के आकाश में पूर्णचन्द्र, तख्ते-ताऊस की सबसे उज्ज्वल रत्न, काबुल से विजयपुर-गोलकुण्डा तक जिनके बाहुबल से शासित है उनकी दाहिनी बाँह और कहाँ आज उदयपुर के कटघरे में चूहे की तरह पिंजरे में बंद रूपनगर की जमींदार-कन्या की बन्दिनी, हिन्दू के घर अछूत शुकरी, हिन्दू दास-दासियों की चरण-किंकरी कीट-मृत्यु क्या इससे अच्छी नहीं? अच्छी ही है! जिस मौत को उन्होंने मुबारक को दिया है, वह अच्छा नहीं तो और क्या है?

मुबारक को जो दिया है, वह अमूल्य है—क्या वह स्वयं उस मौत के योग्य है? हाय मुबारक! मुबारक! मुबारक! तुम्हारा अमोघ वीरत्व क्या मामूली साँप के जहर को जीत न सका? वह अनिन्दनीय मनोहर मूर्ति भी क्या साँप के जहर से नीली पड़ गई? इस समय क्या उदयपुर में ऐसा कोई साँप मिल नहीं सकता, जो इस काली नागन को डँसे? मानुषी, काली

नागन, क्या फणिनी काली नागन के डँसने से न मरेगी? हाय मुबारक! मुबारक। मुबारक तुम एक बार सशरीर आकर मुझे जरा काली नागन से डँसाओ, देखूँ मैं मरती हूँ या नहीं!

ठीक यही बात सोचकर मानो मुबारक को देखने की इच्छा से जेबुन्निसा ने आँखें खोल दी। देखा कि सामने ही सशरीर मुबारक है। जेबुन्निसा ने चीख मारकर आँखें बंद कर ली और बेहोश हो गई।

पाँचवाँ परिच्छेद

अग्नि में इन्धन ज्वाला बढ़ी

दूसरे दिन जब जेबुन्निसा शय्या त्यागकर उठी, तब पह पहचानी नहीं जाती थी। एक तो पहले ही मूर्ति जीर्णा, कादम्बिनी-छाया-विच्छिन्ना जैसी हो रही थी, आज और भी न जाने क्या हुआ, पूरे दिन-रात आग की तपन के आगे बैठे रहने से मनुष्य की जैसी दशा होती है, चिता पर चढ़े बिना जले, केवल धुएँ और तपन से अधजली ही चिता से उतर आने पर जैसा होता है, जेबुन्निसा भी आज वैसी ही दिखाई दे रही थी। जेबुन्निसा क्षण-क्षण जल रही थी।

वेशभूषा न करने से काम नहीं चलता जेबुन्निसा ने बड़ी अनिच्छा से कपड़े बदलकर नियम और अनुरोध के खयाल से जलपान किया। इसके बाद वह पहले उदयपुरी से मिलने गई। देखा कि उदयपुरी अकेली बैठी हुई है—सामने कुमारी मेरी ही तस्वीर और एक ईसा के साथ हैं। बहुत दिन से उदयपुरी ईसा और उनकी माता को भूल गई थी। आज दुर्दिन में उन्हें याद आई। ईसाइन के निशान के रूप में यह दोनों उनके साथ-साथ रहते थे; बरसात के दिनों में दुखिया के पुराने छाते की तरह आज वे निशान बाहर निकले। जेबुन्निसा ने देखा कि उदयपुरी की आँखों से आँसू बह रहे हैं बूँद पर बूँद चुपचाप सफेद-सफेद गालों पर बह रहे हैं। जेबुन्निसा ने उदयपुरी को इतना सुन्दर और कभी नहीं देखा। वह स्वभावत: परम सुन्दरी हैं—किन्तु गर्व, भोग-विलास और कुढ़न आदि से वह विकार धुल गया था, अपूर्व रूप-राशि का पूर्ण विकास हुआ था।

उदयपुरी जेबुन्निसा को देखकर अपने दुःख की बातें कहा करती थी। उन्होंने कहा—“मैं बाँदी थी—बाँदी के घर से बेची गई थी, बाँदी ही क्यों न रही? मेरे भाग्य

में ऐश्वर्य क्यों इतना ही कहकर उदयपुरी ने जेबुन्निसा के मुँह की ओर देखकर कहा—“तुम्हारी यह क्या हालत है? कल तुम्हें क्या हो गया था? क्या काफिरों ने तुम पर भी अत्याचार किया था?”

जेबुन्निसा ने ठण्डी साँस लेकर कहा—“काफिर की मजाल क्या? सब कुछ अल्लाह ने किया है!”

उदयपुरी—“वह तो सब करते ही हैं। किन्तु क्या मैं सुन सकती हूँ कि क्या हुआ?”

जेबुन्निसा—“अभी वह बात जुबान पर ला नहीं सकती। मरने के समय कहूँगी।”

उदयपुरी—“जो हो, ईश्वर इन राजपूतों की स्पर्धा का भी दण्ड देंगे।”

जेबुन्निसा—“राजपूतों का इसमें कोई दोष नहीं!”

यह कह जेबुन्निसा चुप हो गई। उदयपुरी भी कुछ न बोली। अंत में चंचल-कुमारी से मिलने के लिए जेबुन्निसा ने उदयपुरी से आज्ञा माँगी।

उदयपुरी ने कहा—“क्यों? क्या उसने तुम्हें बुलाया है?”*

जेबुन्निसा—“नहीं।”

उदयपुरी—“तुम उससे मुलाकात न करो। तुम बादशाह की लड़की हो!”

जेबुन्निसा—“मुझे अपनी जरूरत है।”

उदयपुरी—“मुलाकात करके पूछना कि आखिर अशर्फिया लेकर यह गंवार हम लोगों को छोड़ेगे?”

यह कहकर जेबुन्निसा चली गई। तब चंचल-कुमारी से आज्ञा लेकर वह उनसे मिली। चंचल-कुमारी ने पहले ही दिन के समान उनका आदर किया और कायदे के अनुसार स्वागत किया। अंत में उन्होंने पूछा—“क्यों, अच्छी नींद आई न?”

जेबुन्निसा—“नहीं, आपने जैसी आज्ञा दी थी, उसका पालन करने की वजह से नींद नहीं आई।”

चंचल—“तब क्या कोई स्वप्न भी नहीं देखा?”

जेबुन्निसा—“स्वप्न नहीं, किन्तु प्रत्यक्ष कुछ देखा।

चंचल—“अच्छा या बुरा?

जेबुन्निसा—“भला या बुरा—कुछ कह नहीं सकती—भला तो नहीं था। किन्तु इस बारे में आप से मेरी एक भिक्षा है।

चंचल—“कहिये।”

जेबुन्निसा—“क्या मैं फिर उसे देख सकती हूँ?”

चंचल—“दैवज्ञ से बिना पूछे मैं कह नहीं सकती। मैं चार-पाँच दिन बाद दैवज्ञ के पास आदमी भेजूँगी।

जेबुन्निसा—“आज नहीं भेज सकतीं?”

चंचल—“इतनी जल्दी क्या है शाहजादी?”

जेबुन्निसा—“इतनी जल्दी? अगर आप इसी क्षण उसे दिखा सकें तो मैं आपकी बाँदी होकर रह सकती हूँ!”

चंचल—“बहुत ही आश्चर्य की बात है, शाहजादी! ऐसी कौन-सी चीज है?”

जेबुन्निसा ने कुछ बोल नहीं। उसकी आँखों से आँसू गिरने लगे। यह देखकर भी चंचल-कुमारी को दया न आई। उन्होंने कहा—“आप चार-पाँच दिन ठहरें, मैं विचार करूँगी।”

तब जेबुन्निसा हिन्दू-मुसलमान का दुर्भेद भूल गई। जहाँ उसे न जाना चाहिये, वहाँ भी गई। जिस शय्या पर चंचल-कुमारी बैठी थी, उस पर जा खड़ी हुई। इसके बाद कटी हुई लता की तरह चंचल-कुमारी के पैरों पर गिर उनके पैरों पर मुँह रख, चरण-कमल को पलट आँसुओं की ओस से उसे सींचा और कहा—“मेरी प्राण-रक्षा करो नहीं तो मैं मर जाऊँगी!”

चंचल-कुमारी ने उन्हें पकड़कर उठाया। उन्हें भी हिन्दू-मुसलमान की याद न रही। उन्होंने कहा—“शाहजादी! आप जैसे कल रात को दरवाजा खोलकर सोई थीं, वैसा ही आज भी करें। जल्द ही आपकी मनोकामना सिद्ध होगी।”

यह कहकर उन्होंने जेबुन्निसा को विदा किया। इधर उदयपुरी जेबुन्निसा की प्रतीक्षा कर रही थी। लेकिन जेबुन्निसा फिर उनसे नहीं मिली। निराश होकर उदयपुरी ने स्वयं चंचल-कुमारी के पास जाने की आज्ञा माँगी।

मुलाकात होने पर उदयपुरी ने चंचल-कुमारी से पूछा कि कितनी अशर्फियाँ मिलने से उन लोगों को छोड़ दोगी?

चंचल-कुमारी ने कहा—“अगर बादशाह भारतवर्ष की कुल मस्जिद-मय दिल्ली की जामा मस्जिद को तुड़वा सकें, मयूर-सिंहासन को यहाँ भेज दें और साल-दर-साल हम लोगों को मालगुजारी देना स्वीकार करें, तो मैं तुम लोगों को छोड़ सकती हूँ।”

उदयपुरी ने क्रोध से अधीर होकर कहा—“गंवार जमींदार के, मन में इतनी हिम्मत? आश्चर्य है!”

यह कहकर उदयपुरी उठकर चलीं। चंचल-कुमारी ने हँसकर कहा—“बिना हुक्म उठकर जाती कहाँ हो? क्या भूल गई कि तुम हम गंवार जमींदारों की बाँदी हो? इसके बाद

उन्होंने एक दासी को आज्ञा दी—"मेरी इस नई बाँदी को सभी रानियों के पास ले जाकर दिखा लाओ परिचय देना कि यह नराशिकोह की खरीदी बाँदी है।"

उदयपुरी रोती हुई परिचारिका के साथ चलीं। परिचारिकाएँ सभी रानियों को औरंगजेब की प्यारी बेगम दिखा लाई।

निर्मल ने आकर चंचल से कहा—"महारानी! असल बात भूल रही हो! मैं किसलिए उदयपुरी को पकड़कर ले आई हूँ? क्या ज्योतिषी की बाते याद नहीं?

चंचल-कुमारी ने हँसकर कहा—"वह बात मैं भूली नहीं! उस दिन बेगम बहुत दुःखी हुईं, इसी से अधिक तकलीफ दे न सकी। किन्तु बेगम अपने आप मेरी दया को गँवाएँ देती हैं।"

छठवाँ परिच्छेद

शाहजादी भस्म हुई

आधी रात बीतने के बाद सभी निःशब्द सो रहे हैं। जेबुन्निसा, बादशाह की कन्या, सुखशय्या पर आँसू बहाने को विवश है। कदाचित दावाग्नि से घिरी बाघिन की तरह कोप से भरी, फिर भी मानो बाणों से घायल हरिणी की तरह कातर हो रही है। रात अच्छी नहीं, कभी-कभी गहरे हुंकार के साथ प्रबल वायु बह रही है, आकाश मेघाच्छन्न है। खिड़कियों की राह से दिखाई देने वाले पहाड़ों की माला पर घोर अंधकार है—केवल जहाँ राजपूतों की छावनी है, वहाँ बसन्त-कानन में फूलों के हार की भाँति, समुद्र के फेन के समान और कामिनी के कमनीय देह पर रत्नराशि के समान एक स्थान पर बहुतेरे दीपक जल रहे हैं—सर्वत्र सन्नाटा घोर अंधकार से पूर्ण है। कभी-कभी सिपाही के हाथ की बन्दुक की आवाज भीषण रूप में गूँज उठती है। कभी-कभी मेघ के "आर्द्रग्रह गुरु गर्जित" हैं कहीं-कहीं एकमात्र तोप की प्रतिध्वनि जैसा तुमुल कोलाहल होता है। राजपुरी के अस्तबल में डरे हुए घोड़ों की हिनहिनाहट, राजपुरी के उद्यान में डरी हुई हरिणी की कातर आवाज गूँजती है। उस भयंकर रात की सब शोर सुनते-सुनते जेबुन्निसा सोच रही है—"वह तोप देगी, शायद मुगलों की तोप है—नहीं, तोप इस तरह नहीं बोलती। मेरे पिता की तोप देगी ऐसी सैकड़ों तोपें मेरे पिता के पास हैं—क्या एक भी मेरे हृदय के लिए नहीं? कैसे इस

तोप के मुँह पर छाती रखकर तोप की आग से यह ज्वाला बुझा डालूँ। कल सेना में हाथी की पीठ पर चढ़कर मैं लाखों सेना की कतारें देखती थी, लाखों अस्त्रों की झंकार सुनती थी—उनमें एक से ही मेरी सारी ज्वाला बुझ सकती है, कब मैंने वह चेष्टा कहाँ की! हाथी की पीठ से कूदकर, हाथी के पैरों-तले पिसकर मर सकती थी—लेकिन मैंने तो यह भी चेष्टा नहीं की! मरने की इच्छा है, तो जहर खाकर मरती क्यों नहीं? मेरे मन में अब वह शक्ति नहीं कि उद्योग कर सकूँ।"

ऐसे समय हवा के झोंके ने खुले द्वारों से कमरे में प्रवेश कर सब बत्तियों को बुला दिया। अंधकार से जेबुन्निसा के मन में कुछ डर समाया। पर जेबुन्निसा सोचने लगी—"डरना क्यों? अभी-अभी तो मैं मरने की इच्छा कर रही थी। जो मरना चाहता है, उसे डर काहे का? कल मैंने मरे हुए आदमी को देखा है, आज भी मैं जीवित हूँ—जान पड़ता है कि जहाँ मरे मनुष्य रहते हैं, वहीं मैं भी जाऊँगी। यह निश्चित है, तब डर काहे का? मेरे भाग में बिहिश्त भी नहीं शायद जहन्नुम में जाना होगा—इसी से इतना डर है। तो, अब तक मैंने इस बातों पर विश्वास भी नहीं किया जहन्नुम को भी नहीं माना और बिहिश्त को भी नहीं माना खुदा को भी नहीं जानती थी और दीन को भी नहीं जानती थी, केवल भोग-विलास ही जानती थी। अल्लाह, रहीम! तुमने मुझे क्यों ऐश्वर्य दिया? ऐश्वर्य ही मेरे जीवन के लिए विषमय हुआ। इसी से मैंने तुम्हें पहचाना नहीं। ऐश्वर्य में सुख नहीं है, यह मैं जानती भी नहीं थी। किन्तु तुम तो जानते थे। जान-बूझकर निर्दय होकर तुमने यह दुःख क्यों दिया। मेरे जैसा ऐश्वर्य किसके भाग्य में है? पर आज मेरे जैसी दुःखी कौन है?"

शय्या पर कोई चींटी या कीड़ा चढ़ सकता है—रत्न-शय्या पर भी कीड़ों के आने-जाने की मनाही नहीं—किसी कीड़े ने जेबुन्निसा को काटा। जिस कोमलांग पर पुष्पधन्वा भी शराघात करने के समय कोमल हाथों से बाण चलाते हैं, उसे कीड़े ने लापरवाही के साथ काट-काटकर उसका खून निकाल दिया। जेबुन्निसा उस ज्वाला से कुछ कातर हुई। तब वह

मन में ही कुछ हँसी। सोचने लगी—"चींटी के काटने से मैं छटपटा उठी! इस अनंत दुःख के समय भी छटपटाई। मैं स्वयं तो चींटी का काटना सह नहीं सकती, और लापरवाही से मैंने अपने प्राण से भी अधिक प्रिय को साँप से डँसाने भेजा। ऐसा कोई नहीं जो मेरे लिए वैसा ही विषधर साँप ला सके? हाय साँप, मुबारक!"

केवल सब के ही लिए ऐसा नहीं होता अधिक मानसिक यन्त्रणा के समय, अधिक देर तक अकेले मर्मभेदी चिन्ता में डूबने पर मन की कोई-कोई बातें ज़ुबान पर आ जाती हैं। जेबुन्निसा की अंतिम कई बातें वैसे ही उसके मुँह से बाहर निकल पड़ीं। उन्होंने उस अँधेरी

रात में, घोर अँधेरी कोठरी में से उस वायु के हुंकार को भेदकर मानों किसी से कहा—"साँप या मुबारक!" किसी ने उस अंधकार में जवाब दिया—"मुबारक को पाने से क्या तुम न मरोगी?"

यह क्या!"—जेबुन्निसा बिस्तर छोड़कर उठ बैठी। जैसे गीत-ध्वनि सुनकर हरिणी आँखें खोलकर उठ बैठती हैं, वैसे ही जेबुन्निसा उठ बैठी। उन्होंने कहा—"यह क्या मैंने क्या सुना! यह आवाज किसकी है?"

उत्तर मिला—"किसकी?"

जेबुन्निसा—"किसकी? जो बिहिश्त में गया है, उसकी भी आवाज संभव है? क्या वह छायामात्र नहीं है तुम कैसे बिहिश्त से आए, जानते हो मुबारक? तुम कल दिखाई दिये थे, आज तुम्हारी आवाज सुनी। तुम मरे हो या जीते? असीरूद्दीन क्या मेरे आगे झूठ बोला? तुम जीते हो या मरे—तुम मेरे पास हो—क्या मेरे इस पलंग पर क्षणभर के लिए बैठ नहीं सकते? तुम अगर छायामात्र ही हो, तब भी मुझे डर नहीं। एक बार बोलो!"

जवाब मिला—"क्यों?"

जेबुन्निसा ने गिड़गिड़ाकर कहा—"मैं कुछ कहूँगी। मैंने जो कभी नहीं कहा, वह कहूँगी!"

मुबारक—(यह कहने की जरूरत नहीं कि मुबारक सशरीर उपस्थित था) उस अँधेरे में जेबुन्निसा के पलंग पर बैठ गया। जेबुन्निसा की बाँह से उसकी बाँह छू गई। जेबुन्निसा का शरीर हर्ष से रोमांचित हुआ और आनंद से भर उठा। अंधकार में मोतियों की लड़ी उसकी आँखों से बही। जेबुन्निसा ने आदर के साथ मुबारक का हाथ अपने हाथ में ले लिया। इसके बाद उसने कहा—"छाया नहीं हो, प्राणवान! तुम मुझे चाहे जो कहकर बहकाओं, मैं बहकने वाली नहीं। मैं तुम्हें न छोड़ूँगी।" तब जेबुन्निसा ने एकाएक पलंग से उतर मुबारक के पैरों पर गिरके कहा—"मुझे क्षमा करो! मैं ऐश्वर्य के गौरव से पागल हो गई थी। मैने आज कसम खाकर सारे ऐश्वर्य का त्याग किया। तुम अगर मुझे क्षमा न करोगे तो मैं लौटकर दिल्ली नहीं जाऊँगी। बोलो, तुम जीवित हो?"

मुबारक ने ठण्डी साँस लेकर कहा—"मैं जीवित हूँ! एक राजपूत ने मुझे कब्र से निकालकर मेरी चिकित्सा कर प्राणदान दिया था उसी के साथ यहाँ आया हूँ।

जेबुन्निसा ने उसके पैर नहीं छोड़े। उसकी आँखों के आँसू से मुबारक के पैर भीग गया। मुबारक उसका हाथ पकड़कर उठाने लगा। किन्तु जेबुन्निसा उठी नहीं। उसने कहा—"मुझ पर दया करो, मुझे क्षमा करो!"

मुबारक ने कहा—"तुम्हें क्षमा कर दिया है मैंने क्षमा न करता तो तुम्हारे पास न आता!" जेबुन्निसा ने कहा—"यदि आए हो, यदि क्षमा किया है तो मुझे ग्रहण करो! ग्रहण करने के बाद यदि इच्छा हो तो साँप के मुँह में डाल दो, न इच्छा हो तो जो कहो वहीं करूँगी। अब मुझे न त्यागो! मैं तुम्हारे आगे कसम खाती हूँ कि अब दिल्ली न जाऊँगी आलमगीर बादशाह के रंगमहल में अब प्रवेश न करूँगी। मैं शाहजादे से विवाह करना नहीं चाहती, तुम्हारे साथ चलूँगी।"

मुबारक सब कुछ भूल गए साँप काटने की ज्वाला भूल गए अपनी मरने की इच्छा मूल गए—दरिया को भूल गए। जेबुन्निसा की प्रेम से शून्य असह्य बातें भूल गए। केवल जेबुन्निसा की रूपराशि उनकी आँखों के सामने छाई रही; जेबुन्निसा की प्रेमपूर्ण कातर वाणी उनके कानों में गूँज उठी। शाहजादी के दर्प को चूर देखकर उनका मन पिघल गया। तब मुबारक ने पूछा—"तब क्या तुम अब इस गरीब को पति के रूप में ग्रहण करने को राजी हो?"

जेबुन्निसा ने हाथ जोड़कर आँखों में आँसू भरकर कहा—"क्या मेरा ऐसा भाग्य है?"

बादशाजादी अब बादशाहजादी नहीं, नारी मात्र हैं। मुबारक ने कहा—"तब निर्भय, निःसंकोच मेरे साथ आओ!"

रोशनी जलाने की सामग्री उनके पास थी। मुबारक बत्ती जलाकर उसे लालटेन के भीतर रखकर बाहर आ खड़े हुए। उनके कहने के अनुसार जेबुन्निसा ने कपड़े बदले। मुबारक उनका हाथ पकड़े कोठरी से बाहर निकले। वहाँ पहरेदारिने नियुक्त थीं। उनके इशारे पर वे मुबारक और जेबुन्निसा के साथ चलीं। मुबारक ने चलते-चलते जेबुन्निसा को समझाया कि राजमहल में पुरुषों को आने का अधिकार नहीं। विशेषत: मुसलमान की तो बात ही अलग है। इसलिए वह रात में आने को बाध्य हुए थे। वह भी महारानी के विशेष अनुग्रह से आ सके थे और इसी से पहरेदारों ने उनका साथ दिया। सिंहद्वार तक उन्हें पैदल जाना था। बाहर मुबारक के लिए घोड़ा और जेबुन्निसा के लिए पालकी तैयार थी।

पहरेदारिनों की सहायता से सिंहद्वार से बाहर निकलकर ये लोग अपनी-अपनी सवारी पर सवार हुए। उदयपुर में भी दो-चार मुसलमान सौदागरी आदि लिये रहते थे, उन लोगों ने महाराणा से आज्ञा लेकर नगर के किनारे एक छोटी-सी मस्जिद बनाई थी। मुबारक जेबुन्निसा को उसी मस्जिद में ले गए। वहाँ एक मुल्ला, एक वकील और गवाह हाजिर थे। उनकी सहायता से मुबारक और जेबुन्निसा का शरह के मुताबिक विवाह हुआ।

तब मुबारक ने कहा—"अब तुम्हें जहाँ से ले आया हूँ वहीं पहुँचा देना होगा क्योंकि अभी तुम महाराणा की कैदी हो। किन्तु आशा है कि तुम शीघ्र ही छुटकारा पाओगी।"

यह कहकर मुबारक ने जेबुन्निसा को फिर शयनगृह में पहुँचा दिया।

सातवाँ परिच्छेद

दग्ध बादशाह का पानी माँगना

दूसरे दिन तीसरे पहर चंचल-कुमारी के आगे जेबुन्निसा बैठी हुई प्रसन्नवदन होकर बातें कर रही थी। दो रात जागने से उसका शरीर दुःख-भोग से सुस्त हो गया था। वो जेबुन्निसा रत्नराशि और पुष्पराशि से मण्डित होकर दर्पण में अपनी प्रतिमूर्ति देख हँसा करती थी। अब वह जेबुन्निसा नहीं। वह समझती थी कि शाहजादी का जन्म केवल भोग-विलास के लिए है, यह वह शाहजादी नहीं। जेबुन्निसा समझ गई है कि शाहजादी भी नारी होती है, शाहजादी का हृदय भी नारी-हृदय होता है। स्नेहशून्य नारी-हृदय सूखी नदी मात्र है—केवल बलुही अथवा जलशून्य तालाब की तरह—केवल कीचड़।

जेबुन्निसा इस समय निष्कपट हो गर्व त्यागकर विनीत भाव से चंचल-कुमारी के आगे गत रात्रि की घटना का हाल कह रही थी। चंचल-कुमारी सब जानती थी। सब कहने के बाद जेबुन्निसा ने चंचल-कुमारी से हाथ जोड़कर कहा—"महारानी! अब मुझे कैद रखने से क्या फायदा? मैं अब भूल गई कि मैं आलमगीर बादशाह की कन्या हूँ। अब आप मुझे उनके पास भेजें तो मेरी जाने की इच्छा नहीं। जाने पर भी शायद मेरा प्राण न बचेगा। इसलिए मुझे छोड़ दीजिए, मैं अपने पति के साथ मुल्क तुर्किस्तान चली जाऊँगी!"

चंचल-कुमारी ने सुनकर कहा—"इन सब बातों का जवाब देना मेरे हाथ में नहीं—मालिक स्वयं महाराणा हैं। उन्होंने आपको मेरे पास रखने को भेजा है, मैं आपको रखे हुई हूँ। फिर भी यह घटना जो हो गई, उसके लिए महाराणा के सेनापति माणिकलाल सिंह जिम्मेदार हैं। मैं माणिकलाल के आगे बहुत विवश हूँ, इसी से उनके कहने के अनुसार इतना किया है, किन्तु मैंने आपको छोड़ देने की आज्ञा नहीं पाई। अतएव इस बारे में कुछ भी स्वीकार नहीं कर सकती।"

जेबुन्निसा ने उदास होकर कहा—"आप महाराणा से मेरी यह इच्छा प्रकट नहीं कर सकतीं? उनकी छावनी इस समय बहुत दूर तो नहीं है, कल रात पहाड़ के ऊपर उनकी छावनी की रोशनी दिखाई दे रही थी।"

चंचल-कुमारी ने कहा—"पहाड़ जितना नजदीक दिखाई देता है, उतना समीप होता नहीं। हम लोग पहाड़ी देशों में रहती हैं, इसी से इसका हाल जानती हैं। आप भी काश्मीर गई थीं, आप को याद होगा। जो हो, आदमी भेजने में कठिनाई नहीं। फिर भी मुझे आशा नहीं कि राणा इस पर राजी होंगे। यदि यह सम्भव होता कि उदयपुर की छोटी-सी सेना मुगल-राज्य को एक ही युद्ध में बिलकुल ध्वंस कर सकती, यदि बादशाह के साथ फिर हम लोगों की सन्धि की संभावना न होती, तो अवश्य वे आपको अपने पति के साथ जाने की आज्ञा दे सकते थे। किन्तु अब एक न एक दिन सन्धि करना ही पड़ेगा, तब आप लोगों को भी बादशाह के सामने वापस जाना होगा।"

जेबुन्निसा—"तब तो आप मुझे निश्चय ही मौत के मुँह में भेजेंगी। विवाह की बात जानने पर बादशाह मुझे अवश्य जहर खिलाएँगे और मेरे पति की तो बात ही नहीं! वे अब कभी दिल्ली न जा सकेंगे। जाने से मृत्यु निश्चित है। तब इस विवाह से कौन-सा अभीष्ट सिद्ध हुआ, महारानी?"

चंचल—"शायद ऐसा उपाय किया जा सकता है, जिससे कोई उत्पात न हो।"

ऐसी ही बातचीत हो रही थी, उसी समय निर्मल-कुमारी घबराई हुई वहाँ आ उपस्थित हुई। निर्मल ने चंचल को प्रणाम करने के बाद जेबुन्निसा को सलाम किया। जेबुन्निसा ने भी सलाम के जवाब में सलाम किया। तब चंचल ने पूछा—"निर्मल, इतनी घबड़ाई क्यों हो?"

निर्मल—"विशेष समाचार है।"

तब जेबुन्निसा उठकर चली गई। चंचल ने पूछा—"क्या युद्ध का समाचार है?"

निर्मल—"जी हाँ!

चंचल—"यह तो लोगों से सुना है कि चूहा बिल में घुस गया है। महाराणा ने उसका मुहाना बंद कर दिया है। सुना है कि चूहा बिल में मरने और सड़ने जैसा हो गया है।"

निर्मल—"इसके बाद और एक समाचार है—चूहा बहुत भूखा है। मेरा एक कबूतर आज लौटकर आ गया है। बादशाह ने उसके पैर में एक रुक्का बाँधकर उड़ा दिया है।"

चंचल—"तुमने रुक्के को देखा?"

निर्मल—"देखा है।"

चंचल—"किसके नाम है?"

निर्मल—"इमली बेगम के!"

चंचल—"क्या लिखा है?

निर्मल ने चिट्ठी निकालकर उसका कुछ अंश इस तरह पढ़कर सुनाया—"मैं तुमसे जैसा स्नेह करता था, वैसा और किसी मनुष्य से स्नेह नहीं किया। तुम भी मेरी अनुगत हो

गई थीं। आज पृथ्वीश्वर दुर्दशा में पड़ा है; यह तुमने लोगों से सुना होगा—भूखों मर रहा हूँ। दिल्ली का बादशाह आज एक टुकड़े रोटी का भिखारी है। क्या मेरा उपकार नहीं कर सकतीं? सामर्थ्य हो तो करो! इस समय का उपकार मैं कभी न भूलूँगा।"

सुनकर चंचल-कुमारी ने पूछा—"तब, क्या उपकार करोगी?"

निर्मल ने कहा—"यह नहीं कह सकती! अगर और कुछ नहीं तो बादशाह और जोधपुरी बेगम के लिए कुछ खाना भेज दूँगी।"

चंचल—"कैसे? वहाँ तो किसी मनुष्य के जाने की राह नहीं!"

निर्मल—"यह मैं अभी नहीं कह सकती। मुझे एक बार छावनी में जाने की आज्ञा हो। देख आऊँ कि क्या किया जा सकता है।"

चंचल-कुमारी ने आज्ञा दी। निर्मल हाथी की पीठ पर सवार होकर और रक्षकों से घिरकर अपने पति से मिलने गई। जाते ही माणिकलाल से मुलाकात हुई। माणिकलाल ने पूछा—"क्या युद्ध करने जा रही हो?"

निर्मल—"किससे युद्ध करूँगी? क्या तुम मुझसे युद्ध करने लायक हो?"

माणिकलाल—"हूँ तो नहीं हूँ! किन्तु आलमगीर बादशाह!"

निर्मल—"मैं उनकी इमली बेगम हूँ "उनसे युद्ध से मतलब? मैं तो उनके उद्धार के लिए आई हूँ। मैं जो आज्ञा देती हूँ, उसे ध्यान से सुनो!"

इसके बाद निर्मल-कुमारी और माणिकलाल में क्या बातचीत हुई, नहीं मालूम। इतना यथेष्ट है कि बहुतेरी बातें हुई।

माणिकलाल निर्मल को उदयपुर लौटाकर महाराणा से बातचीत करने उनके तम्बू में गए।

आठवाँ परिच्छेद

आग बुझाने की सलाह

महाराणा के पास पहुँचर प्रणाम कर माणिकलाल ने हाथ जोड़कर निवेदन किया—"यदि इस सेवक को दूसरे युद्ध-क्षेत्र में भेज दें, तो बड़ी कृपा होगी!"

राणा ने पूछा—"क्यों, यहाँ क्या हुआ है?"

माणिकलाल ने उत्तर दिया—"यहाँ कोई काम नहीं। यहाँ केवल भूखे मुगलों के सूखे मुँह देखने और उनके आर्तनाद सुनने का काम है। उसे कभी-कभी पहाड़ के ऊपर वृक्ष पर

चढ़कर देख आता हूँ। किन्तु यह काम तो कोई भी कर सकता है। मैं सोच रहा हूँ कि इतने मनुष्य, हाथी, घोड़े, ऊँट इस गुफा में मर जाएँगे, दुर्गन्ध से उदयपुर में भी कोई बचेगा नहीं बीमारी फैल पड़ेगी।

राणा—"तब तुम्हारे विचार से इस मुगल सेना को भूख से नहीं मारना चाहिये?"

माणिक—"शायद युद्ध में लाखों आदमियों को मरते देखकर भी दुःख नहीं होता। पर बैठे-बैठाये एक आदमी को भी मरते देख दुःख होता है।"

राणा—"तब उनके लिए क्या किया जाए?"

माणिक—"महाराज! मेरी इतनी बुद्धि नहीं कि इस विषय में सलाह दूँ। मेरी छोटी बुद्धि में, सन्धि-स्थापन का यही अच्छा समय है। जठराग्नि जलने के समय मुगल जैसे नरम होंगे, वैसे पेट भरने पर न होंगे। मेरी समझ में राजमंत्रीगण और सेनापतिगण को बुलाकर सलाह करके इसके बारे में फैसला करना चाहिये।"

राजसिंह इस प्रस्ताव पर राजी और स्वीकृत हुए। भूख से इतने आदमी मारने की उनकी भी इच्छा नहीं थी। हिन्दू भूखों को अन्न खिलाना परमधर्म मानते हैं। अतएव हिन्दू शत्रु को भी सहज ही भूखों मारना नहीं चाहते।

संध्या के बाद छावनी में राजसभा बैठी। वहाँ प्रधान सेनापतिगण और प्रधान राजमन्त्रीगण उपस्थित हुए। राजमन्त्रियों में प्रधान दयालशाह थे।

राजसिंह ने विचारणीय विषय लोगों को समझाकर सभासदगण से राय माँगी। कितने ही लोगों ने कहा—"मुगल यहाँ भूख-प्यास से मरे और सड़ें—औरंगजेब को पकड़कर उससे ही इन सबको कन्न दिलवाई जाए। या डोमों को बुलाकर यहीं दफना देना चाहिए। मुगलों से जो बार-बार राजपूतों का अनिष्ट हुआ है, उसे हाथ में पाकर किसकी इच्छा होगी कि उन्हें छोड़ दे?"

इसके जवाब में महाराणा ने कहा—"मैंने माना कि मुगलों को यहाँ सुखा करके मिट्टी में दबवा देना चाहिए। किन्तु औरंगजेब और उसकी यहाँ उपस्थित सेना को मारने से ही मुगलों का अंत न होगा। औरंगजेब के मरने पर शाहआलम बादशाह होगा। शाहआलम के साथ दक्षिणात्य की विजयी महासैन्य पहाड़ के दूसरे किनारे सशस्त्र उपस्थित है, और भी दो मुगल सेनाएँ बैठी हुई है। क्या हम लोग इन सबको बिलकुल ही ध्वंस कर सकेंगे? अगर न कर सके तो अवश्य ही एक दिन सन्धि-स्थापन करना होगा। अगर सन्धि करनी ही है, तो ऐसा समय कब मिलेगा? इस समय औरंगजेब का प्राण गले में आ गया है, इस समय उससे जो चाहेंगे, वही होगा। क्या फिर ऐसा समय मिलेगा?"

दयालशाह ने कहा—"न सही! फिर भी इस महापापिष्ट संसार के लिए कंटक-स्वरूप औरंगजेब का वध करने से संसार का पुनरुद्धार होगा। ऐसा पुण्य और किसी काम में नहीं। महाराज इस पर और कोई राय न दें।"

राजसिंह ने कहा—"मैंने तो देखा कि सभी मुगल बादशाह पृथ्वी के लिए कंटक थे। क्या औरंगजेब शाहजहाँ से बढ़कर नराधम है? खुसरू से हम लोगों का जितना अमंगल हुआ है, उतना औरंगजेब से कहाँ हुआ? फिर इसी का क्या ठीक है कि शाहआलम अपने पितृ-पितामह से भी बढ़कर नराधम न होगा, और तुम लोगों की यदि यही आशा हो तो वही आशा मैं भी करता हूँ कि इन चारों मुगल सेनाओं को हम लोग पराजित कर सकेंगे फिर भी विचारकर देखो कि कितने असंख्य मनुष्यों के वध से हमारी यह आशा पूरी होगी! असंख्य राजपूत भी विनष्ट होंगे, बाकी कितने रहेंगे? हम लोग थोड़े मुसलमान बहुसंख्यक है। हम लोगों की संख्या घट जाने पर यदि फिर मुगल आएँ, तब किसके बाहुबल से उनको भगाऊँगा?"

दयालशाह ने कहा—"महाराज, समस्त राजपूताना एक होकर मुगलों को सिन्धु-पार खदेड़ आने में कितनी देर लगेगी?"

राजसिंह ने कहा—"यह बात सही है! किन्तु ऐसा कभी हुआ है? अब भी तो वही चेष्टा की जाती है, किन्तु क्या हो रहा है? तब यह आशा कैसे की जाए?"

दयालशाह—"सन्धि होने पर औरंगजेब सन्धि को कायम रखेगा, यह आशा नहीं। ऐसा मिथ्यावादी भण्ड कोई नहीं पैदा हुआ। छुटकारा पाते ही वह सन्धिपत्र को फाड़कर फेंक देगा और जो कर रहा है, वही करेगा!"

राजसिंह—"ऐसा सोचने से कभी सन्धि हो ही नहीं सकती। क्या यही सबकी राय है?"

इस तरह अनेक विचार हुए। अंत में सबने ही राणा की बात को यथार्थ मान लिया; सन्धि करने की सलाह ही पक्की रही।

तब किसी ने आपत्ति की, कि औरंगजेब ने सन्धि की इच्छा से दूत कहाँ भेजा? उसे गरज है या हम लोगों को?

इस पर राजसिंह ने जवाब दिया—"दूत कैसे आ सकता है? उस गुफा से तो मैंने एक चींटी के भी जाने-आने की राह नहीं रखी।"

दयालशाह ने पूछा—"तब हम लोगों का दूत कैसे जाएगा? उस बार औरंगजेब ने हमारे दूत का वध करने की आज्ञा दी थी। इस बार भी वैसी ही आज्ञा न देगा, इसका क्या विश्वास?"

राजसिंह—"यह निश्चय है कि इस बार वह वध न करेगा। क्योंकि इस समय कपट-सन्धि से ही उसका मंगल है। फिर भी झंझट यह है कि वहाँ दूत कैसे जाएगा?"

तब माणिकलाल ने निवेदन किया—"यह भार मुझ पर रखा जाय, मैं महाराणा का पत्र औरंगजेब के पास पहुँचा दूँगा और जवाब भी ले आऊँगा।"

सबने ही इसी बात पर विश्वास किया, क्योंकि सभी जानते थे कि कौशल और साहस में माणिकलाल अद्वितीय है। अतएव पत्र लिखने का हुक्म हुआ। दयालशाह ने पत्र तैयार किया। उसका मर्म यह था कि बादशाह सारी सेना मेवाड़ से लौटा ले जाएँ। मेवाड़ में गो-हत्या और देवालयों को तोड़ना बंद किया जाय और जजिया के लिए कोई दावा न रहे—तब राजसिंह रास्ता खोल देंगे और बिना झंझट के बादशाह जा सकेंगे।

यह पत्र सब सभासद्गण को सुनाया गया। सुनकर माणिकलाल ने कहा—"बादशाह की स्त्री और कन्या हमारे यहाँ कैद हैं। वे सब यहीं रहेंगी?"

सुनते ही सभा में बड़ी हँसी हुई। सबने एक स्वर में कहा—"नहीं, छोड़ी जाएँगी।" किसी ने कहा—"रहने दो, यह सब महाराणा के आँगन में झाड़ू लगाएंगी।" किसी ने कहा—"उन सबको ढाका भेज दो। हिन्दू होकर वैष्णवी बनकर हरिनाम का जप करें।" किसी ने कहा—"उनके मूल्य स्वरूप बादशाह एक-एक करोड़ रुपये दें।" इत्यादि अनेक प्रकार के प्रस्ताव हुए। महाराज ने कहा—"दो मुसलमान बादियों की सन्धि न तोड़ी जाएगी। लिख दो कि यह दोनों लौटा दी जाएँगी।"

ऐसा ही लिखा गया। पत्र माणिकलाल की जिम्मेदारी में आया। तब सभा बंद हुई।

नवाँ परिच्छेद

पानी में आग

सभा खत्म हो गई, महाराणा को खबर दी फिर भी माणिकलाल नहीं गए। सभी चले गए। माणिकलाल ने चुपके से—"मुबारक को बखशीश देने की याद महाराणा को दिलती है।"

राजसिंह ने कहा—"क्या चाहता है वह ?"

माणिकलाल—"बादशाह की जो कन्या हम लोगों के यहाँ कैद है, वह उसे ही चाहता है।"

राजसिंह—"उसे अगर बादशाह के पास वापस न भेजूँ तो शायद सन्धि न होगी। फिर मैं स्त्रियों का उत्पीड़न कैसे करूँ?"

माणिक—"पीड़न करना ही पड़ेगा। गई रात शाहजादी से मुबारक की शादी हो गई है।"

राजसिंह—"यह बात शाहजादी बादशाह से कहेगी तो सब झगड़ा मिट जाएगा।"

माणिक— "एक प्रकार से! क्योंकि दोनों ही का सिर काटा जाएगा।"

राजसिंह—"क्यों?"

माणिक—"शाहजादी किसी शाहजादे के सिवाय और किसी से शादी नहीं कर सकती। इस शाहजादी ने एक छोटे सैनिक से विवाह कर दिल्ली के बादशाह के कुल में कलंक लगाया है। विशेषत: बादशाह से बिना पूछे यह विवाह किया है। इसलिए उसे दिल्ली के रंगमहल की प्रथा के अनुसार जहर खाना पड़ेगा। और मुबारक जब साँप के जहर से नहीं मरा, तब हाथी के पैरों तले या शूली पर मारा जाएगा। यदि यह अपराध क्षमा भी हो, तो उसने महाराज का जो उपकार किया है, उससे वह बादशाह के आगे सूली चढ़ाने योग्य है। खबर लगते ही बादशाह उसे सूली पर चढ़ा देंगे। उस पर बिना आज्ञा लिये उसने शाहजादी से विवाह किया है, इस कारण भी उसे सूली पर चढ़ना पड़ेगा।"

राजसिंह—"क्या मैं उसका कोई उपकार नहीं कर सकता?"

माणिक—"आप बादशाह से यह वादा करा सकते हैं कि अगर अपनी कन्या और दामाद को वह क्षमा न करे तो सन्धि न होगी!"

राजसिंह ने कहा—"मैं ऐसा करना स्वीकार करता हूँ उनके लिए मैं बादशाह को एक पत्र अलग से लिखवाता हूँ। उसे भी तुम इसी के साथ ले जाओ! औरंगजेब अपनी कन्या को क्षमा कर सकते हैं, किन्तु मुबारक को क्षमा करना स्वीकार करके भी मुझे भरोसा नहीं कि उसे छुटकारा देंगे। जो हो, अगर मुबारक इससे सन्तुष्ट हों तो मैं ऐसा करने को तैयार हूँ।"

यह कहकर राजसिंह ने अपने हाथ से एक पत्र लिखकर माणिकलाल को दिया। माणिकलाल दोनों पत्र लेकर उसी रात उदयपुर चले गए।

उदयपुर में जाकर माणिकलाल ने पहले निर्मल-कुमारी से सब समाचार कहा। निर्मल सन्तुष्ट हुई। उसने भी बादशाह को इस आशय का एक पत्र लिखा।

"बाँदी के असंख्य सलाम! हुजूर ने जो आज्ञा दी है, उसे बाँदी ने पूरा किया है। अब हुजूर की राय मिलने से ही सब कुछ हो सकता है। मेरी आखिरी भिक्षा याद रखें—सन्धि कर लें!"

यह पत्र निर्मल ने माणिकलाल को दिया। इसके बाद निर्मल ने जेबुन्निसा से सब बातें कहीं। वह भी इससे सन्तुष्ट हुई। इधर माणिकलाल ने उसे सतर्क करने के लिए कहा—"साहब, बादशाह के पास लौट जाने पर वे सचमुच आपको क्षमा करेंगे, यह भरोसा मुझे नहीं होता।"

मुबारक—"न करें।"

दूसरे दिन सबेरे माणिकलाल ने निर्मल-कुमारी से कबूतर माँगकर, पत्र को काट-छाँटकर छोटा बनाकर उसे उसके पैरों में बाँध दिया। कबूतर छूटते ही आकाश में उड़ गया। वह पैर के बोझ से दुःखी था, फिर भी किसी तरह उड़कर जहाँ बादशाह मुँह ऊपर उठाकर आकाश देख रहे थे, वहाँ बादशाह के हाथ में पत्र पहुँचा दिया।

दसवाँ परिच्छेद

अग्नि बुझाने के समय उदयपुरी भस्म

शीघ्र ही कबूतर औरंगजेब का जवाब लेकर आया। राजसिंह ने जो-जो चाहा था, औरंगजेब उन सब बातों पर राजी हो गए, केवल एक झगड़ा रह गया उन्होंने लिखा—"चंचल-कुमारी को सौंप देना होगा।" राजसिंह ने कहा—"इसकी अपेक्षा आपको ससैन्य यहीं कब्र में गाड़ देना मैं उत्तम समझता हूँ।" लाचार औरंगजेब को वह शर्त भी छोड़नी पड़ी। उन्होंने सन्धि के लिए राजी होकर मुंशी से इसी आशय का पत्र लिखवाकर उस पर अपने पंजे की छाप देकर अपने हाथ से उस पर 'मंजूर' लिख दिया। जेबुन्निसा और मुबारक को एक अलग पत्र में उन्होंने क्षमा करना स्वीकार किया, किन्तु एक शर्त यह रखी कि इस विवाह की बात कभी किसी के सामने प्रकट न होगी। उसी के साथ यह भी स्वीकार किया कि बादशाह ऐसा उपाय कर देंगे, जिससे कन्या को अपने पति से मिलने में कोई बाधा न होगी।

राजसिंह ने सन्धि-पत्र पाते ही मुगल सेना को छुटकारा देने की आज्ञा प्रचारित की। राजपूतों ने हाथी लगाकर सब वृक्ष हटवा दिये। मुगल लोग एकाएक खाना कहाँ पाएँगे, इसलिए राजसिंह ने दया करके बहुतेरे हाथियों की पीठ पर लादकर अनेक भोजन के समान उपहार स्वरूप भेज दिये और अंत में उदयपुरी, जेबुन्निसा और

मुबारक को उनके पास भेजने के लिए उदयपुर में आज्ञा भेज दी। तब निर्मल ने चंचल को इशारा कर चुपके से कहा—"बेगम ने तुम्हारी दासी का काम किया?" यह कहकर निर्मल ने उदयपुरी से पूछा—"मैं जो निमन्त्रण लेकर दिल्ली गई थी, वह निमन्त्रण आपने पूरा किया?"

उदयपुरी ने कहा—"तुम्हारी जीभ के मैं टुकड़े-टुकड़े कर दूँगी। तुम लोगों की मजाल क्या जो मुझसे तम्बाकू भरवाओ! तुम्हारी जैसी नीचों की मजाल क्या जो बादशाह की बेगम को रोक सकें। क्यों, अब तो छोड़ना पड़ा न! किन्तु जिसने मेरा अपमान किया है, उसे मैं इसका फल जरूर चखाऊँगी। मैं उदयपुर का नाम-निशान मिटा दूँगी।"

तब चंचल-कुमारी ने स्थिर होकर कहा—"सुना है कि महाराणा ने बादशाह पर दया करके तुम लोगों को छोड़ दिया है। पर आप जरा-सी मीठी बात भी बोलना नहीं जानतीं, इसलिए आप छोड़ी न जाएँगी। आप बाँदियों के महल में जाकर मेरे लिए तम्बाकू भर लाएँ।"

जेबुन्निसा ने कहा—"यह क्या कहा रानी, आप इतनी निर्दयी हैं?"

चंचल-कुमारी ने कहा—"आप जा सकती है, कोई बाधा न होगी इन्हें अभी मैं जाने नहीं दूँगी।"

जेबुन्निसा ने बहुत मिन्नत की, उदयपुरी ने भी कुछ विनीत भाव धारण किया। किन्तु चंचल-कुमारी सख्त ही रही। उन्होंने दया कर केवल इतना ही कहा—"मेरे लिए एक बार तम्बाकू भर दें, तब जाने पाएँगी।"

तब उदयपुरी ने कहा—"मैं तम्बाकू भरना नहीं जानती।"

चंचल-कुमारी ने कहा—"बाँदियाँ बता देंगी।"

लाचार उदयपुरी ने स्वीकार किया। बाँदियों ने बता दिया। उदयपुरी ने चंचल-कुमारी के लिए तम्बाकू भरा।

तब चंचल-कुमारी ने सलाम कर उन लोगों को विदा किया और कहा—"यहाँ जो-जो हुआ है, वह हाल आप बादशाह से बता देना, उन्हें याद दिला दीजिएगा कि मैंने ही लात मारकर आलमगीर की नाक तोड़ी थी। और कहियेगा कि अगर वह फिर किसी हिन्दू बालिका के अपमान की इच्छा करेंगे, तो मैं केवल तस्वीर पर लात मारने से ही सन्तुष्ट न होऊँगी।"

तब उदयपुरी धूप के समान क्रोध की तपन लेकर विदा हुई।

बेगम, कन्या और औरंगजेब भोजन पाकर बेंत से मारे गए कुत्ते की तरह दुम दबाकर राजसिंह के सामने से भागे।

ग्यारहवाँ परिच्छेद

अग्निकाण्ड से प्यासी चातकी

चंचल-कुमारी को फिर से अंधकार दिखाई देने लगा बेगमों को विदा करने के बाद। मुगल परास्त हुए, बादशाह की बेगम ने उनकी सेवा की, किन्तु राणा तो कुछ बोलते ही नहीं। चंचल-कुमारी को रोती देखकर निर्मल आकर उनके पास बैठी। उनके मन की बातें समझकर निर्मल ने कहा—"महाराणा को याद क्यों नहीं दिलाती?

चंचल ने कहा—"तुम क्या पागल हो गई हो? स्त्री होकर क्या बार-बार यह बात कही जाती है?"

निर्मल—"तब रूपनगर से अपने पिता को आने के लिए क्यों नहीं लिखती!"

चंचल—"उस पत्र के जवाब के बाद फिर पत्र लिखूँ?"

निर्मल—"बाप के ऊपर क्रोध और अभिमान कैसा?"

चंचल—"क्रोध और अभिमान नहीं। पहले लिखे पत्र के उत्तर में तो उनका अभिशाप प्राप्त हुआ। उसकी याद आने पर अब भी छाती काँपती है। अब और क्या लिखने का साहस करूँ?

निर्मल—"वह तो विवाह के लिए लिखा था!"

चंचल—"तब अब काहे के लिए लिखूँ?"

निर्मल—"यदि महाराणा कोई बात न उठाएँ, तो मेरी समझ में पिता के घर जाकर रहना ही अच्छा है—औरंगजेब अब इधर ताकेंगे भी नहीं। इसलिए ही तो पत्र लिखने को कहती थी। अन्यथा बिना पिता के पास गए और उपाय क्या है?"

चंचल कुछ कहने जा रही थी, लेकिन मुँह से जवाब न निकला। चंचल रोने लगी। निर्मल की यह बात सुनकर वह अप्रतिभ हुई।

चंचल मुँह पोंछकर लज्जा से कुछ हँसी। निर्मल भी हँसी। तब निर्मल ने हँसकर कहा दिल्ली के आगे कभी अप्रतिभ नहीं हुई। तुम्हारे आगे अप्रतिभ हुई यह दिल्ली के बादशाह के लिए बहुत लज्जा की बात है। इमली बेगम के लिए भी कुछ लज्जा की बात है। इसलिए एक बार तुम इमली बेगम का मुंशीपना देखो। कलम-दावात लेकर लिखना आरंभ करो, मैं बोले देती हूँ।"..

चंचल ने कहा—"किसको लिखूँ माँ को या बाप को?"

निर्मल ने कहा—"बाप को!"

चंचल पत्र लिखने लगी, निर्मल लिखवाने लगी—"बादशाह" तक लिखकर चंचल-कुमारी ने कहा—"जब मुगल बादशाह महाराणा के "हाथ से परास्त होकर राजपूताने से निकाले गए हैं—जब उनके द्वारा हम लोगों पर बल-प्रकाश करने की कोई संभावना नहीं, तब अपनी सन्तान के लिए आपकी क्या आज्ञा है? मैं आपके ही अधीन हूँ।

यह बोलकर निर्मल ने कहा—"महाराणा के अधीन नहीं!"

चंचल ने कहा कहा—"तब लिखो "दूर हो पापिष्ठा" यह बात उसने नहीं लिखी। तब निर्मल ने और किसी के अधीन नहीं?" लाचार चंचल ने ऐसा ही लिखा।

इस तरह पत्र लिखे जाने पर निर्मल ने कहा—"अब इसे रूपनगर भेज दो!"

पत्र को रूपनगर भेज दिया गया। जवाब में रूपनगर के राव ने लिखा—"मैं दो हजार सेना लेकर उदयपुर आता हूँ। महाराणा से कहना कि हाट-बाट खुला रखें।"

इस अद्भुत जवाब का मतलब क्या है—यह चंचल और निर्मल कुछ समझ नहीं सकीं। अंत में दोनों ने विचारकर स्थिर किया कि जब फौज की बात लिखी है, तब राणा से प्रकट करने की आवश्यकता है। निर्मल-कुमारी ने माणिकलाल के पास पत्र भेज दिया।

राजा भी ऐसे ही झंझट में पड़े। चंचल-कुमारी को वे भी भूले नहीं थे। उन्होंने भी विक्रम सोलंकी को पत्र लिखा था। पत्र का आशय चंचल-कुमारी के विवाह का था। विक्रमसिंह ने कन्या के लिए श्राप दिया था, राणा ने उसकी याद दिला दी। और उन्होंने स्वीकार किया था कि जब वे राजसिंह को उपयुक्त पात्र समझेंगे, तब उन्हें आशीर्वाद सहित कन्यादान करेंगे यह भी स्मरण करा दिया। राणा ने पूछा था—"अब आपका क्या अभिप्राय है।"

इस पत्र के उत्तर में विक्रमसिंह ने लिखा—"मैं दो हजार सवार लेकर आपके पास आता हूँ। हाट-बाट खुला रखें।"

राजसिंह भी चंचल-कुमारी की तरह इसका मतलब समझ न सके। सोचा कि केवल दो हजार सवार लेकर विक्रम मेरा क्या करेंगे। मैं सतर्क हूँ। अतएव उन्होंने विक्रमसिंह के लिए हाट-बाट खुला रखने की आज्ञा दी।

बारहवाँ परिच्छेद

औरंगजेब ने उदयसागर के किनारे लौटकर वहाँ छावनी डालकर रात बिताई। सैनिकों और बेगमों सहित विश्राम किया। तब सिपाहियों के दल में किस्सा-कहानी आदि तरह-तरह

की रसिकताएँ आरंभ हुई। एक मुगल ने कहा—"हिन्दुओं के राज्य में आने के कारण हम लोगों ने एकादशी का उपवास किया था।" सुनकर एक मुगलानी ने कहा—"जीते हो, यही बहुत है! हम लोग तो समझी थीं कि अब तुम लोग न बचोगे। इसी से हम लोगों ने एकादशी की थी।" एक गायिका कुछ शौकीन मुगलों के आगे गाना गा रही थी। उसके गाने से रात अच्छी तरह कट गई। एक सुनने वाले ने कहा—"बीबीजान! यह क्या हुआ? ताल चूक गई?" गायिका ने कहा—आप लोगों ने जो बहादुरी दिखाई, इससे अब हिन्दुस्तान में रहने की हिम्मत नहीं होती। मैंने विचार किया है कि उड़ीसा जाऊँगी, इसी से बेताला गाना सीख रही हूँ।" कोई-कोई उदयपुरी के हरण का वृत्तान्त उठाकर दुःख प्रकट किया करता। किसी खैरख्वाह हिन्दू सैनिक ने रावण के सीताहरण के साथ उसकी तुलना की; किसी ने उसके जवाब में कहा—"बादशाह इतने बकरों को साथ लाये थे, तब भी सीता का उद्धार क्यों नहीं हुआ?" किसी ने कहा—"हम लोग सिपाही हैं, लकड़हारे नहीं; पेड़ काटने का शऊर हम लोगों को नहीं है, इसी से हार गए।" किसी ने जवाब दिया—"तुम लोगों को तो धान काटने का भी शऊर नहीं है, तब पेड़ क्या काटोगे?" ऐसी ही हँसी-दिल्लगी चलने लगी।

बादशाह ने इधर छावनी के रंगमहल में प्रवेश किया जेबुन्निसा उसके सामने हाथ जोड़कर खड़ी हुई। बादशाह ने जेबुन्निसा से कहा—"तुमने जो किया है, उसे जानबूझ कर नहीं किया, इसे मैं समझ गया हूँ। इसलिए तुम्हें क्षमा किया! किन्तु सावधान, विवाह की बात प्रकट न हो!"

इसके बाद उदयपुरी बेगम से बादशाह ने मुलाकात की। उदयपुरी ने अपने अपमान की सारी बातें कह सुनाई उसमें और भी दस बातें लगा दीं? सुनकर औरंगजेब बहुत क्रोधित और दुःखी हुए।

दूसरे दिन दरबार बैठा। आम-दरबार बैठने से पहले एकांत में मुबारक को बुलाकर बादशाह ने कहा—"इस समय मैंने तुम्हारे सब अपराधों को क्षमा किया, क्योंकि तुम मेरे दामाद हो। मैं अपने दामाद को निम्न पद पर रखना नहीं चाहता। इसलिए मैंने तुम्हें दो-हजारी मनसबदार बनाया, परवाना आज निकल जाएगा। किन्तु अब तुम्हारा यहाँ रहना नहीं हो सकता, क्योंकि शाहजादा अकबर पहाड़ों में मेरी ही तरह जाल में पड़ गया है। उसका उद्धार करने के लिए दिलेर खाँ सेना लेकर जा रहे हैं। वहाँ तुम्हारे जैसे योद्धा की सहायता की बड़ी जरूरत है। तुम वहाँ आज ही चले जाओ!"

मुबारक इन सभी बातों से प्रसन्न नहीं हुए। क्योंकि वे जानते थे कि औरंगजेब का आदर सुखकर नहीं होता। किन्तु उन्होंने अपने मन में जो सोच रखा था, उस पर विचारकर

दुःखी भी नहीं हुए। वे बहुत ही विनीत भाव से बादशाह से विदा लेकर दिलेर खाँ की छावनी में जाने की तैयारी करने लगे।

इसके बाद औरंगजेब ने एक विश्वासी दूत के द्वारा दिलेर खाँ के पास एक चिट्ठी भेजी। चिट्ठी का आशय यह था कि मुबारक को दो-हजारी मनसबदार बनाकर तुम्हारे पास भेजता हूँ। यह एक दिन भी जीवित न रहे! युद्ध में ही मर जाय तो अच्छा है, नहीं तो और किसी भी तरह से मारा जाय।

दिलेर खाँ मुबारक को पहचानते नहीं थे। उन्होंने बादशाह की आज्ञा का पालन ठीक से न किया।

इसके बाद बादशाह ने आम-दरबार में बैठकर अपना अभिप्राय प्रकट किया। उन्होंने कहा—"हम लोगों ने लकड़हारे के फन्दे में फँसकर ही सन्धि-स्थापन किया है। यह सन्धि रहने की नहीं। छोटे-से एक जमींदार राजा के साथ बादशाह की सन्धि कैसी? मैंने सन्धि-पत्र को फाड़ डाला है। विशेषत: उसने रूपनगर की कुमारी को वापस नहीं भेजा। रूपनगरी को उसके पिता ने मुझे दिया है।

इसलिए उस पर राजसिंह का कोई अधिकार नहीं। उसे लौटाए बिना मैं राजसिंह को क्षमा नहीं कर सकता! इसलिए युद्ध जैसे चलता था, वैसे ही चलेगा। राणा के राज्य में जहाँ भी दिखाई दे तो मुगलमान उसे मार डालें। देवालय देखते ही उसे तोड़ दें। जजिया सब से वसूल हो!"

ये सब हुक्म जारी हुआ। इधर दिलेर खाँ देसुरी की राह से मारवाड़ से उदयपुर में प्रवेश करने के लिए आ रहे थे। यह सुनकर राजसिंह ने औरंगजेब के पास आदमी भेजा और पुछवाया कि सन्धि के बाद यह युद्ध कैसा? औरंगजेब ने कहला दिया—"जमींदार के साथ बादशाह की सन्धि कैसी? बादशाह की रूपनगरी बेगम को वापस न करने पर बादशाह तुम्हें क्षमा न करेंगे?" यह सुनकर राजसिंह ने हँसकर कहा—"मैं अभी जीवित हूँ।" रूपनगर की राजकुमारी का अपहरण औरंगजेब को तीर की तरह छेद रहा था। उन्होंने राजसिंह से इच्छा-पूर्ति की संभावना न देखकर रूपनगर के राव-साहब को एक परवाना भेज दिया। उसमें लिखा—"तुम्हारी कन्या अभी तक मेरे पास नहीं पहुँची। शीघ्र उसे उपस्थित करो, नहीं तो मैं रूपनगर गढ़ का निशान भी न रहने दूँगा।" औरंगजेब को आशा थी कि पिता के जोर देने से चंचल-कुमारी उनके पास आने को राजी हो जाएँगी। परवाना पाकर विक्रमसिंह ने जवाब दिया—"मैं शीघ्र ही दो हजार सवार लेकर आपके हुजूर में हाजिर होता हूँ।"

औरंगजेब ने सोचा—"सेना किसलिए?" फिर मन को इस तरह समझाया कि उनकी सहायता के लिए विक्रमसिंह सेना लेकर आ रहे हैं।

तेरहवाँ परिच्छेद

मुबारक का दहन आरंभ

सौन्दर्य की भी क्या महिमा है! मुबारक जेबुन्निसा को देखकर फिर सब भूल गए। गर्विता, स्नेहाभाव के दर्प में मग्न जेबुन्निसा को देखकर ऐसा ही होता या न होता; किन्तु वही जेबुन्निसा इस समय विनीता, दर्पशून्य, स्नेह-शालिनी और प्रेममयी है। मुबारक का पहले का प्रेम फिर लौट आया। दरिया किसी दरिया में बह गई। मनुष्य जब स्त्रीजाति के प्रेम में अन्धा होता है, तब उसे हिताहित और धर्माधर्म का ज्ञान नहीं रहता और उसके जैसा विश्वासघातक और पापी कोई नहीं होता।

हजारों दीपों की टिमटिमाहट से प्रतिबिम्बित उदयसागर के अँधेरे पानी के चारों किनारों की पर्वतमालाओं का निरीक्षण करते हुए कपड़ों से बने दुर्ग में एक इन्द्रभवन जैसे खेमे में मुबारक जेबुन्निसा के हाथ को अपने हाथ में लिये बैठे हुए हैं। मुबारक ने बड़े दुःख के साथ कहा—"मैंने तुम्हें फिर पाया है, किन्तु दुःख यह है कि इस सुख को मैं एक दिन भी भोगने नहीं पाया।"

जेबुन्निसा—"क्यों, कौन बाधा देगा बादशाह?"

मुबारक—"मुझे इसका भी सन्देह है! किन्तु मैं इस समय बादशाह की बात नहीं कह रहा हूँ? मैं कल युद्ध में जाऊँगा। युद्ध में मरण-जीवन दोनों ही होते हैं। किन्तु मेरे लिए मरण ही निश्चित है! मैंने राजपूतों के युद्ध का जो बन्दोबस्त देखा है, इससे मैं निश्चित जानता हूँ कि पहाड़ी युद्ध में हम लोग उन्हें नीचा नहीं दिखा सकते। मैं एक बार हारकर आया हूँ, इस बार हारकर नहीं आ सकता। मुझे युद्ध में मरना होगा!"

जेबुन्निसा ने आँखों में आँसू भरकर कहा—"ईश्वर अवश्य ऐसा करेंगे कि तुम युद्ध में जीतकर आओगे। तुम मेरे पास न आओगे, तो मैं मर जाऊँगी!"

दोनों ने आँसू बहायें। तब मुबारक ने सोचा—"मरूँगा नहीं मैं।" बहुत विचार से झिलमिलाता और गगनस्पर्शी पर्वतमालाओं से परिवेष्टित उदयसागर का मटमैला पानी है—

उसमें दीपमाला से प्रकाशित कपड़ों की बनी महानगरी की मनमोहिनी छाया है—दूर पर्वत की चोटी पर चोटी है—बहुत ही अंधकार है। दोनों को बहुत अंधकार ही दिखाई दिया।

एकाएक जेबुन्निसा ने कहा—"इस अंधकार में छावनी के पर्दे के नीचे कौन छिपा है? तुम्हारे लिए मेरा मन सदा शंकित रहता है।"

"देख लूँ!" कहकर मुबारक ने लपककर पर्दे की दीवार के नीचे जाकर देखा कि सचमुच एक आदमी छिपकर लेटा हुआ है। मुबारक ने उसे पकड़ा, हाथ पकड़कर उठाया। जो छिपा था, वह उठ खड़ा हुआ। अंधकार में मुबारक को और कोई जगह नहीं मिली। उसे खींचकर वह खेमें के द्वार पर रोशनी के पास तक ले आया। देखा कि वह एक स्त्री है। वह अपना मुँह कपड़े से छिपाए हुई थी उसने मुँह नहीं खोला। मुबारक ने उसे एक पहरेदार के जिम्मे रखकर स्वयं जेबुन्निसा के पास जाकर सब हाल सुनाया। जेबुन्निसा ने कौतूहलवश उसे अपने खेमे में लाने की आज्ञा दी। मुबारक उसे भीतर ले आए।

जेबुन्निसा ने पूछा—"तुम कौन हो? क्यों छिपी हुई थी? मुँह का कपड़ा हटाओ!"

उस स्त्री ने तब अपने मुँह से कपड़ा हटा दिया। दोनों ने विस्मय के साथ देखा—वह दरिया बीबी थी!

बड़े सुख के समय, सहसा बिना मेघ के बज्र गिरते देखकर जैसी विहवलता होती है, जेबुन्निसा और मुबारक की भी वही हालत हुई। तीनों में किसी ने कोई बात न कही।

बहुत देर बाद ठण्डी साँस लेकर मुबारक ने कहा—"या अल्लाह! मुझे मरना ही होगा।"

जेबुन्निसा ने बहुत कातर स्वर से कहा—"तब मुझे भी!"

दरिया ने कहा—"तुम लोग कौन हो?"

मुबारक ने उससे कहा—"मेरे साथ आओ।"

तब मुबारक ने बहुत ही दीन भाव से जेबुन्निसा से विदा ली।

चौदहवाँ परिच्छेद

अग्नि की नई चिंगारी

राजसिंह युद्धनीति और राजनीति में अद्वितीय पण्डित थे। मुगल जब तक सारी सेना लेकर राणा के राज्य को छोड़कर अधिक दूर चले गए, तब तक उन्होंने अपनी छावनी नहीं

तोड़ी और अपनी सेना को किसी जगह से नहीं हटाया। वह स्वयं छावनी में ही रहें। उसी समय समाचार मिला कि विक्रम सिंह रूपनगर से दो हजार सेना लेकर आ रहे हैं। राजसिंह युद्ध के लिए तैयार हो गए। एक सवार ने आगे बढ़कर दूत के रूप में राजसिंह से मिलने की इच्छा प्रकट की राजसिंह की आज्ञा पाकर पहरेदार उसे ले आया। उसने राजसिंह को प्रणाम कर खबर दी कि रूपनगर के अधिपति विक्रम सोलंकी, महाराणा से मिलने के लिए ससैन्य आए हैं।

राजसिंह ने कहा—"यदि वे छावनी के भीतर आकर मिलना चाहते हैं तो अकेले आ सकते हैं। अगर ससैन्य मिलना चाहते हैं तो छावनी से बाहर रहना पड़ेगा। मैं भी ससैन्य आऊँगा।"

विक्रम सोलंकी अकेले छावनी में आकर मिलने को राजी हुए। उनके आने पर राजसिंह ने उन्हें सादर आसन प्रदान किया। विक्रमसिंह ने राणा को कुछ भेंट की। उदयपुर के राणा राजपूत-कुल के प्रधान हैं, इसलिए ऐसी भेट देने की प्रथा है। किन्तु राजसिंह ने वह भेंट न लेकर कहा—"आप की यह भेंट मुगल बादशाह को ही प्राप्य है।"

विक्रमसिंह ने कहा—"महाराणा राजसिंह! जीवित रहते मुझे आशा है कि कोई राजपूत मुगल बादशाह को नजर न देगा। महाराज! मुझे क्षमा कीजिये—मैं बिना समझे वैसा पत्र लिखा था। आपने मुगलों को जैसी सजा दी है, उससे जान पड़ता है कि समस्त राजपूत मिलकर यदि आपके अधीन काम करें तो मुगल-साम्राज्य उखड़ जाएगा। मेरे पत्र के आखिरी हिस्से को याद करिये! मैं आपको केवल भेंट देने नहीं आया। मैं और भी सामग्री आपको देने आया हूँ—एक तो मेरे ये दो हजार सवार, दूसरा मेरी यह अपनी तलवार। मेरी भी बाँहों में कुछ बल है; मुझे आप जिस काम में लगाएँगे, उसे मैं शरीर त्यागकर भी पूरा करूँगा।"

राजसिंह बहुत प्रसन्न हुए। उन्होंने अपना हार्दिक आनंद विक्रमसिंह के सामने प्रकट किया और कहा—"आज आपने सोलंकी जैसी बात कही है! दुष्ट मुगल मेरे हाथों मारे जा रहे थे, सन्धि करके उन्होंने छुटकारा पाया है। उद्धार पाने पर अब कहते हैं कि सन्धि नहीं की फिर युद्ध कर रहे हैं। दिलेर खाँ सेना लेकर शाहजादा अकबर के उद्धार के लिए जा रहा है। आप बहुत ही अच्छे समय पर आए। दिलेर खाँ को यहीं मैं विनष्ट कर दूँगा। वह यदि अकबर से मिला तो कुमार जयसिंह पर आफत आ सकती है। इसके लिए मैं गोपीनाथ राठौर को भेज रहा था। किन्तु उनकी सेना बहुत थोड़ी है। मैं अपनी निजी सेना में से उन्हें कुछ दूँगा। माणिकलाल सिंह नामक एक मेरा सुदक्ष सेनापति है, वह उसे लेकर जायेगा।

किन्तु औरंगजेब के कारण मैं अपने इस स्थान को छोड़कर हट नहीं सकता, अथवा अधिक सेना माणिकलाल को दे नहीं सकता। मेरी इच्छा है कि आप भी अपनी सेना लेकर उस युद्ध में जायें। आप तीनों आदमी मिलकर दिलेर खाँ को रास्ते में ही ससैन्य मार सकते हैं।"

विक्रमसिंह ने प्रसन्न होकर कहा—"आपकी आज्ञा शिरोधार्य!"

यह कहकर विक्रम सोलंकी युद्ध में जाने की तैयारी करने के लिए विदा हुए। चंचलकुमारी से कोई बात न हुई।

पन्द्रहवाँ परिच्छेद

मुबारक और दरिया भस्म

गोपीनाथ राठौर, विक्रम सोलंकी और माणिकलाल, दिलेर खाँ का ध्वंस करने के लिए चले। जिस राह से दिलेर खाँ आ रहा था, उसी राह में तीन जगह तीनों छिप रहे, किन्तु एक-दूसरे के समीप ही रहे। विक्रम सोलंकी सवार लेकर आए थे, इसलिए वे ऊँचे पहाड़ पर न रह सके। पर्वत-निवासी होने पर भी उन्हें सवार सेना रखनी पड़ती थी। उसका कारण यह था कि सिवा इसके, निचली जमीन पर शत्रु और डाकूओं का पीछा नहीं कर सकते थे और ऐसे समय छोटे राजा रात को मौका पाकर स्वयं एकाध डकैती—अर्थात एक रात में दस-पाँच गाँव लूट लिया करते थे। पहाड़ के ऊपर सैनिक छोड़कर पैदल सिपाही का भी काम करते थे। इस समय मुगलों का पीछा करने के लिए विक्रमसिंह घोड़े लेकर गए थे।

पहाड़ी युद्ध में इससे असुविधा होती थी। इसलिए उन्होंने पर्वत पर चढ़कर समतल भूमि भी ढूँढ़ ली। उनके मन के लायक कुछ भूमि मिल गई। उनके सामने जंगल था। जंगल के पीछे उन्होंने अपनी सवार सेना को श्रेणीबद्ध कर रखा। वे सबसे आगे रहें, इसके बाद माणिकलाल राणा के पैदल सिपाहियों को लेकर छिपा रहा और सबके आखीर में गोपीनाथ राठौर रहें।

दिलेर खाँ शाहजादा अकबर की दुर्दशा याद कर बहुत ही होशियारी से आ रहे थे। आगे-आगे सवारों को भेजकर पता लगाते थे कि राजपूत कहीं छिपे हैं या नहीं; इसलिए विक्रम सोलंकी के सवार उन्हें सहज में ही मिल गया। तब उन्होंने थोड़ी-सी ही सेना में उन सवारों को भगा देने के लिए भेज दी। **

सोलंकी अन्यान्य विषयों में बहुत मोटी बुद्धि के थे, किन्तु युद्ध के समय बहुत ही धूर्त और रणपण्डित थे—अक्सर धूर्तता ही रण-पाण्डित्य हो जाती है। वे मुगल सेना से बहुत ही मामूली युद्ध कर हट गए—दिलेर खाँ का शिर काटने के लिए।

दिलेर-खाँ माणिकलाल को छोड़कर चले यह वे जान भी न सके कि माणिकलाल बगल में छिपा है—माणिकलाल ने भी किसी तरह की आहट लगने नहीं दी। सोलंकी को भगाकर दिलेर खाँ ने विचार किया कि सभी राजपूत हट गए, इसलिए पहले की तरह होशियारी से बढ़ नहीं रहे थे। माणिकलाल समझ गए कि अभी उपयुक्त समय नहीं है। वे चुप रहे।

इसके बाद जहाँ गोपीनाथ राठौर छिपे थे, वहाँ दिलेर खाँ पहुँचे। वहाँ पहाड़ के बीच की राह बहुत सँकरी थी। यहाँ सेना का अलग हिस्सा पहुँचते ही गोपीनाथ राठौर छलांग मारकर उसके ऊपर टूटे और बाघ जैसे मुसाफिर पर चोट करता है, वैसे ही ससैन्य पिल पड़े।

दिलेर खाँ ने मुबारक को आज्ञा दी सामने की सेना लेकर इन्हें भगा दो! मुबारक आगे बढ़े, किन्तु गोपीनाथ राठौर के भगाने की सामर्थ्य कहाँ! सँकरी जमीन में थोड़े ही मुगल आ सके। जैसे बिल से निकलने के समय चींटी को बालक लोग मल-मलकर मार डालते हैं, वैसे ही राजपूत लोग मुगलों को सँकरी राह में दबा-दबाकर मारने लगे। इधर दिलेर खाँ सामने रास्ता न पाकर निश्चल हो एक जगह खड़े गए।

माणिकलाल ने देखा कि यही उपयुक्त समय है। वे ससैन्य पर्वत से उतरकर वज्र की तरह दिलेर खाँ पर टूट पड़े। दिलेर खाँ की सेना जी-जान से युद्ध करने लगी। किन्तु इसी समय विक्रमसिंह सोलंकी अपने दो हजार सवारों को लेकर एकाएक दिलेर खाँ की सेना के पीछे पहुँच गए। तब तीन ओर से आक्रमण होने पर मुगल सेना एक क्षण भी ठहर न सकी। जिससे जिधर बना, भागकर बचा अधिकांश को भागने की राह भी नहीं मिली। खेतिहर जैसे धान के खेत को काटता है, उसी तरह राजपूतों ने मुगलों को काटकर सबको रणक्षेत्र में मार गिराया।

केवल गोपीनाथ राठौर के सामने कई मुगल योद्धा किसी तरह से भी न हटे वे सब मौत को तृण के समान समझकर युद्ध कर रहे थे। वे मुगल सेना के चुने-चुने वीर थे। मुबारक उनके नेता थे। किन्तु वे भी अब टिक न सके; क्षण-क्षण में एक-एक कर बहुतेरे राजपूतों के आक्रमण से मर रह थे। अंत में दो-चार सैनिक बाकी रह गए।

दूर से यह देखकर माणिकलाल शीघ्र वहाँ पहुँचे। राजपूतों को आवाज देकर उन्होंने कहा—"इन्हें मारो नहीं। ये वीर पुरुष हैं। इन्हें छोड़ दो!"

राजपूत लोग कुछ देर के लिए रुक गए। तब माणिकलाल ने कहा—"तुम लोग चले जाओ! मैंने तुम लोगों को छोड़ दिया। मेरे अनुरोध से तुम्हें कोई कुछ न कहेगा।"

एक मुगल ने कहा—"हम लोग युद्ध में कभी पीछे नहीं हटते। आज भी न हटेंगे!" वे कई मुगल सैनिक फिर युद्ध करने लगे। तब माणिकलाल ने मुबारक को आवाज देकर कहा—अब युद्ध करके क्या कीजियेगा ?" "खाँ साहब!"

मुबारक ने कहा—"मरूँगा।"

माणिकलाल—"क्यों मरोगे?"

मुबारक—"क्या आप नहीं जानते कि सिवा मौत के, मेरे लिए और कोई गति नहीं?"

माणिक—"तब आपने विवाह क्यों किया?"

मुबारक—"मरने के लिए।"

इसी समय बन्दुक की आवाज पहाड़ों में गूँज उठी। प्रतिध्वनि के मिटते-मिटते मुबारक सिर में गोली खाकर गिर गए। माणिकलाल ने देखा कि मुबारक की जान निकल गई—माथे में गोली लगी है। माणिकलाल ने देखा कि पहाड़ के ऊपर एक स्त्री बन्दुक लिये खड़ी है। उसकी बन्दुक के मुँह से निकलता हुआ धुआँ दिखाई दिया। यह कहने की आवश्यकता नहीं कि वह पगली दरिया थी।

माणिकलाल ने उस स्त्री को पकड़ने की आज्ञा दी।

वह हँसती हुई भाग गई। तब से दरिया बीबी को संसार में किसी ने नहीं देखा।

युद्ध के बाद जेबुन्निसा ने सुना कि मुबारक युद्ध में मारे गए। तब उसने अपना वेष-भूष उतारकर फेंक दिया। उदयसागर की पथरीली भूमि पर गिरकर वह खूब रोई—

"वसुधालिंगन धूसर—स्तनी विलाप—विकीर्ण मूर्द्धजा।"

सोलहवाँ परिच्छेद

पूर्णाहुति इष्ट-लाभ

युद्ध के अंत में जयश्री लेकर विक्रम सोलंकी राजसिंह की छावनी में लौट आए। राजसिंह ने उनका सादर आलिंगन किया। विक्रम सोलंकी ने कहा—"एक बात अभी बाकी है—मेरी वह कन्या! कायमनोवाक्य से आशीर्वाद देकर मैं आपको वह कन्या सम्प्रदान करना चाहता हूँ। क्या आप ग्रहण करेंगे?"

राजसिंह ने कहा—"तब उदयपुर चलिये।"

विक्रम सोलंकी अपनी दो हजार सेना लेकर उदयपुर गए।

राजसिंह ने उसी रात चंचल-कुमारी का पाणिग्रहण किया। इसके बाद जो हुआ, उस पर इतिहास-वेत्ताओं का ही अधिकार है, उपन्यास लेखकों को उन बातों को कहने की आवश्यकता नहीं। फिर औरंगजेब स्वयं राजसिंह का सर्वनाश करने को तैयार हुए। शाहजादा आजम आकर औरंगजेब से मिला। राजसिंह ने विख्यात मारवाड़ी वीर दुर्गादास के साथ मिलकर औरंगजेब पर आक्रमण किया। औरंगजेब फिर पराजित और अपमानित होकर बेत से मारे गए कुत्ते की तरह भागे। राजपूतों ने उनका सर्वस्व लूट लिया। औरंगजेब की बहुतेरी सेना मारी गई।

औरंगजेब और आजम ने भागकर राणाओं की त्यागी हुई राजधानी चित्तौर में जाकर आश्रय लिया। किन्तु वहाँ भी रक्षा नहीं। सुबलदास नामक एक राजपूत सेनापति ने उनके पीछे पहुँचकर चित्तौर और अजमेर के बीच अपनी सेना स्थापित की। फिर भोजन बंद होने का डर हुआ। इसलिए खाँ रुहेला को बारह हजार फौज के साथ सुबलदास से युद्ध करने को भेजा गया। औरंगजेब स्वयं अजमेर भाग गए और फिर कभी उन्होंने उदयपुर की ओर आँख नहीं उठाई उनका यह शौक जन्म भर के लिए पूरा हो गया।

इधर सुबलदास ने खाँ रुहेला को थोड़ा-बहुत सबक देकर दूर किया। पराभूत होकर खाँ रुहेला भी अजमेर चला गया। दूसरी ओर राजसिंह के द्वितीय पुत्र कुमार भीमसिंह ने गुजरात के हिस्से में मुगलों के अधिकार-क्षेत्र में प्रवेश कर समस्त नगर, ग्राम, यहाँ तक कि मुगल सूबेदार की राजधानी भी लूट ली। वे अनेक स्थानों में अधिकार कर सौराष्ट्र तक महाराणा राजसिंह के अधिकार की स्थापना कर रहे थे; किन्तु पीड़ित प्रजा ने आकर राजसिंह को खबर दी। करुण-हृदय राजसिंह ने उनके दुःख से दुखित होकर भीमसिंह को वापस बुला लिया। दया के अनुरोध से उन्होंने फिर हिन्दू-राज्य की स्थापना नहीं की।

किन्तु राजमन्त्री दयालशाह इस स्वभाव के आदमी नहीं थे। वे भी युद्ध में लगे रहे और मालवा में मुसलमानों का सर्वस्व-नाश करने लगे। औरंगजेब ने हिन्दू धर्म पर बहुत अत्याचार किया था। इसके बदले में वे काजियों का माथा मुड़वाकर बाँधकर रचने लगे। कुरान को देखते ही वे उसे कुँए में फेकवा देते थे।

दयालशाह ने कुमार जयसिंह के साथ अपनी सेना को मिलाया। उन लोगों ने शाह-आजम को रोककर चित्तौर के पास युद्ध किया। आजम सेना घट जाने से पराजित होकर भाग गए।

चार वर्ष तक युद्ध चलता रहा। कदम-कदम पर मुगल लोग पराजित हुए। आखिर में औरंगजेब ने सचमुच सन्धि की। राणा ने जो-जो चाहा, औरंगजेब ने सब स्वीकार किया; वरन और कुछ अधिक ही स्वीकार करना पड़ा। मुगलों को ऐसी शिक्षा पहले कभी नहीं मिली थी।

उपसंहार

ग्रन्थकार का निवेदन

ग्रन्थकार का यह विनीत निवेदन है कि कोई भी पाठक अपने मन में यह न समझे कि हिन्दू-मुस्लिम में किसी प्रकार का भेदभाव सिद्ध करना इस ग्रन्थ का उद्देश्य है। हिन्दू होने से ही कोई अच्छा नहीं होता; मुसलमान होने से ही कोई बुरा नहीं होता अथवा हिन्दू होने से ही बुरा नहीं होता, मुसलमान होने से ही अच्छा नहीं होता। अच्छे-बुरे दोनों में ही समान रूप से हैं, बल्कि यह भी स्वीकार करना पड़ता है कि जब मुसलमान शताब्दियों से भारतवर्ष के प्रभु थे, तब राजकीय गुणों में मुसलमान तम-सामयिक हिन्दुओं की अपेक्षा अवश्य श्रेष्ठ थे। किन्तु यह भी सत्य नहीं कि मुसलमान रोज हिन्दू राजाओं की अपेक्षा श्रेष्ठ थे। अनेक जगहों में मुसलमान ही हिन्दुओं की अपेक्षा राजकीय गुणों में श्रेष्ठ थे; अनेक जगहों में हिन्दू राजा मुसलमानों की अपेक्षा राजकीय गुणों में श्रेष्ठ थे। अन्यान्य गुणों के साथ जिनमें धर्म-ज्ञान हो—हिन्दू हो या मुसलमान, वही श्रेष्ठ है। अन्यान्य गुणों के होने पर भी जिनके धर्म नहीं है, हिन्दू हो या मुसलमान, वह निकृष्ट है। औरंगजेब धर्म-शून्य थे, इसी से उनके समय से मुगल साम्राज्य का अध:पतन आरंभ हुआ। राजसिंह धार्मिक थे, इसी से वे छोटे-से राज्य के अधिपति होकर मुगल बादशाह को अपमानित और परास्त कर सके थे। यही इस ग्रन्थ का प्रतिपाद्य है। राजा जैसे होते हैं, राजानुचर और प्रजा की प्रवृत्ति भी वैसी होती है। उदयपुरी और चंचल-कुमारी की तुलना से, जेबुन्निसा और निर्मल-कुमारी की तुलना से, माणिकलाल और मुबारक की तुलना से यह जाना जा सकता है—इसीलिए यह सब कल्पना की गई है।

स्पेन के द्वितीय फिलिप औरंगजेब की अंतिम ऐतिहासिक तुलना के योग्य थे। दोनों ही विशाल साम्राज्य के अधिपति थे दोनों ही ऐश्वर्य सेनाबल, और गौरव में अन्य सब राजाओं की अपेक्षा बहुत उत्तम थे। दोनों ही सतर्कता, श्रमशीलता आदि राजकीय गुणों से विभूषित थे; किन्तु दोनो ही कपटाचारी, क्रूर, निष्ठुर दम्भी, स्वार्थी और प्रजापीड़क थे। इसलिए दोनों ही अपने-अपने साम्राज्य के ध्वंस के बीज बो गए थे। दोनों ही छोटे-से शत्रु द्वारा पराजित और अपमानित हुए थे फिलिप औरंगजेब (उस समय छोटी-सी जाति) और फ्रान्सीसी ओलन्देजों द्वारा औरंगजेब मरहठों और राजपूतों द्वारा मरहठा शिवाजी और इंगलैण्ड की उस समय की रानी एलिजाबेथ समतुलनीय हैं; किन्तु उनकी अपेक्षा ओलन्देज विलियम राजपूत राजसिंह के किये कार्यों से तुलनीय है। दोनों की कीर्ति इतिहास में अतुल है!

www.ingramcontent.com/pod-product-compliance
Lightning Source LLC
LaVergne TN
LVHW100819051026
849519LV00006B/2133